TERMES, SUJETS

ET

DIALOGUES MILITAIRES

EN FRANÇAIS ET EN ALLEMAND

PARIS. — IMPRIMERIE L. BAUDOIN, 2, RUE CHRISTINE.

TERMES, SUJETS

ET

DIALOGUES MILITAIRES

EN FRANÇAIS ET EN ALLEMAND

Par J. F. MINSSEN

Professeur à l'École spéciale militaire de Saint-Cyr
Professeur honoraire du Lycée de Versailles
Chevalier de la Légion d'honneur, Officier de l'Instruction publique

NEUVIÈME ÉDITION REVUE ET AUGMENTÉE

2ᵉ TIRAGE

PARIS

LIBRAIRIE MILITAIRE DE L. BAUDOIN
IMPRIMEUR-ÉDITEUR
30, Rue et Passage Dauphine, 30

VOCABULAIRE
DE
QUELQUES TERMES SPÉCIAUX.

Kommandos.	Commandements.
A. Einzelausbildung.	A. Instruction individuelle.
Ausbildung ohne Gewehr. Stellung:	Instruction sans arme. Position du soldat :
Stillgestanden! — Rührt Euch! — Stillgestanden!	Fixe! — En place repos! — Fixe!
Marsch:	La marche :
Bataillon — Marsch!	Bataillon — marche!
Bataillon — Halt!	Bataillon — halte!
Kurzgetreten! — Frei—weg!	Raccourcissez! — Marchez — large!
Ohne Tritt! — Tritt gefaßt!	Sans cadence! — Reprenez l'allure!
Ohne Tritt — Marsch!	Sans cadence — marche!
Laufschritt — Marsch! Marsch!	Pas de course — marche! marche!
Im Schritt! (oder) Bataillon — Halt!	Au pas! (ou) Bataillon — halte!
X Schritt vorwärts (rechts, links) — Marsch!	X pas en avant (à droite, à gauche) — marche!

Rückwärts richt Euch — Marsch! Halt! | En arrière alignement — marche! halte!
Augen — rechts (links)! Rührt Euch! | Tête — à droite (à gauche)! En place repos!

Wendungen. — Changement de front.

Auf der Stelle: — De pied ferme:

Rechts (links) — um! | A droite (à gauche) — par le flanc!
Ganzes Bataillon — Kehrt! | Face — en arrière!
Ganzes Bataillon — Front! | Face — en avant!

Im Marsch: — En marche:

Rechts (links) — um! (bezw.) halbrechts (halblinks) — Marsch! | A droite (à gauche) — par le flanc! (soit) Demi-à-droite (demi-à-gauche) — marche!

Gerade — aus! | Tout — droit! (droit — en avant!)

Ganzes Bataillon — Front! (Kehrt)! | Face — en avant! (en arrière!)

Ausbildung mit Gewehr. — Instruction avec l'arme.
Stellung unter dem Gewehr. — Position avec l'arme.

Griffe: — Maniement de l'arme:

Gewehr beim Fuß! | Reposez l'arme!
Das Gewehr — über! | Arme — sur l'épaule gauche!
Gewehr — ab! | Reposez — arme!
Präsentirt das — Gewehr! | Présentez — arme!
Achtung! Präsentirt das — Gewehr! | Garde à vous! Présentez — arme!
Das Gewehr — über! | Arme — sur l'épaule gauche!

| Laden von Gewehr beim Fuß: | Charger en partant de l'arme au pied: |

Bataillon soll chargiren — Geladen!
Magazin! Bataillon soll chargiren — Geladen!

Bataillon pour charger — chargez!
Au magasin! Bataillon pour charger — chargez!

| Schießen: | Tir: |

Chargirt — Fertig!
Standvisir! (Kleine Klappe! Visir 400! ꝛc.)

Pour charger — apprêtez!
Hausse fixe! (Petite planche! Hausse de 400 m.! etc.)

Legt — an! Feuer! Geladen!
Fertig! Magazin! Legt — an! Feuer! Geladen!

En — joue! Feu! Chargez!
Apprêtez! Au magasin! En — joue! Feu! Chargez!

Einzellader! (oder) Gewehr in — Ruh!
Nachfüllen! Einzellader!

Coup sur coup! (où) Arme — au repos!
Recomplétez! Coup sur coup!

| Absetzen. Einstellen des Schießens: | Replacer l'arme, cesser le feu: |

Setzt — ab! Gewehr in — Ruh!
Gewehr ab! (Das Gewehr — über!)

Replacez — arme! Arme — au repos!
Reposez — arme! (Arme — sur l'épaule gauche!)

| Entladen des Gewehrs: | Décharger l'arme: |

Entladen!

Déchargez!

| Marsch mit dem Gewehr: | Marcher avec l'arme: |

Augen — rechts (links)!
Das Gewehr auf die rechte Schulter!
Laufschritt — Marsch! Marsch!

Tête — à droite (gauche)!
Arme sur l'épaule droite!
Pas de course — marche! marche!

Im — Schritt! (oder) Bataillon — Halt!
Bataillon — Halt! Nieder! (Hinlegen!)
Das Gewehr — über! Bataillon (ohne Tritt) — Marsch! (oder) Laufschritt — Marsch! Marsch!

Aufpflanzen und an Ort bringen des Seitengewehrs:
Seitengewehr — pflanzt auf!
Seitengewehr — an Ort!

Griff zum Sturm:

Zum Sturm Gewehr — rechts!
Bataillon — Halt!

B. Der Zug.

Richtung:

Richt Euch! (oder) Richt — Euch! (zum Vorrücken in eine gegebene Linie).
Augen — links (rechts)! — Augen gerade — aus!
Points — vor! Richt — Euch!
(Augen — links! Richt — Euch!) Augen gerade — aus!
Drei (vier, ec.) Rotten vom rechten (linken) Flügel 3 (5, 7, ec.) Schritt — Marsch! Richt — Euch! (Augen — links! Richt — Euch!) Augen gerade — aus!

Au — pas! (ou) Bataillon — halte!
Bataillon — halte! A genou! (Couché!)
Arme — sur l'épaule gauche! Bataillon (sans cadence) — marche! (ou) Pas de course — marche! marche!

Mettre et remettre la baïonnette:
Baïonnette — au canon!
Remettez — baïonnette!

Mouvement pour l'assaut:

L'arme pour l'assaut — à droite!
Bataillon — halte!

B. Le peloton.

Alignement:

Alignement! (ou) alignez-vous! (pour se porter sur un autre alignement).
Tête à gauche (à droite)! — Fixe!
Guides — en avant! Alignez-vous!
(Tête — à gauche! Alignez-vous!) Fixe!
Trois (quatro, etc.) files de droite (gauche) 3 (5, 7, etc.) pas en avant — marche! Alignez-vous! (Tête — à gauche! Alignez-vous!) Fixe!

Zusammensetzen der Gewehre:	**Former les faisceaux:**
Setzt die Gewehre — zusammen!	Formez les — faisceaux!
An die Gewehre!	Aux faisceaux!
Gewehr in die — Hand!	Rompez les — faisceaux!
Stillgestanden!	Fixe!
Das Feuern des geschlossenen Zuges:	**Feux du peloton à rangs serrés:**
Char—girt! Fertig!	Pour char—ger! Apprêtez!
Zum Chargiren—Halt! Ganzes Bataillon Kehrt (oder) Ganzes Bataillon Front!	Pour charger — halte! Bataillon demi-tour (ou) Bataillon front!
Im Knieen char—girt! Fertig! (oder) Zum Chargiren im Knieen — Halt!	A genou char—gez! Apprêtez! (ou) Pour charger à genou — halte!
Beispiele: Rechts vom Dorf zurückgehende Kolonnen! Im Knieen char—girt! Fertig! Visir 650 und 750! Schützenfeuer! Legt — an! Feuer!	Colonnes en retraite à droite du village! A genou chargez! Apprêtez! Hausse de 650 et 750 m.! Feu de tirailleurs! En — joue! Feu!
Richtung auf die vorgehende Kavallerie! Zum Chargiren — Halt! Magazin! Standvisir! Legt — an! Feuer! Geladen!	Direction sur la cavalerie qui s'avance! Pour charger! Halte! Au magasin! Hausse fixe! En — joue! Feu! Chargez!
Gewehr in — Ruh! Gewehr — ab! (Das Gewehr — über!)	L'arme — au repos! Reposez — arme! (L'arme — sur l'épaule gauche!)
Frontmarsch:	**Marche de front en avant.**
Bataillon — Marsch!	Bataillon — marche!

Bataillon — Halt!	Bataillon — halte!
Augen — links!	Tête — à gauche!

Marsch in Linie rückwärts: — **Marche de front en retraite:**

Ganzes Bataillon — Kehrt!	Bataillon — demi-tour!
Bataillon — Marsch!	Bataillon — marche!
Bataillon — Halt! (Ganzes Bataillon — Front!)	Bataillon — halte! (Bataillon — front!)

Marsch halbseitwärts (Ziehen): — **Marche demi-à-droite (marche oblique):**

Halbrechts (halblinks) — Marsch!	Demi-à-droite (demi-à-gauche) — marche!
Gerade — aus!	Droit — en avant!

Schwenkungen: — **Changements de direction:**

Rechts (links) schwenkt — Marsch!	Changement de direction à droite (gauche) — marche! Halte (ou) Droit — en avant!
Halt! (oder) Gerade — aus!	

Uebergang aus der Linie in die Reihenkolonne: — **Passage de la formation en ligne à la colonne par le flanc:**

Durch Wendung. — *Par un changement de front.*

Rechts (links) — um!	Par le flanc — droit (gauche)!
In Reihen gesetzt rechts (links) — um!	Par file à droite (gauche) — marche!

Uebergang aus der Linie in die Sektionskolonne: — **Passage de la formation en ligne à la colonne de section:**

Durch Schwenken. — *Par conversion.*

Mit Sektionen rechts (links) schwenkt — Marsch! Halt! (oder) Gerade — aus!	Par sections à droite (gauche) — marche! Halte! (ou) Droit — en avant!

Durch Abbrechen (während der Bewegung).

In Sektionen rechts (links) brecht — ab!

Von der Stelle zur Bewegung.

Mit Sektionen vom rechten (linken) Flügel abmarschirt! Bataillon (ohne Tritt) — Marsch!

Uebergang aus der Reihenkolonne in die Linie:

Durch den Aufmarsch.

Links (rechts) marschirt auf, ohne Tritt — Marsch.

Uebergang aus der Sektionskolonne in die Linie:

Durch Aufmarsch.

Links (rechts) marschirt auf, ohne Tritt — Marsch!

Sektionsweises Einschwenken.

Sektionsweise rechts (links) eingeschwenkt! Vorderste Sektion rechts (links) schwenkt — Marsch! Halt!

Uebergang aus einer Kolonne in die andere:

In Sektionen links (rechts) marschirt auf, ohne Tritt, — Marsch!

Rompre par sections (pendant la marche).

Par sections à droite (gauche) — rompez!

De pied ferme pour se mettre en marche.

Par sections par la droite (gauche) — en avant! Bataillon (sans cadence) — marche!

Passage de la colonne par le flanc à la formation en ligne:

En avant en ligne.

A gauche (à droite) en ligne, sans cadence — marche!

Passage de la colonne de sections à la formation en ligne:

En avant en ligne.

A gauche (à droite) en ligne, sans cadence — marche!

Par conversion de section.

Par sections sur la droite (gauche)! Section de tête à droite (gauche) — marche! Halte!

Passage d'une colonne à une autre:

Par sections à gauche (droite) en ligne, sans cadence — marche!

Veränderung der Marschrichtung in der Kolonne:	Changement de direction en colonne:
In Reihen.	Colonne par le flanc.
Rechts (links) schwenkt — Marsch! Gerade — aus!	Changement de direction à droite (gauche) — marche! Droit — en avant!
In Sektionen.	En colonne de sections.
Vorderste Sektion rechts (links) schwenkt — Marsch! Gerade — aus!	Section de tête à droite (gauche) — marche! Droit — en avant!

Zerstreute Ordnung. — Ordre dispersé.

Bildung einer Schützenlinie:	Formation d'une ligne de tirailleurs:
Schwärmen! (Richtung auf die Windmühle — schwärmen!)	En tirailleurs! (Direction sur le moulin à vent — en tirailleurs!)
Auf der Grundlinie — schwärmen!	Sur la base — en tirailleurs!
Bewegungen einer Schützenlinie:	Mouvements d'une ligne de tirailleurs:
Marsch! (Kehrt! Marsch!)	Marche! (Demi-tour! Marche!)
Halbrechts (Halblinks) Marsch!	Demi-à-droite (demi-à-gauche) marche!
Sprungweises Vorgehen!	Par bonds successifs!
Sprung! — Auf! Marsch! Marsch!	Par bonds! — Debout! Marche! Marche!
Nieder! (Hinlegen!)	A genou! (Couché!)
Feuer einer Schützenlinie:	Feu d'une ligne de tirailleurs:
Fertig! An der grünen Kuppe Artillerie! Visir 800 und 900. Fertig! Legt — an!	Apprêtez! Artillerie sur le mamelon vert! Hausses de 800 et 900 m.! Ap-

Feuer! Geladen!	prêtez! En—joue! Feu! Chargez!
Gerade aus liegende Schützen! Visir 500!	Droit devant vous, tirailleurs couchés! Hausses de 500 m.! Feu de tirailleurs!
Schützenfeuer!	
Stopfen! Weiter feuern!	Cessez le feu! Continuez le feu!
800 in 1000 umstellen!	Changez 800 en 1000!
Weiter feuern!	Continuez le feu!
Kopf halten! (unter das Ziel halten!)	Viser la tête! (Viser au-dessous du but!)
Lebhafter (langsamer) feuern!	Tirez plus vite (plus lentement!)
Magazinfeuer!	Feu de magasin!
Sammeln!	Rassemblement!

C. Die Kompagnie.   C. La compagnie.

Uebergang aus der Linie in die Kompagniekolonne:	Passage de la formation en ligne à la colonne de compagnie:
Kompagniekolonne — formirt!	Colonne—de compagnie!
Marsch! Marsch!	Marche! Marche!
Rechts (links) Kompagniekolonne — formirt! Marsch! Marsch!	A droite (à gauche) colonne — de compagnie! Marche! Marche!
Aufgeschlossen — Marsch!	Serrez — marche!
Abstand genommen! Rückwärts richt Euch — Marsch! Halt!	Prenez les distances! En arrière alignement — marche! Halte!
Uebergang aus der Reihen- und Sektionskolonne in die Linie:	Passage de la colonne par le flanc et de section à la formation en ligne.
In Kompagniefront links	Par compagnie à gauche

(rechts) marschirt auf, ohne Tritt — Marsch!

(droite) en ligne, sans cadence — marche!

Uebergang aus der Kompagniekolonne in die Linie.

Passage de la colonne de compagnie à la formation en ligne:

Marschirt auf — Marsch!
Links (rechts) marschirt auf — Marsch!
Richtung auf den Kirchthurm von N.!
Marschirt auf — Marsch!
Zum Chargiren marschirt auf — Marsch! Marsch!

En ligne — marche!
A gauche (à droite) en ligne — marche!
Direction sur le clocher de N.!
En ligne — marche!
Pour charger en ligne — marche! marche!

Bewegungen der Kompagniekolonne:

Mouvements de la colonne de compagnie:

Rechts (links) schwenkt — Marsch!

Changement de direction à droite (gauche) — marche!

Gerade — aus!

Droit — en avant!

Aufmarsch in der Kolonne:

Formation de colonne par pelotons en ligne:

In der Kolonne links (rechts) marschirt auf — Marsch!

Par pelotons à gauche (à droite) en ligne — marche!

Abbrechen der Kompagniekolonne in Halbzüge und Wiederaufmarsch:

Rompre la colonne de compagnie par demi-pelotons et la reformer:

In Halbzüge rechts (links) brecht — ab!

Par demi-pelotons à droite (à gauche) — rompez!

In Züge links (rechts) marschirt auf — Marsch!

Par pelotons à gauche (à droite) en ligne — marche!

Bilden des Karrees:

Formirt das — Karree!
Karree — Fertig!

Bewegungen im Karree:

Gewehr in — Ruh! Das Gewehr — über!

Bataillon — Halt! Karree — Halt!

Herstellung der Kompagniekolonne aus dem Karree:

Kompagniekolonne — formirt!

Das Feuern in der Kompagniekolonne:

Mit vier Gliedern char — girt!

Fertig! — Auf!
Zum Chargiren mit vier Gliedern — Halt! (Ganzes Bataillon Front, bezw. Kehrt!)

Im Karree:

Vordere (rechte, linke, ꝛc.) Seite, chargiren! Magazin! Standvisir! Legt — an! Feuer!

Bajonettangriff:

Zum Sturm Gewehr — rechts!
Marsch! Marsch! Hurrah!

Bataillon — Halt!

Former le carré:

Formez — le carré!
Carré — apprêtez!

Mouvements en carré:

L'arme — au repos!
L'arme — sur l'épaule gauche!

Bataillon — halte! Carré — halte!

Revenir du carré à la colonne de compagnie:

Colonne — de compagnie!

Feu en colonne de compagnie:

Sur quatre rangs, char — gez!

Apprêtez! — Debout!
Pour charger sur quatre rangs — halte! (Bataillon front, soit: demi-tour!)

En carré:

Face d'avant (de droite, de gauche, etc.), chargez! Magasin! Hausse fixe! En — joue! Feu!

Attaque à la baïonnette:

L'arme pour l'assaut — à droite!
Marche! Marche! Hourrah!

Bataillon — halte!

D. Das Bataillon.

Uebergang aus der Doppelkolonne:

Rechts (links) Tiefkolonne formiren!
Rechts (links, rechts und links) Breitkolonne formiren!

Aus der Tiefkolonne:

Rechts (links) Doppelkolonne formiren!
Rechts (links) Breitkolonne formiren!

Aus der Breitkolonne:

Auf die mittleren (rechten, linken Flügel-)Kompagnieen Doppelkolonne formiren!
Auf die Xte Kompagnie Tiefkolonne formiren!

Bewegungen in den Kolonnen:

Durch Schwenken:
In der Doppelkolonne.
Rechts (links) schwenkt — Marsch!
Gerade — aus!

In der Tiefkolonne.
Rechts (links) schwenkt, ohne Tritt — Marsch! Gerade — aus!

D. Le bataillon.

Passage de la colonne double:

A droite (à gauche) colonne profonde!
A droite (à gauche, à droite et à gauche) colonne large!

De la colonne profonde:

A droite (à gauche) colonne double!
A droite (à gauche) colonne large!

De la colonne large:

Sur les compagnies du centre (de droite, de gauche) colonne double!
Sur la... compagnie, colonne profonde!

Mouvements en colonnes:

Par conversion.
En colonne double.
Changement de direction à droite (gauche) — marche! Droit — en avant!

En colonne profonde.
Changement de direction à droite (gauche) — marche! Droit — en avant!

In der Breitkolonne.
¹/₈ (¹/₁₆) Schwenkung rechts (links)! Ohne Tritt!

En colonne large.
¹/₈ (¹/₁₆) changement de direction à droite (à gauche)! Sans cadence!

Paradenmarsch:
Einer Kompagnie.
Paradenmarsch in Zügen!
Bataillon — Marsch!
Paradenmarsch in Kompagniefront!
Bataillon — Marsch!
Eines Bataillons.
Paradenmarsch in Zügen (Kompagniefronten, Kompagniekolonnen)!

Défilé:
D'une compagnie.
Défilé par pelotons!
Bataillon — marche!
Défilé par front de compagnie!
Bataillon — marche!
D'un bataillon.
Défilé par pelotons (par fronts de compagnie, par colonnes de compagnie)!

Die Schildwache ruft an:
Halt! Wer da! — Ferngehalten! — Welches ist die Parole? — Runde! — Wache — heraus!
Auf den Vorposten ruft der Posten an mit:
Halt! Wer da! — Ein Mann vor! —
Halt! — Losung! —
Näher heran! — Halt! —
Feldgeschrei! —

Können passiren!

Les factionnaires appellent:
Halte! Qui vive! — Au large! — Avancez à l'ordre! — Ronde! — Garde — aux armes!
Aux avant-postes, la sentinelle appelle:
Halte! Qui vive! — Un homme, avancez à l'ordre! — Halte! — Le mot d'ordre! — Approchez! — Halte! — Le mot de ralliement! — Passez!

Aufziehen der Wachen:
Ober- und Unteroffiziere vorwärts — Marsch!
Ober- und Unteroffiziere mar-

Pour monter la garde:
Officiers et sous-officiers en avant — marche!
Officiers et sous-officiers

— 14 —

schirt auf Eure — Posten!	rendez-vous à vos postes!
Achtung! — Präsentirt das — Gewehr!	Garde à vous! — Présentez — armes!
Achtung — Gewehr auf — Schulter!	Garde à vous! — Portez — armes!
Parademarsch!	Défilé!
Erster Zug gerade aus! —	1er peloton droit en avant!
Mit Zügen rechts schwenkt — Marsch! —	Par peloton à droite conversion — marche! —
Halt! —	Halte! —
Parade — Marsch! —	Défilé — marche!
(Das Aufziehen der Wachen ordnet der Gouverneur ꝛc. an. Derselbe läßt die Wachen entweder selbst aufziehen, oder er beauftragt hiermit den Offizier du jour.)	(Le commandant de place, etc., dirige le service des gardes montantes. Il commande en personne les gardes montantes, ou bien il charge de ce service l'officier de jour.)

Termes spéciaux.

Génie, topographie, fortification.	Ingenieurkorps, Topographie, Befestigungskunst.
L'abatis de branches.	Der Astverhau.
L'abri;	Der Schutzplatz; die Deckung; der Unterkunftsraum (in einer Batterie); der Windschirm.
l'abri léger.	
L'accès; les voies d'accès.	Der Zugang; die Zugangswege.
L'acide sulfurique.	Die Schwefelsäure.
L'aérage (d'une mine).	Die Ventilation.
L'aéronaute; le ballon;	Der Luftschiffer; der Luft-

la nacelle; le détachement d'aérostatiers.	ballon; die Gondel; die Luftschifferabtheilung.
Les agrès de pont.	Die Geräthe zum Feldbrückenbau.
L'aiguille aimantée; la boussole.	Die Magnetnadel; der Kompaß.
L'aiguille (ch. de f.); l'aiguilleur.	Die Weiche; der Weichensteller.
L'alidade; l'alid. plongeante.	Das Diopterlineal; die Kippregel.
L'altitude.	Die Höhe (absolute, über dem Meeresspiegel; relative über dem Grunde).
L'amadou.	Der Feuerschwamm.
L'amarre.	Das Spanntau.
Ameublir (le sol).	Den Boden (auf)lockern.
L'amorce.	Die Zündung.
L'angle, droit, obtus, aigu; l'angle rentrant, saillant, mort; l'angle d'épaule; l'angle de flanc; l'angle de pente.	Der Winkel, rechte, stumpfe, spitze; der eingehende, ausspringende, todte W.; der Schulterwinkel; der Flankenwinkel; der Böschungswinkel.
L'appareil (tél.).	Der Apparat.
Les approches; les contre-approches.	Die Annäherungswege; die Kontreapprochen.
L'arche (d'un pont).	Der Brückenbogen.
Arpenter; l'arpenteur.	Vermessen; der Feldmesser.
L'arsenal.	Das Zeughaus.
L'assaut; donner l'assaut; monter à l'ass.; prendre d'assaut.	Der Sturm; stürmen; Sturm laufen; erstürmen.
Assiéger; l'assiégeant; l'assiégé.	Belagern; der Belagerer, Angreifer; der Belagerte, Vertheidiger.
Les attaques.	Die Angriffs(werke)linien.
En aval;	Stromabwärts (oberhalb);

en amont.	ſtromaufwärts (unterhalb).
L'aviron.	Das Ruder; die Ruderſtange.
Le ballastage.	Die Beſchotterung.
La banquette.	Das Banket.
Le baraquement; le camp de bar.	Die Baracke, das Barackenlager.
Le bastion; l'angle saillant.	Die (das) Baſtion; die Baſtionsſpitze.
Barricader; la barricade.	Verrammeln, verſperren; die Wegeſperrung.
Le batardeau.	Der Bär; der Fangdamm; das Wehr.
La batterie, casematée, cuirassée, enterrée, de plein fouet, sur le sol, surélevée.	Die Batterie, kaſemattirte, gepanzerte, verſenkte; Demontirbatterie; horizontale Batterie; erhöhte Batterie.
L'emplacement; la barbette; tirer à barbette.	Der Geſchützſtand; die Geſchützbank; über Bank feuern.
Battre (canonner); (balayer).	Beſchießen; beſtreichen.
La bêche (à manche court).	Der Spaten (kurzſtielige).
La berme.	Die Berme.
Le blindage.	Die Blendung.
Le blockhaus.	Das Blockhaus.
Le blocus.	Die Blokade, Einſchließung.
La boite à compas (encre de chine, le godet, le compas, le crayon, crayons de couleur, équerre, tire-ligne, les pinceaux, la gomme à effacer, la punaise).	Das Reißzeug, (die Tuſche, der Tuſchnapf, der Zirkel, der Bleiſtift. Buntſtifte (Grün-, Blau-, Rothſtifte u. ſ. w.), das Dreieck, die Reißfeder, die Pinſel, das Gummi (elasticum), die Heftzwecke.
La bombe; à l'épreuve de la bombe; à l'abri des bombes.	Die Bombe; bombenfeſt; bombenfrei.

Le bouchon de paille (aux signaux).	Die Strohwiepe (an Signalstangen).
Le boulon ; le tire-point.	Der Bolzen; der Schraubenbolzen.
Le bourrage (d'une mine); bourrer.	Die Verdämmung; verdämmen.
La boussole.	Der Kompaß.
La boutisse; (la panneresse).	Der Kopfrasen, Strecker; (Läufer).
Le boyau (de la tranchée).	Der Gang, Schlag (eines Laufgrabens).
Les branchages.	Das Strauchwerk.
La brèche ;	Die Bresche, Sturmlücke, der Wallbruch, der Mauerbruch;
battre en brèche.	Bresche legen, schießen.
Brêler.	Verschnüren.
La brique ; la pierre moulière ; pierre de taille.	Der Backstein; Bruchstein; Quaderstein.
La brouette.	Die Schiebkarre.
Le cabestan (de fascinage).	Die Würge.
Le câble ; le câble sous-marin.	Das Kabel ; unterseeisches Kabel; Flußkabel.
Le camouflet.	Die Quetschmine.
Le camp ; le camp retranché.	Das Lager; das verschanzte Lager.
La campagne ; un ouvrage de campagne.	Das Feld; eine Feldbefestigung, Feldschanze.
Le cantonnier.	Der Wegknecht; der Bahnwärter.
La capitale.	Die Hauptlinie.
La capitulation.	Die Uebergabe.
La caponnière.	Die Kaponnière; der Kasten.
La carte ; la carte d'état-major.	Die Landkarte ; Generalstabskarte.
La casemate; la cave à canon.	Die Kasematte; die Kanonenkasematte.

Le cavalier; le cavalier de tranchée.	Der Kavalier, die Katze; der Trancheekavalier.
La chaîne; d'attelage (ch. de f.); d'enrayage.	Die Kette; Kuppelkette; Hemmkette.
La charge d'éclatement.	Die Sprengladung.
La charpente.	Das Gebälk, Zimmerwerk.
La chausse-trape.	Die Fußangel.
Le chef de station.	Der Stationsvorsteher.
Le chemin couvert; le chemin de ronde; le chemin de fer (voir p. 200); section de chemin de fer.	Der gedeckte Weg; der Rondengang; die Eisenbahn, der Schienenstrang; die Eisenbahnstrecke.
Le cheminement.	Das Vortreiben (der Zickzacke mittelst der Sappe).
Le chevalet (d'un pont); la chèvre.	Der (Brücken)Bock; der Hebebock.
Les chevaux de frise.	Die spanischen Reiter.
Le chevron.	Der Sparren.
La circonvallation; la contrevallation.	Die auswendige Verschanzung; die inwendige Verschanzung gegen die Festung.
La circulation (ch. de f.).	Der Verkehr.
La claie.	Die Hürde.
Le clameau; clameauder.	Die Klammer; festklammern.
Le clayonnage.	Das Flechtwerk.
La cognée; la hache; la hachette.	Die Art; das Beil; das Handbeil.
Le commandement.	Die Ueberhöhung, Beherrschung.
Les communications.	Die Verbindungsgräben.
Le commutateur (tél.).	Der Umschalter.
La construction d'une batterie.	Der Batteriebau.
La contrescarpe.	Die Contreskarpe (äußere Grabenböschung).
Le contrefort.	Der Strebepfeiler.

La corde (d'un arc).	Die Sehne (einer krummen Linie).
Le cordeau ; c. Bickford.	Die Tracirleine; die Bickford'sche Zündschnur.
Le corps du génie (19 bat. de pionniers, 1 rég. de sap. de chemin de fer, 1 bat. de chemin de fer [en Bavière]).	Das Ingenieurkorps (19 Pionierbataillone, 1 Eisenbahnregiment, 1 Eisenbahnbataillon, bayerisch).
Le corps mort.	Die Landschwelle.
La coupole (tour mobile).	Der Panzerthurm.
Le courant (tél.).	Der Strom.
La courbe de niveau.	Die Schichtenlinie, die Horizontale.
La courtine.	Der Mittelwall, die Kurtine.
Le coussinet.	Der Schienenstuhl.
La couvreface.	Die Contreface; der Facenschirm.
Les crémaillères.	Das Sägewerk.
Le créneau ; créneler un mur.	Das Schießloch; Schießlöcher in eine Mauer brechen, mit Schießlöchern versehen.
La crête intérieure, extérieure du parapet; la crête d'un ouvrage; écrêter le parapet.	Die innere, äußere Kante der Brustwehr; die Krone, der Kamm eines Werks; die Brustwehr abkämmen.
La culée (d'un pont).	Das Widerlager, die Landbrücke.
La cunette.	Die Grabensohle.
La dame ; damer.	Die Stampfe; feststampfen.
Le déblai (ch. de f.).	Der Einschnitt.
Débloquer; l'armée de secours.	Entsetzen; das Entsatzheer.
Décalquer.	Durchpausen.
Les defenses accessoires.	Die Annäherungshindernisse.
Défiler; se défiler.	Defiliren, überhöhen; sich decken.

Les dehors; les ouvrages avancés.	Die Außenwerke; die äußeren Werke.
Démanteler.	Schleifen.
Le demi-bastion; la demi-lune; le demi-revêtement.	Das Halbbastion; der Halbmond; die halbe Futtermauer.
Le dépôt de tranchée.	Das Materialiendepot.
Dérailler; le déraillement.	Entgleisen; die Entgleisung.
La descente du fossé.	Die Grabendescente.
Dessiner; faire un dessin linéaire; tracer un profil.	Zeichnen; aufreißen; einen Seitenabriß machen.
La détonation.	Der Knall.
Le disque-signal; le disque tournant.	Die Signalscheibe; die Drehscheibe.
La dynamite; la cartouche de dynamite.	Das Dynamit; die Dynamitpatrone.
L'échelle; d'assaut; échelle de réduction.	Die Leiter; Sturmleiter; verjüngter Maßstab.
L'éclisse (ch. de fer); éclisser.	Die Lasche; verlaschen.
L'écluse.	Die Schleuse.
L'embranchement; le point d'emb.	Die Zweigbahn; die Abzweigung, Abgabelung.
L'embrasure; la portière d'embr.; le tir à embrasure.	Die Schießscharte; der Schartenladen; das Schartenfeuer.
L'enceinte.	Die Umwallung, Umfassung, die Ringmauer, die Enceinte.
L'épaulement; de batterie;	Die Schulterwehr, die Aufschüttung; die Batteriebedeckung.
L'épreuve de résistance; à l'épr. de la bombe.	Die Gewaltprobe; bombenfest.
L'équidistance; des courbes de niveau.	Der Vertikalabstand; die äquidistante Schichthöhe.

L'équipage de ponts; divisionnaire.	Der Brückenzug; der Divisions-Brückentrain.
L'équipe (de travailleurs); hommes d'équipe (ch. de f.).	Der Arbeitertrupp; die Schaffner, das Zugspersonal.
L'escalade.	Die Ersteigung (mit Leitern).
L'escarpe; l'escarpement (du rempart).	Die innere Grabenböschung; die Wallböschung.
L'estacade; la palée; l'estacade flottante; brise-glaces; le treillage.	Die Verpfählung; das Pfahlwerk; die Schwimmbäume; der Eisbrecher; die Stakete.
Estomper; l'estompage.	Wischen, schummern; die Schummermanier.
L'étoile.	Die Sternschanze.
L'évitement, gare d'év.	Der Weichenplatz.
Exhausser.	Erhöhen, höher machen.
L'exploitation (ch. de f.).	Der Betrieb.
La face.	Die Face, Gesichtslinie.
La fascine; le fascinage; le chevalet de fascinage; l'atelier de fascinage.	Die Faschine; das Anfertigen der Faschinen; der Faschinenbock; die Faschinenbank.
La fiche.	Der Markirpfahl.
Le fil conducteur.	Der Leitungsdraht.
Le figuré du terrain.	Die Darstellung des Geländes.
Flanquer; le flanquement.	Flankiren, bestreichen; das Flankiren.
Le foisonnement des terres.	Das Schwellen des Bodens.
Le fort; le fort d'arrêt; le fortin; le f. détaché; la place forte; la forteresse; l'ouvrage de fortification; l'art de la fortification; fortifier.	Das Fort; das Sperrfort; die kleine Feldschanze; betachirtes Fort; der feste Platz; die Festung; das Festungswerk; die Befestigungskunst; befestigen.
Le fossé; le fossé rempli d'eau; le fossé diamant; le fond du fossé;	Der (Festungs)Graben; feuchter Graben; der Diamantgraben; die Grabensohle;

saigner le fossé.	den Graben trocken legen.
La fougasse; fougasse-pierrier.	Die Flattermine; Steinflattermine.
Le fourneau (de mine); le fourneau surchargé; le foyer de mine.	Die Minenkammer; die überladene Mine; der Minenherd.
La fraise.	Der Sturmpfahl.
Le frein; frein à vapeur; le garde-frein.	Die Bremse; Dampfbremse; der Bremser.
Le front; le front d'attaque.	Die Fronte des Platzes; Angriffsfront.
Le fulmicoton.	Die Schieß(baum)wolle.
Le gabarit; le gabarit des gabions.	Die Lehre; die Schanzkorblehre.
Le gabion; gabion roulant.	Der Schanzkorb; Walzkorb, die Walze.
La galerie (de mine); galerie d'écoute.	Der Minengang; Horchgang.
Le garde du génie.	Der Wallmeister.
La gare.	Der Bahnhof.
Le gazon; le gazonnement.	Der Kopfrasen; die Rasenbekleidung.
Le génie; l'officier du génie; le soldat du génie.	Das Ingenieurkorps; der Ingenieuroffizier; der Pionier.
La géodésie.	Die Erd(Feld)meßkunst.
La gerbe d'éclatement.	Der Streuungskegel.
Le glacis.	Das Glacis, die Feldabdachung des gedeckten Weges.
La gorge.	Die Kehle einer Verschanzung.
Le grand parc (contient les pièces, les munitions, les fascines, gabions, outils de pionnier, etc.)	Der Belagerungspark (enthält die Geschütze, die Munition, die Faschinen, die Schanzkörbe, das Schanzzeug, u. s. w.).
Le graphomètre.	Der Winkelmesser.
La grue.	Der Krahn, Ladekrahn.

Les hachures ; hachures en éléments de lignes ; trait en éléments de lignes ; diapason des hachures.	Die Schraffirung, die Bergstriche; durchbrochener Strich; durchbrochene Linie; die Bergstrichskala.
La haie de fil de fer ; à trois rangées.	Der Drahtzaun; das Drahtgeflecht.
La hart.	Das Weidenband, die Bindeweide, die Wiede, das Faschinenbund.
La herse.	Die Sturmegge; das Fallgatter.
La hie ; enfoncer avec une hie.	Die (Pflaster)Ramme; einrammen.
La houe.	Die Haue, Erdhaue.
L'indicateur des chemins de fer.	Das Kursbuch.
Inonder ; tendre des inondations ; zone des inondations.	Unter Wasser setzen; Anstauungen beschaffen; der Inundationsbereich.
Investir ; lignes d'investissement.	Einschließen; Umschließungslinien.
Le jalon ; jalonner.	Der Absteckpfahl, die Meßfahne; abstecken.
Laver à l'encre de chine ; le lavis.	Tuschen; die getuschte Zeichnung.
La légende des signes conventionnels.	Die Erläuterung; die Erklärung der Signaturen, Zeichenerklärung.
Le levé. lever un plan.	Die Aufnahme, das Gelände-(Plan)zeichnen; einen Plan aufnehmen.
La levée de terre.	Der Erdwall, der Erdaufwurf, die Erdanschüttung.
Lever un siège.	Aufheben (eine Belagerung).
La ligne, droite, courbe, brisée, mixte ; la ligne	Die Linie, grade, krumme, gebrochene, gemischte; die

de feu ; ligne aérienne ; ligne de faîte ; ligne de mire ; ligne à redans ; ligne télégraphique, souterraine, aérienne ; ligne d'investissement.

La lunette ; la longue-vue ; la jumelle de campagne.

La machine ; le mécanicien-conducteur ; le chauffeur.

La maçonnerie.

Le madrier ; la planche ; la volige.

Le magasin à poudre.

Le manipulateur (tél.).

Le masque.

La matière explosive.

Le merlon.

Le mètre ; le mètre pliant.

Meuble ; terre meuble ; ameublir.

La mine ; mine marine ; le mineur.

Le moufle.

Le mouton ; le billot ; le mouton à bras ; enfoncer avec un mouton.

Le mur (plein) ; mur de soutènement.

La nacelle.

Le nid de pie.

Le niveau d'eau ; à bulle d'air ; de niveau ; nive-

Feuerlinie ; Luftlinie ; die Höhen(Kamm)linie ; Visirlinie ; Fleschenlinie ; die Telegraphenlinie, Leitung, unterirdische, überirdische ; die Einschließungslinie.

Das Brillenwerk, die Lünette ; das Fernrohr ; der Feld-(Krim)stecher.

Die Lokomotive, Maschine ; der Maschinenführer ; der Heizer.

Das Mauerwerk.

Die Bohle ; das Brett ; die Diele.

Das Pulvermagazin.

Der Taster, Schlüssel.

Die Maske, Blende.

Der Sprengkörper.

Der Schartenkasten, Merlon.

Das (der) Meter ; der Zollstock.

Locker ; lockrer Boden ; lockern.

Die Mine ; Seemine ; der Minirer, Mineur.

Der Flaschenzug.

Die Ramme ; der Rammklotz ; die Handramme ; einrammen.

Die (volle) Mauer ; die Stützmauer.

Der Brückenkahn. [gement.

Die Breschekrönung, das Lo-

Die Wasserwage ; die Libelle ; wagerecht ; nivelliren ; der

ler; le niveau de la mer; différence de niveau. — Meeresspiegel; der Höhenunterschied.

Ombrer. — Schattiren.

L'outil; les outils portatifs. — Das Werkzeug; das Schanzzeug.

L'ouverture de la tranchée; l'ouverture de la travée d'un pont. — Die Eröffnung der Laufgräben; die Jochweite.

L'ouvrage; l'ouvrage de campagne; l'ouvrage à corne; à double couronne; l'ouvrage flanqué; l'ouvrage de terre. — Das Werk; die Feldschanze; das Hornwerk; doppeltes Kronwerk; bestrichenes Werk; Erdwerk.

La palée. — Das Pfahljoch, Pfahlwerk.

La palissade. — Die Pallisade, Verpfählung.

Le papier quadrillé. — Quadrirtes Papier.

Le parapet; la plongée. — Die Brustwehr; die Abdachung, Böschung der Brustwehr.

Le paratonnerre. — Der Blitzableiter.

Passager, fortification passagère. — Die Feldbefestigung.

La pelle; la bêche; creuser à la pelle. — Die Schaufel; der Spaten; ausheben.

Le pétard. — Die Petarde; das Knallsignal (Eisenbahn).

Le pic; la feuille de sauge; la pioche. — Die Spitzhacke; die Breithacke; die Kreuzhacke.

Le pied articulé. — Das Stativ.

Le pierré. — Die Steinböschung, Steinpackung.

La pile d'un pont; la pile électrique; le pilot(is). — Der Brückenpfeiler; die elektrische, galvanische Batterie; der Grundpfahl.

Le pionnier. — Der Pionier (Schanzgräber). Ihr Dienst begreift den Pionier-, Sappeur-, Mineur- und Pontonierdienst.

Le piquet.	Das Pfählchen, der Pflock, der Markirpfahl.
Le plan horizontal; en relief.	Der Grundriß; der Aufriß.
La planchette; mettre la planchette en station.	Der Meßtisch; den Meßtisch aufstellen.
La planimétrie.	Die Situationszeichnung.
Le point de repère; le point cardinal.	Der Richtungspunkt; die Himmelsgegend.
Le polygone; polygone du génie.	Das Vieleck; der Uebungsplatz.
Le pont; pont de bateaux; pont tournant; pont de chevalets; pont de déchargement (ch. de f.); militaire (jeter un pont militaire); pont suspendu; pont de tonneaux; pont tubulaire; pont-levis; la portière d'un pont; la portière mobile; le parapet; le tablier; l'ouverture entre deux piles; le pontage; détruire un pont; le faire sauter; l'incendier; le replier; le rompre; le rétablir.	Die Brücke; Schiffbrücke, Pontonbrücke; Drehbrücke; Bockbrücke; Ladebrücke; Feldbrücke (schlagen); Kettenbrücke; Faß- (Tonnen-) Brücke; Röhrenbrücke; Zugbrücke; das Brückenglied; der Durchlaß; das Geländer; die Brückendecke (Dielung); die Spannung; der Brückenschlag; eine Brücke zerstören; sprengen; verbrennen; abfahren; abbrechen; wieder herstellen.
La porte (d'une ville); la grille.	Das Thor; das Gitter.
Le poteau télégraphique.	Die Telegraphenstange.
La poterne.	Das Ausfallthor, die Poterne.
La poudre de mine; les matières explosives.	Das Sprengpulver; die Sprengkörper.
La poussée des terres.	Der Bodendruck.
La poutre; la charpente.	Der Balken; das Gebälke.
Prendre (une ville).	Erobern, einnehmen.

La prolonge d'outils.	Der Schanzzeug- und Werkzeugwagen.
Le puits de mine.	Der Minenbrunnen, Minenschacht.
Le radeau.	Das Floß.
Le rail; le champignon; l'âme; le patin.	Die Schiene; der Kopf; die Seele; der Fuß.
La rame.	Das Ruder.
La rampe.	Die Auffahrt; die Steigung; die Rampe.
Raser, démanteler.	Schleifen.
Le ravelin.	Das Ravelin, der Halbmond.
Le récepteur (tél.).	Der Empfangsapparat.
Le redan.	Die Flesche.
La reddition; se rendre.	Die Uebergabe; sich ergeben.
La redoute.	Die (geschlossene) Schanze.
Le réduit.	Das Innenwerk; Redüit.
Le relief; le relief du parapet.	Der Profilriß; die Brustwehrhöhe.
Le remblai.	Der Erdaufwurf, die Erdaufschüttung; der Eisenbahndamm.
Le rempart.	Der (Festungs)Wall.
La rencontre de deux trains.	Der Zusammenstoß.
Le retranchement; se retrancher.	Die Verschanzung; sich verschanzen.
Le revêtement; en clayonnage; en fascines; en gazon; en pierres.	Die Bekleidung; Flechtwerkbekleidung; Faschinenbekleidung; Kopfrasenbekleidung; Mauerbekleidung. [ten.
Le rivet; river.	Die Niete, der Niet; vernie-
La rue de rempart.	Die Wallstraße.
Le sac à terre.	Der Sandsack.
La sape (v. p. 114).	Di Sappe.
Le sapeur; sapeur-pompier.	Der Sappeur; der Feuerwehrmann.

Le saucisson; de poudre.	Die Strauchwurst; Zündwurst.
Sauter; faire sauter.	In die Luft fliegen; sprengen.
La scie; scier.	Die Säge; ab(durch)sägen.
Le secteur; privé de feux.	Der (Vertheidigungs)Abschnitt; der unbestrichene Raum.
La section de 1re ligne (tél.); de 2e ligne.	Die Feldtelegraphen-Abtheilung; die Etappentelegraphen-Abtheilung.
Le siège (en règle).	Die (förmliche) Belagerung.
Le signal géodésique.	Das trigonometrische Signal.
Le signe conventionnel.	Die Signatur.
La sonnerie (tél.).	Der Wecker.
La sonnette; à tiraudes; à vapeur.	Die Kunstramme; Zugramme; Dampframme.
La sortie.	Der Ausfall.
Le soufre; le salpêtre; le charbon (de bourdaine).	Der Schwefel; der Salpeter; die (Faulbaum)Kohle.
La superstructure (ch. de f.); l'infrastructure.	Der Eisenbahnoberbau; der Eisenbahnunterbau.
Le support; le corps de support.	Der Träger; der Tragkörper.
Le talus; taluter.	Die Böschung; abböschen.
Le télégraphe (de campagne); l'employé des télégraphes.	Der (Feld)Telegraph; der Telegraphenbeamte.
La tenaille.	Die Grabenscheere; das Zangenwerk.
Le tender.	Der Tender; Wasser- und Kohlenwagen.
Le terre-plein.	Der Batteriehof.
La tête de pont; de tranchée.	Der Brückenkopf; die Spitze des Laufgrabens.
Le tombereau à bascule.	Der Wippkarren.
La torpille; torpille Whitehead.	Das Torpedo; Fischtorpedo.

La tour; tour cuirassée.	Der Thurm; Panzerthurm.
Le tracé; (sur le papier); tracer.	Die Absteckungslinie, die Trace; der Riß; abstecken.
Le train; le chef de train (voir p. 200).	Der Eisenbahnzug, der Zug; der Zugführer.
La trainée de poudre.	Das Leit-, Lauffeuer.
Le tramway.	Die Pferdebahn.
La tranchée; l'ouverture de la tranchée; la queue de tranchée; la tranchée-abri;	Der Laufgraben; die Eröffnung der Laufgräben; der Eingang eines Laufgrabens; der Schützengraben.
Le transbordement.	Das Umladen.
Les travaux de siège.	Die Belagerungsarbeiten.
La traverse; la longrine (ch. de f.).	Die (Quer)Schwelle; Längsschwelle.
La traverse (fort.); traverse creuse.	Die Traverse, der Querwall; die Hohltraverse, der Unterkunftsraum.
Le trépan.	Der Erdbohrer.
Le tréteau.	Der Bock.
Le trou de tirailleurs (embuscade).	Das Schützenloch.
La voie (ch. de f.); à double voie.	Das Geleise, Gleis; doppelgleisig.
Le wagon; le compartiment; wagon-écurie.	Der Personenwagen; das Koupee; der Pferdewagen.
La zone dangereuse; zone des inondations; zone de servitude; la servitude. (Voir, pour d'autres termes de fortification, etc., p. 107.)	Der bestrichene Raum; der Inundationsbereich; der Rayonbezirk, Festungsrayon; die Rayonbeschränkung.

Artillerie.   Artillerie.

L'acier ; acier fondu ; d'acier. — Der Stahl; Gußstahl; stählern.

L'affût ; le seau d'affût ; le coffret ; les sièges d'essieu ; les flasques ; les entretoises ; la crosse d'affût. — Die Laffette; der Geschützeimer; der Laffettenkasten; die Achssitze; die Laffettenwände; die Riegel; der Laffettenschwanz.

L'âme ; l'axe de l'âme ; la chambre ; la partie rayée. — Die Seele (Bohrung, Lauf); die Seelenare; der Ladungsraum; der gezogene Theil.

L'amorce. — Die Zündung.

L'angle de chute ; d'élévation ; de tir. — Der Einfallwinkel; Erhöhungswinkel; Richtungswinkel.

L'anneau obturateur. — Der Liderungsring.

Les anses (du canon). — Die Henkel.

L'anspect. — Die Handspeiche.

L'appareil de pointage ; la vis de pointage. — Die Richtmaschine; die Richtschraube.

Armer une batterie. — Eine Batterie mit Geschützen [versehen.

L'arrière-train d'un caisson ; d'une voiture. — Der Munitionshinterwagen; das Hintergestell.

L'artificier. — Der Feuerwerker.

L'artillerie ; l'artillerie de l'armée active allemande compte 364 batteries d'artillerie de campagne (37 régim.), 31 bataillons d'artillerie à pied (14 régiments). Les pièces sont divisées en pièces de campagne, de siège et de place ; ce sont des canons, des obusiers, des obusiers-canons et — Die Artillerie; die Artillerie des deutschen stehenden Heeres zählt 364 Batterieen Feldartillerie (37 Regimenter); 31 Bataillone Fußartillerie (14 Regimenter). Die Geschütze zerfallen in Feld-, Belagerungs- und Festungsgeschütze, nämlich Kanonen und Wurfgeschütze (Haubitzen, Bombenkanonen und Mörser).

mortiers. Suivant que l'artillerie est destinée à la guerre de siège ou à la guerre de campagne, elle se divise en artillerie à pied et artillerie de campagne. L'artillerie de côte. L'artillerie de montagne. L'artillerie de campagne se divise en batteries légères et grosses batteries (artillerie montée) et en batteries à cheval.

L'artillerie divisionnaire est le régiment d'artillerie attribué à chaque division d'infanterie; l'artillerie de corps d'armée est l'autre régiment de la brigade d'artillerie, qui reste à la disposition du général commandant le corps d'armée.

Un régiment d'artillerie de campagne se compose, sur pied de guerre, de l'état-major et de 2 ou 3 *groupes* de batteries. Un *groupe* de batteries se compose de l'état-major et de 4 batteries de 6 pièces chacune. Un *groupe* de batteries à cheval se compose de l'état-major et de 3 bat-

Die Artillerie zerfällt, je nachdem sie für den Festungs- oder den Feldkrieg bestimmt ist, in Fußartillerie und in Feldartillerie.

Die Küstenartillerie;
Die Gebirgsartillerie;
Die Feldartillerie zerfällt in leichte und schwere Batterieen (fahrende Artillerie) und in reitende Batterieen.

Die Divisionsartillerie ist das jeder Infanteriedivision zugetheilte Artillerieregiment; die Korps-Artillerie ist das andere zur Verfügung des kommandirenden Generals bleibende Regiment der Artilleriebrigade.

Ein Feldartillerie-Regiment besteht im Kriege aus dem Stabe und 2—3 Abtheilungen.

Eine Abtheilung besteht aus dem Stabe und 4 Batterieen zu 6 Geschützen. Eine reitende Abtheilung besteht aus dem Stabe und 3 reitenden Batterieen zu 6 Geschützen.

teries à cheval de 6 pièces chacune. Une batterie compte 5 officiers et 150 hommes.

Les *groupes* de colonnes se composent de leur état-major et de 10 colonnes, dont 6 de munitions d'artillerie et 6 de munitions d'infanterie.

L'artilleur; le canonnier servant, conducteur; le chef de pièce; les servants destinés à la manœuvre d'une pièce (ils sont, en Allemagne, désignés par des numéros, par exemple n° 1, n° 2, — n° 5).

L'attelage de 6 chevaux; l'attelage de 2 chevaux (1er, 2e et 3e); atteler; dételer.

L'avant-train d'une pièce ou d'un caisson; amener l'avant-train; ôter l'avant-train (mettre en batterie). L'avant-train de la pièce avec ses coffres à munition. L'avant-train de voiture.

Balayer (battre).

La batterie; batterie blindée; batterie de brèche; batterie d'écharpe; batterie attelée;

Eine Batterie ist stark: 5 Offiziere und 150 Mann.

Die Kolonnenabtheilungen bestehen aus den Stäben und 10 Kolonnen (6 Artillerie- und 4 Infanterie-Munitionskolonnen.)

Der Artillerist, Kanonier; bedienender, fahrender Kanonier; der Geschützführer; die Bedienungsmannschaft (die einzelnen Leute derselben werden in Nummern eingetheilt: Nr. 1 bis Nr. 5, oder abfeuernde, einführende u. s. w. Nummer).

Die Bespannung; die Bespannungszüge (Vorder-, Mittel-, Stangenzug); vorspannen; abspannen.

Die Protze; aufprotzen; abprotzen.

Die Protze besteht aus Protzgestell und Protzkasten mit den Einsätzen (Geschoßkästen). Das Vordergestell.

Bestreichen.

Die Batterie; bedeckter (überbauter) Geschützstand; Breschbatterie; schräge Batterie; bespannte Batterie;

mettre en batterie (dans l'embrasure); (pour l'artillerie de campagne).	ein Geschütz vorbringen; abprotzen.
Battre; (canonner).	Bestreichen; beschießen.
La boîte à mitraille.	Die Kartätschbüchse.
Le bombardement.	Die Beschießung.
La bombe; éclater.	Die Bombe; platzen.
Le bond (du projectile).	Der Aufschlag (des Geschosses).
La bouche à feu; bouche du canon; le bourrelet en tulipe; la pièce se chargeant par la bouche; par la culasse.	Das Geschütz; die Mündung des Rohrs; die Mundfriese; der Vorlader; der Hinterlader.
Le boulet (plein); la pile de boulets; le parc aux boulets.	Die Vollkugel; der Kugelhaufen; der Kugelgarten.
Le boulon; boulonner.	Der Bolzen; verbolzen.
La bourre.	Die Vorladung.
Le boute-feu.	Der Luntenstock.
La brèche; brèche praticable.	Die Bresche; die gangbare Bresche.
La bricole; le harnachement à bricole; harnachement à collier.	Das Zugseil, die Siele; das Sielengeschirr; das Kumintgeschirr.
Le bronze; bronze aciéré.	Die Bronze; Stahlbronze.
Le bruit du canon.	Der Kanonendonner.
Le but; frapper le but.	Das Ziel, die Scheibe; das Ziel treffen. [firer.
La butte; le marqueur.	Der Kugelfang; der Mar-
Le caisson.	Der Munitionswagen.
Le calibre.	Das Geschützkaliber, der Seelendurchmesser.
Le canon; le tube; la volée; tirer le canon.	Die Kanone; das Rohr, der Lauf; das lange Feld; mit Kanonen schießen.
La capacité d'une voiture.	Das Fassungsvermögen.

Le capitaine commandant.	Der Hauptmann und Batterieführer.
La capsule.	Das Zündhütchen.
Le cercle de roue.	Der Radreif.
Le champ de tir.	Das Schußfeld, Gesichtsfeld
La charge; de guerre; d'éclatement.	Die Ladung; Feldladung Sprengladung.
Le cheval; le porteur; le sous-verge.	Das Pferd; das Sattelpferd Handpferd.
La cheville ouvrière; la lunette.	Der Protz(Schluß)nagel; die Protzöse.
La chèvre.	Das Hebezeug.
La cible; cible à éclipse.	Die (Ziel)Scheibe; Verschwindscheibe.
Le clou; enclouer.	Der Nagel; vernageln.
Le coin d'arrêt; de fermeture; le trou du coin.	Der Hemmkeil; Verschlußkeil (Hinterkeil, Vorderkeil); das Keilloch.
Le colleron; le collier.	Die Halskoppel; das Kummt.
La colonne par pièce.	Die Kolonne zu Einem.
La composition fusante.	Der Zündersatz.
Le conducteur; (du 1er, 2e et 3e attelage); des équipages.	Der Fahrer, Fahrkanonier (der Vorder-, Mittel-, Stangenreiter); der Wagenführer.
Couler une pièce; la fonderie.	Ein Geschütz gießen; die Gießerei.
La crasse; les résidus.	Der Pulverschleim; die Pulverrückstände.
Le cric.	Die (Wagen)Winde.
Le cuivre; l'obturation en cuivre; le cuivre jaune.	Das Kupfer; der Kupferring; das Messing.
La culasse.	Das Bodenstück.
Le cylindre.	Die Walze, Welle.
Décharger (ôter la charge).	Entladen.

Le déclic.	Die Sperrklinke, der Sperrhaken.
Le dégorgeoir.	Die Räumnadel, der Zündlochräumer; die Kartuschnadel.
Démonter (une pièce); (un fusil).	Unbrauchbar, gefechtsunfähig machen; auseinandernehmen.
La dérivation.	Die (beständige) Seitenabweichung.
La dérive.	Die Seitenverschiebung.
La déviation.	Die Ablenkung.
Donner à manger, à boire (aux chevaux).	Die Pferde futtern, tränken.
Écart en hauteur, en portée.	Die Höhen-, Längenabweichung.
Écharpe; feu prenant d'écharpe.	Flankirendes Artilleriefeuer.
Éclater; les éclats; un éclat d'obus; effet d'éclatement.	Zerspringen, krepiren; die Sprengstücke; ein Granatsplitter; Sprengwirkung.
L'écouvillon; écouvillonner.	Der Wischer; auswischen.
Élever.	Die Höhenrichtung geben.
L'emplombage des rayures.	Die Verbleiung der Züge.
Encadrer le but.	Das Ziel eingabeln (Gabelschießen).
L'encastrement de tir; de marche.	Das Schießlager; Marschlager.
L'enfilade; enfiler.	Die Längsbestreichung; der Länge nach bestreichen.
Enrayer; le sabot, la chaine, la corde d'enrayage.	Hemmen; der Hemmschuh, die Hemmkette, das Hemmseil.
L'entretoise (d'affût); de volée; de crosse.	Der (Laffetten)Riegel; Stirnriegel; Schwanzriegel.

L'épreuve des pièces.	Die Geschützprobe.
Épuiser la munition.	Die Munition verschießen, sich verschießen.
Équipages d'artillerie : caissons, fourgons pour le matériel, la forge de campagne, fourgon aux bagages. De siège.	Artilleriefahrzeuge: Munitionswagen, Vorrathswagen, die Feldschmiede, Packwagen. Der Belagerungstrain.
L'escorte (détachement d'infanterie ou de cavalerie accompagnant des pièces pour les protéger).	Die Partikular-Bedeckung (eine Infanterie- oder Kavallerie-Abtheilung, welche Geschützen zur Deckung beigegeben wird).
L'essieu ; l'esse d'essieu.	Die Achse; die Lünse.
Éteindre les feux d'une batterie.	Das Feuer einer Batterie zum Schweigen bringen.
L'étoupille ; le tube ; la composition ; le corps rugueux ; le tire-feu.	Die Schlagröhre; das Röhrchen (die Reiberhülle); der Satz; der Reiber; die Abzugsschnur.
L'étui.	Das Futteral.
Le fer ; la fonte.	Das (Schmiede)Eisen; Gußeisen.
La fermeture ; à coin ; à verrou ; à vis ; la portière de fermeture.	Der Verschluß; Keilverschluß; Kolbenverschluß; Schraubenverschluß; die Verschlußthür.
Les feux ; croisés ; faire cesser le feu ; ouvrir le feu.	Das Feuer; Kreuzfeuer; das Feuer einstellen; in Thätigkeit treten.
Le fil à plomb.	Das Richtloth.
La flèche ; de l'affût ; de la trajectoire ;	Der Langbaum; der Laffettenschwanz; die Senkrechte des Scheitelpunktes in der Flugbahn; der Scheitelpunkt.
l'ordonnée maxima.	
Le forcement du projectile.	Die Führung des Geschosses.

Forer (un canon).	(Ein Geschütz) bohren.
Le frottage; frotter; pièces frottées.	Die Beringung; beringen; Ringgeschütze.
Le fulminate.	Das Knallpulver, Knallsilber.
La fusée (volante); la fusée d'obus; à double effet; fusante; percutante; à temps; régler la fusée.	Die Rakete; der Zünder; Doppelzünder; Brennzünder; Perkussionszünder Zeitzünder; den Zünder tempiren.
La galette de poudre.	Der Pulverkuchen.
La garde de tranchée.	Die Laufgrabenwache.
La gargousse; l'obturateur en carton.	Die Kartusche; der Preßspahnboden.
La goupille; goupille de sûreté.	Der Stift; der Vorstecker (in der Granate).
La graisse.	Die (Wagen)Schmiere.
La grenade.	Die Handgranate.
Les guides.	Die Leutseile.
Le guidon.	Das Korn.
Harnacher; le harnachement.	Anschirren; das Geschirr, die Pferdeausrüstung.
La hausse; l'œilleton; le quart de cercle à niveau.	Der Aufsatz; der Visireinschnitt; der Libellenquadrant.
L'intervalle d'éclatement.	Die Sprengweite.
Les leviers de pointage.	Der Hebe- und Richtbaum.
La ligne de mire.	Die Visirlinie.
La lime.	Die Feile.
Le limonier.	Das Gabelpferd.
Le lisoir (de châssis de plate-forme).	Der Pivotriegel.
Le loquet.	Die Sperrklinke.
La lumière.	Das Zündloch.
Le magasin à poudre.	Das Pulvermagazin.
Le manchon.	Der (Rohr)Mantel.

La manivelle.	Die Kurbel.
La manœuvre de la pièce: Ouvrir la culasse, examiner la lumière, écouvillonner, apprêter les projectiles, refouler le projectile et le sachet, fermer la culasse, pointer, mettre le feu, ouvrir la culasse, nettoyer avec soin le système de fermeture et la chambre.	Die Bedienung des Geschützes: Oeffnen des Verschlusses, Revidiren des Zündlochs, Auswischen der Seele, Heranbringen der Geschosse, Ansetzen der Geschosse und Kartuschen, Schließen des Verschlusses, Richten, Abfeuern, Lüften des Verschlusses, gründliches Reinigen des Verschlusses und Ladungsraums.
La manufacture d'armes.	Die Gewehrfabrik.
La mèche; le cordeau Bickford.	Die Lunte; die Bickford'sche Zündschnur.
La mitraille; boîte à mitraille; mitrailler.	Die Kartätsche; Kartätschenbüchse; mit Kartätschenhagel überschütten.
Le mortier; à main; mortier pierrier.	Der Mörser; Handmörser; Steinmörser.
La munition (amorces, projectiles et poudres).	Die Geschützmunition (Zündungen, Geschosse und Ladungen).
L'obturation; l'obturateur en carton; en cuivre.	Die Liberung; der Preßpahnboden; Kupferliberung.
L'obus; l'obusier; l'obus à double paroi; l'obus de rupture.	Die (Haubitz)Granate; die Haubitze; die Doppelwandgranate; die Panzergranate.
L'œillère.	Das Scheuleder.
Le palonnier.	Das Ortscheit.
Le parc d'artillerie; parquer.	Der Artillerie-, Geschützpark parkiren.
Le pétard.	Die Petarde, Explosionspatrone.
La pièce; la pièce de 4;	Das Geschütz; der 4=Pfünder;

les pièces à âme lisse, rayées, frottées. Canons, canons-obusiers, obusiers, mortiers.	(das 8 Cm. Geschütz); glatte, gezogene, beringte Geschütze (Ringgeschütze). Kanonen, Bombenkanonen, Haubitzen, Mörser.
La place d'armes.	Der Waffenplatz.
La plate-forme (de batterie); les bois de plate-forme: les lambourdes-gîtes; les lambourdes de recouvrement.	Die Bettung; die Bettungshölzer; bie Bettungsrippen; die Bettungsbohlen.
Le plomb durci.	Das Hartblei.
Le point de chute; point d'éclatement; toucher terre.	Der Aufschlagpunkt; Sprengpunkt; aufschlagen.
Pointer; viser; le pointeur.	Richten; zielen; die Richtnummer.
Le polygone.	Der Schießplatz.
La portée; efficace.	Die Trag(Schuß)weite, der Schußbereich; wirksame Schußweite.
La position; mettre en position.	Die Stellung; auffahren.
La poudre; de mine; le pulvérin; le baril de poudre; le sac de poudre; la poudrerie.	Das Geschützpulver; Sprengpulver; Mehlpulver; die Pulvertonne; der Pulversack; die Pulvermühle(fabrik).
Le prélart.	Die Wagendecke.
La prépondérance de culasse.	Das Hintergewicht.
La profondeur de marche (pour une batterie montée avec sa réserve 460 m., pour une batterie à cheval avec sa réserve 490 m.).	Die Marschtiefe (für die Feldbatterie mit beiden Wagenstaffeln 460 m., für die reitende Batterie mit beiden Wagenstaffeln 490 m.).

Le projectile (obus, obus incendiaires, boulets pleins, shrapnels et mitraille) ; projectiles creux, pleins.	Das Geschoß (Granaten, Brandgranaten, Kugeln, Schrapnells und Kartätschen); Hohlgeschosse, Vollgeschosse.
La prolonge; manœuvrer à la prolonge.	Das Schlepptau, die Langkette; Bewegungen mit der Langkette ausführen.
Le quartier d'artillerie.	Die Artilleriekaserne.
Les rayures ; les pleins; le pas des rayures (à gauche, à droite).	Die Züge; die Balken; der Drall (Linksdrall, Rechtsdrall).
Le réapprovisionnement.	Die Munitionsergänzung.
Le recul.	Der Rücklauf; Rückstoß (vom Gewehr).
Le fouler (la charge) ; le refouloir.	Die Geschützladung ansetzen; der Ansatzkolben.
Régler le tir ; le réglage.	Sich einschießen ; das Einschießen, Gabelschießen.
Les rênes.	Die Zügel.
Le renfort, le 1er; le second.	Das Bodenstück; das Zapfenstück.
Ricocher; le ricochet.	Ricochetiren, abprallen; der Aufschlag, Sprung.
La roue (le moyeu, les rais, les jantes, la couronne, le cercle) ; la boîte de roue; la roue de rechange.	Das Rad (die Nabe, die Speichen, die 6 Felgen bilden den Radkranz, der Radreif); die Nabenbüchse; das Ersatzrad.
Le sac à cartouches.	Der Kartuschtornister.
Le sachet.	Der Kartuschbeutel.
Le shrapnel (obus à balles).	Der Schrapnell (Hohlgeschoß mit Tempirzünder und Füllung von Kugeln).
La supériorité du feu.	Die Feuerüberlegenheit.
Le timon ; le timonier.	Die Stange, Deichsel; das Stangenpferd.

Le tir;
  à barbette;
  à courbe;
  direct;
  d'écharpe; à embrasure; de plein fouet; plongeant; à revers; au-dessous de l'horizon.
Tirer (tir direct; tir indirect); à projectile, à blanc.
La tôle de fer, d'acier.
Les tourillons.
Le tournevis; la clef anglaise.
Le tourniquet (d'un coffre à munition).
Le train;
  d'une voiture;
  d'artillerie;
Les traits (d'un attelage).
La trajectoire; la durée du trajet; la branche ascendante, descendante; la trajectoire tendue.
Traverser; la force de pénétration.
Le triqueballe.
Le tube (du canon); tube intérieur des pièces frettées.
Le verrou; à loquet.
La vis (la tête, la fente, la tige, la partie filetée, le pas de vis; l'écrou);

Das Schießen, das Feuer; Feuer über Bank; der (hohe) Bogenschuß (Wurf), indirekter Schuß; direkter Schuß; Schrägschuß; Schartenschuß; rasanter (Kern-) Schuß; flacher Bogenschuß; Rückenschuß; Senkschuß.
Feuern (schießen; werfen); scharf, blind schießen.
Das (Eisen-, Stahl)Blech.
Die Schildzapfen.
Der Schraubenzieher; der Schraubenschlüssel.
Der Schließwirbel.

Das Fuhrwesen, die Geschützfahrzeuge; das Gestell; der Artillerietrain.
Die Zugstränge, Zugriemen.
Die Flug(Geschoß)bahn; die Flugzeit; der aufsteigende, absteigende Ast; die rasante (gestreckte) Flugbahn.

Durchschlagen; die Durchschlagkraft.
Der Schleppwagen.
Das Rohr; Kernrohr der Ringgeschütze.

Der Riegel; die Sperrklinke.
Die Schraube (der Kopf, der Einschnitt, der Stengel, das Gewindetheil, der Schraubengang; die Schrauben-

la vis de fermeture; de pointage; de rappel.

La vitesse initiale, restante.
La volée (de derrière); les palonniers; du canon.
Le zinc; zinguer.
La zone dangereuse; la zone hors portée.

mutter); Verschlußschraube; Richtschraube; Stellschraube.

Die Anfangs-, Endgeschwindigkeit.
Die Hinterbracke, Wage; die Ortscheite; das lange Feld.
Das Zink; verzinken.
Der bestrichene Raum; der unbestrichene Raum.

Cavalerie.

L'abreuvoir; donner à boire.
Le seau d'abreuvoir.
Les aides; naturelles; artificielles; supérieures; inférieures.

L'allure; le pas;
  le trot;
  le galop;
  le galop de charge.
L'amble; cheval marchant à l'amble.
L'arcade; de devant; le troussequin; l'arçon.
L'articulation.
L'assiette; perdre son assiette.
L'attaque en fourrageurs.
L'avoine.

Kavallerie.

Die Tränke, Schwemme; tränken.
Der Tränkeimer.
Die Hülfen; natürliche Hülfen; die Hülfen mit Sporen, Peitsche, u. s. w.; mit Händen und Armen; mit Schenkeln.
Die Gangart; der Schritt (120 Schritt in der Minute); der Trab (300 Schritt); der Galopp (500 Schritt); die Karriere (600 Schritt).
Der Paß; der Paßgänger.

Der Sattelbogen; die Vorderzwiesel; die Hinterzwiesel; der Sattelbaum.
Das Gelenk.
Der Sitz; seinen Sitz verlieren.
Die Schwärmattacke.
Der Hafer.

La basane.	Der Lederbesatz an der Hose.
Les bat-flanc.	Die Lattirbäume.
Battre à la main.	Den Kopf werfen.
Le bipède antérieur; postérieur.	Die Vorderbeine; Hinterbeine.
La blessure (au garrot); blessé sous la selle.	Die Druckstelle (am Widerrist); gedrückt.
La botte (de carabine); carabine à la botte! La botte de foin.	Der Karabinerschuh; Karabiner an Ort! Das Heubündel. [reiben.
Bouchonner.	(Mit einem Strohwisch) ab-
La boucle; boucler; déboucler.	Die Schnalle; anschnallen; abschnallen.
Les brandebourgs.	Der Schnurbesatz.
La bride; la têtière; brider; débrider; le bridon.	Der Zaum, die Zäumung; das Hauptgestell; (auf)zäumen; abzäumen; die Schultrense.
La brosse à cheval.	Die Karbätsche.
Se cabrer.	Sich bäumen, steigen.
Le capitaine; capitaine commandant.	Der Rittmeister; Rittmeister und Eskadronschef.
La carabine.	Der Karabiner.
La carrière.	Die Reitbahn.
La cavalerie allemande se compose de 93 régiments=465 escadrons.	Die Kavallerie des stehenden Heeres zählt 93 Regimenter = 465 Eskadrons.
Le cavalier; la cavalerie. Un régiment de cavalerie sur pied de guerre se compose de son état-major et de 4 escadrons, avec un escadron de dépôt, et compte: 23 officiers et 602 hommes.	Der Kavallerist, Reiter; die Kavallerie, Reiterei. Ein Regiment Kavallerie auf dem Kriegsfuß besteht aus dem Stabe und 4 Schwadronen mit einer Ersatzschwadron, und ist stark: 23 Offiziere und 602 Mann.
Un escadron compte: 5 officiers, 15 sous-offi-	Eine Schwadron zählt: 5 Offiziere, 15 Unteroffiziere,

ciers, 3 trompettes, 132 cavaliers (y compris 20 appointés). La grosse cavalerie (cuirassiers et lanciers); la cavalerie légère (hussards et dragons). La cavalerie divisionnaire (le régiment de cavalerie attribué à chaque division d'infanterie).	3 Trompeter, 132 Gemeine (einschließlich 20 Gefreite). Schwere Kavallerie (Kürassiere und Ulanen); leichte Kavallerie (Husaren und Dragoner). Die Divisionskavallerie (das jeder Infanterie-Division zugetheilte Kavallerie-Regiment).
Le caveçon.	Der Kappzaum.
La chambrière.	Die Schulpeitsch
Le chasseur à cheval; l'estafette (corps spéc. en Prusse).	Der Jäger zu Pferde; der reitende Feldjäger.
Le cheval; l'étalon; étalon reproducteur; la jument; le poulain; la pouliche; la haridelle; la rosse; le coursier; l'alezan; le bai; le cheval blanc; le cheval noir; le cheval pie; le cheval hongre; le cheval de bât; le cheval de main; le cheval en sus de l'effectif; le cheval de selle; le cheval de trait; cheval de renfort; le cheval dressé; le cheval doux; le cheval ombrageux; le cheval pur-sang. Le dépôt de chevaux. A cheval! Pied à terre!	Das Pferd; der Hengst; der Beschäler; die Stute; das (Hengst)füllen; das (Stuten)füllen; die Mähre; die Schindmähre; das Roß; der Fuchs; der Braune; der Schimmel; der Rappe die Schecke; der Wallach; das Packpferd; das Handpferd; das Krümperpferd; Sattel-, Reitpferd; Zugpferd; Vorspannpferd; das zugerittene Pferd; das fromme Pferd; das scheue Pferd; das Vollblut. Das Pferdedepot. Aufgesessen! Abgesessen!
La tête: la nuque; les	Der Kopf: das Genick; die

oreilles; le chanfrein; les yeux; les naseaux; la bouche; la langue; les mâchoires; les dents (les crochets). Le tronc: l'encolure; la crinière: le garrot; l'épaule; le dos; la région lombaire; les côtes; le ventre; les flancs; les parties sexuelles; la verge; la mamelle; la croupe; les hanches; la queue; l'anus; les vertèbres; la colonne vertébrale. Les jambes: l'omoplate; le poitrail; le fémur; le genou; la rotule; le jarret; le paturon; la couronne; le sabot; la sole.	Ohren; die Stirne; die Augen; die Nasenlöcher (Nüstern); das Maul; die Zunge; die Kiefer (Kinnladen); die Zähne (die Haken). Der Rumpf: der Hals; die Mähne; der Widerrist; die Schulter; der Rücken; die Lenden; die Rippen; der Bauch; die Flanken (Weichen); die Geschlechtstheile; die Ruthe; das Euter; die Kruppe; die Hüften (Hanken); der Schweif; der After; die Wirbel; der Rückgrat (die Wirbelsäule). Die Beine: das Schulterblatt; der Bug; der Schenkel; das Knie; die Kniescheibe; das Sprunggelenk; der Fessel; die Krone; der Huf; die Sohle.
Le choc (dans l'attaque).	Der Chok.
Le clou à ferrer.	Der Hufnagel.
Le colback.	Die Pelzmütze der Husaren.
La courroie; de charge.	Der Riemen; Packriemen.
La couverture (pliée en huit).	Der Woilach.
La cravache.	Die Reitpeitsche.
Le crin.	Das Roß(Pferde)haar.
Le crottin; évacuer du crottin; évacuer de l'urine.	Der Pferdemist; misten; stallen.
La croupière.	Der Schwanzriemen.
La cuirasse; le cuirassier.	Der Küraß; der Kürassier.
Culbuter.	Ueberreiten.
Le czapska.	Der Czapka der Ulanen.

Démarquer.	Die Kennung verlieren.
La dent; le cornet; le germe de fève; les incisives; les molaires; les pinces; les dents de lait; de cheval.	Der Zahn; die Höhlung; die Kennung; die Schneidezähne; Backenzähne; die Zangenzähne; Milchzähne; Pferdezähne.
Dessangler; (lâcher la sangle).	Abgürten; umgürten.
La division de cavalerie (se compose de brigades de cavalerie et d'artillerie à cheval).	Die Kavalleriedivision (besteht aus Kavalleriebrigaden und reitender Artillerie).
Le dragon.	Der Dragoner.
La dragonne.	Der Faust(Schlag)riemen.
Dresser; entraîner.	Zureiten; einreiten.
L'éclaireur; le service d'éclaireurs.	Der Plänkler; der Aufklärungsdienst.
L'école d'application; l'école du peloton.	Das Reitinstitut; die Ausbildung im Trupp.
L'écurie; de cantonnement; l'infirmerie des chevaux; le service d'écurie; la garde d'écurie.	Der Stall; die Stallung; der Krankenstall; der Stalldienst; die Stallwache.
L'écuyer (s.-maître de manège); l'écuyer officier; l'écuyer en chef.	Der Bereiter; der Stallmeister; der Oberstallmeister.
L'effectif de chevaux.	Der Pferdebestand.
L'éperon; la molette; éperon à la chevalière.	Der Sporn (pl. die Sporen); das Sporenrädchen; der Anschnallsporn.
L'équitation. Effet latéral; effet diagonal droit, gauche. Rêne directe, droite, opposée; rêne d'opposition.	Die Reitkunst; das Reiten. Auswendige, inwendige Zügel u. Schenkel; rechte, linke Diagonalwirkung. Inwendige, auswendige Zügel (je nach der Hand, mit der man arbeitet); Gegenwirkung.

Marcher à main droite, gauche. Changer diagonalement; changer en tenant, en donnant les hanches. Appuyer la tête au mur. Pirouette, pirouette renversée; sur le centre de gravité. Cercle. Volte; demi-volte. Doublé dans la longueur; dans la largeur; par deux, par trois; doublé individuel. — Contre-changer de main. Serpentine. Se ranger.
En cercle! — Marchez large!
Un cheval travaille de deux pistes;
est en main;
est mis en main;
est mis.
Galop à trois, à quatre temps; un cheval galope sur le pied droit, gauche; il est juste, faux, désuni; il part au galop sur le pied droit; il change de pied.
Départ juste, faux.
Le cheval change de pied en l'air. Stepper. Le cheval rase le tapis; il billarde; il trousse; il trotte du genou; il traquenarde.

Auf der rechten, linken Hand reiten. Wechseln (durch die ganze Bahn changiren); im halben Travers wechseln. Längs der Wand schließen. Wendung auf der Vorhand, auf der Hinterhand; auf dem Gurt. Zirkel (große od. kleine Tour). Volte; Kehrt-Wendung. Wendung aus der Mitte; halbe Reitschule; halbe Reitschule zu zweien, zu dreien; rechts, links—um. Abchangiren. Schlängelnder Weg. Die Tete rechts schwenkt, links marschirt auf — Marsch — Tete halt! — Große Tour! Gradaus! — Ein Pferd geht auf 2 Hufschlägen; ist zusammengenommen, versammelt, aufgerichtet; Zusammenstellung; abgerichtet, ausgearbeitet, durchgeritten, thätig. Drei-, Vier-Tempo-Galopp; ein Pferd sprengt rechts, links an; richtig (rein), falsch (unrein), über's Kreuz galoppiren; es sprengt rechts an; es wechselt im Galopp.
Richtig, unrichtig (falsch) anspringen. Das Pferd changirt a tempo. Fuchteln (stechender Trab). Das Pferd streift den Boden; schlägt mit den Vorderfüßen auf; bügelt; geht paukenden Trab; geht Halb-

Le passage (trot mesuré et cadencé); passager; piaffer. Sauteur dans les piliers; sauteur en liberté. La courbette; la croupade; la ballottade; la cabriole.
L'escadron.
L'escouade; le brigadier.

L'estafette; cavalier momentanément détaché pour le service des dépêches.
L'étendard; le porte-étendard.
L'étrier; les étrivières; la planche d'étrier.

L'étrille; étriller.
Le fer à cheval; les fers; ferrer; à glace.
Ferme sur les arçons.
Le filet.
Le foin.
Le fouet; la lanière; la mèche; le manche.

Les fourrages (fourrages secs; paille et foin; fourrages verts); le sac aux fourrages; la musette-mangeoire. Fourrager. La fourragère.
Le galop; désuni; au petit galop; galoper.

galopp. Der ſtolze, ſpaniſche Tritt; paſſagiren; piaffiren (tanzen). Springer zwiſchen den Pilaren; Springer in dem Gange. Die Courbette; die Croupade; die Ballotade; die Capriole.
Die Eskadron, Schwadron.
Der Beritt; der Berittunteroffizier.

Die berittene Ordonnanz; der Meldereiter.

Die Standarte; der Standartenführer.

Der Steigbügel; die Steig(bügel)riemen; die Steigbügelſohle.
Der Striegel; ſtriegeln.
Das Hufeiſen; der Beſchlag; beſchlagen; ſcharf beſchlagen.
Sattelfeſt.
Die Trenſe.
Das Heu.
Die Peitſche; der Peitſchenriemen; die Schmitze; der Peitſchenſtiel.

Das Futter (Hartfutter); Rauchfutter; (Grünfutter); der Futterſack; der Freßbeutel. Futter holen, fourragiren. Der Futterwagen.
Der Galopp; Kreuzgalopp; im kurzen Galopp; galoppiren, ſprengen.

La garde d'étendard; garde d'écurie.	Die Standartenwache; Stallwache.
Le garde-chevaux.	Der Pferdehalter.
La gourmette.	Die Kinnkette.
Le haras; la commission des haras.	Das Gestüt; der Köhrungsausschuß.
Le harnachement.	Das Sattelzeug, die Pferdeausrüstung.
Hésiter.	Stutzen.
Le hussard.	Der Husar.
La lance; le lancier.	Die Lanze; der Ulan, Lanzenreiter.
Le licou.	Der (die) Halfter.
La litière; faire la litière.	Die Streue; unterstreuen.
La longe.	Das Leitseil, der Leitriemen.
La longueur de cheval.	Die Pferdelänge.
La main (rendre la); tenir la main.	Die Zügel nachlassen; die Zügel kurzhalten.
Le manège.	Die Reitschule (bahn).
La mangeoire; donner à manger.	Die Krippe; futtern.
Le maréchal-ferrant.	Der Hufschmied, Beschlagschmied, Kurschmied, Fahnenschmied.
La martingale.	Der Sprungriemen, Sprungzügel.
Mettre pied à terre; se mettre en selle.	Absitzen; aufsitzen.
Monter à cheval; un officier monté.	Reiten; ein berittener Offizier.
Montoir; côté du montoir; côté hors montoir.	Linke Seite; rechte Seite.
Le mors; de bride; l'embouchure; la branche; le mors de filet. Prendre le mors aux dents.	Das Gebiß; Stangengebiß, die Kandare; das Mundstück; die Stange; das Trensengebiß. Durchlaufen.
L'ordonnance.	Der Bursche, Reitknecht.

4

La paille; paille d'avoine; paille hachée; paille longue.	Das Stroh; Haferstroh; der Häckerling, der Häcksel; Futterstroh.
Le panneau de selle.	Das Sattelkissen.
Le pansage; panser.	Die Wartung; die Pferde warten, putzen.
Le pas; marcher au pas.	Der Schritt; Schritt gehen.
Le passant-coulant.	Der Schieber, Schieberknopf.
Le piquet de campement.	Der Piket(Kampir)pfahl.
La piste.	Der Hufschlag.
Le pommeau de selle.	Der Sattelknopf.
Le porte-manteau.	Der Mantelsack.
Le poteau d'écurie.	Der Ständer.
Présenter un cheval.	Ein Pferd vorführen.
La profondeur de marche (pour l'escadron 150 m.).	Die Marschtiefe (für die Eskadron 150 m.).
Le quartier.	Die Kavalleriekaserne.
Le rallie-papiers.	Die Papierschnitzeljagd.
Le râtelier; le râtelier-mangeoire.	Die Raufe; die Krippenraufe.
La ration; ration permanente.	Die Ration, Futterration; die eiserne Ration.
Réformé.	Ausgemustert.
Remettre le sabre (au fourreau); mettre au clair; portez —! présentez —! Sabre main!	Den Säbel einstecken; ziehen; Gewehr — auf Schulter! Präsentirt's — Gewehr! Gewehr — auf!
La remonte; le dépôt de remonte.	Die Remontirung; das Remontedepot.
La rêne (v. *l'équitation*); rênes de bride; rênes du filet.	Der Zügel; die Kanbarenzügel; Trensenzügel.
Rétif.	Stätig, stätisch.
La robe du cheval.	Die Hautfarbe.
Ruer.	Hinten ausschlagen.
Le sabot.	Der Huf.

Le sabre; le sabre droit (latte).	Der Säbel; der Pallasch.
La sacoche; la poche à fers.	Die Satteltasche; die Hufeisentasche.
Saillir; le temps de la monte.	Decken, bespringen, beschälen; die Beschälzeit.
La sangle; sangler; le surfaix; la sous-ventrière; le surdos.	Der Gurt; gürten; der Obergurt; der Bauchgurt; Rückengurt.
Le saut; sauter un fossé.	Der Sprung; über einen Graben setzen.
Le sauteur en liberté; dans les piliers.	Der Springer im Gange; der Springer zwischen den Pilaren.
La section.	Der Halbzug.
La chabraque; la couverte; la couverture d'écurie.	Die Schabracke; der Woilach, die Satteldecke; die Stalldecke.
La selle; seller; desseller; le maître-sellier.	Der Sattel; satteln; absatteln; der Regimentssattler.
Sensible, avoir la bouche sensible; dure.	Weichmäulig; hartmäulig.
Serrer les bottes, botte à botte.	Bügel an Bügel reiten.
Le signalement des chevaux.	Das Pferdenational.
Le son.	Die Kleie.
Sonner, le boute-selle, la charge, en fourrageurs, aux officiers, pied à terre, en selle, garde-à-vous! La sonnerie.	Blasen, zum Satteln, zur Attacke, zur Schwärmattacke, Kommandeurruf, zum Absitzen, zum Aufsitzen, das Ganze blasen. Das Trompetensignal.
La sous-gorge.	Der Kehlriemen.
Le sous-pied.	Die Strippe, der Sprungriemen.
La subsistance;	Die Verpflegung;

mettre en subsistance.	zur Verpflegung überweisen.
Le tan.	Die Lohe.
La tenue d'écurie.	Der Stallanzug.
Le tic ; le tic de l'ours ; tiquer en l'air ; à l'appui ; tirer au renard.	Der Tick ; Bärentick, das Weben ; koppen, in die Luft beißen (Windkopper) ; in die Krippe beißen (Krippenbeißer) ; zurückkriechen.
Le trompette ; la trompette.	Der Trompeter ; die Trompete.
Le trot ; marcher au trot.	Der Trab ; traben.
La vedette.	Die Reiterschildwache, der Kavallerieposten.
Le vétérinaire.	Der Roßarzt.
Les vices rédhibitoires :	Die Gewährsfehler, welche die Rückgabe eines gekauften Pferdes verstatten :
Fluxion périodique ; épilepsie ; morve ; farcin ; vieilles courbatures ; immobilité ; pousse ; cornage chronique ; tic sans usure des dents ; hernies inguinales intermittentes ; le vieux mal ; le vertige.	Mondblindheit ; Fallsucht ; Rotz ; Wurm ; verjährte Gliederstarrheit ; Gliederstarrheit ; Dämpfigkeit ; chronisches Keuchen ; Krippenbeißen ; periodisch wiederkehrender Leistenbruch ; veraltetes, periodisch wiederkehrendes Hinken ; der Koller.
La visite d'écurie.	Die Stallrevision.
Les vivres de réserve.	Die eiserne Ration
Le vagon-écurie.	Der Pferdewagen.

L'Infanterie et termes généraux.	Die Infanterie und allgemeine Ausdrücke.
L'abatis; naturel; de transport.	Der Verhau; natürlicher; geschleppter.
Aborder; de front.	Angreifen, fassen; in der Front fassen.
L'abri; l'abri léger; la tranchée-abri.	Der Schutz, Schirm, die Deckung; der Windschirm; der Schützengraben.
L'accès; les voies d'accès.	Der Zugang; die Zugangswege.
L'à-coup.	Die Stockung (im Marsche).
Accourir.	Herbeieilen.
L'acte de naissance, de mariage, de décès.	Der Geburts-, Heiraths-, Todtenschein.
L'adjudant-major.	Der Bataillons-(Eskadrons-)Adjutant; der Regiments-Adjutant. (Die Adjutanten werden aus der Zahl der Subaltern-Offiziere gewählt. Der Regiments-Adjutant besorgt die schriftlichen Arbeiten des Regiments und führt die Kommandirrolle; alle Offiziere des Regiments kommandirt er namentlich, Unteroffiziere und Gemeine bataillonsweise. Der Bataillons-Adjutant hat die schriftlichen Arbeiten des Bataillons zu besorgen und die Kommandirrolle zu führen; Offiziere werden von ihm zum Dienst namentlich, Unteroffiziere u. Gemeine kompagnieweise kommandirt.)
(Dans l'armée prussienne, les adjudants sont des officiers. L'adjudant du régiment tient les écritures et le contrôle de service du régiment; il commande tous les officiers individuellement et les sous-officiers et les simples soldats par bataillon. L'adjudant du bataillon tient les écritures et le contrôle de service du bataillon; il commande les officiers individuellement pour le service et les sous-officiers et soldats par compagnie.)	

L'aide de camp; l'aide de camp d'un souverain.	Der Adjutant; der Flügel-Adjutant (der General-Adjutant, wenn der Adjutant ein General ist.)
'administration. Chaque corps d'armée possède, en Allemagne, les services administratifs suivants : 1° Les intendances; 2° les caisses du corps ; 3° la manutention ; 4° le corps de santé ; 5° douze ambulances ; 6° le personnel des réserves pour les ambulances ; 7° le dépôt de réserve pour les ambulances ; 8° la poste militaire ; 9° le parquet militaire ; 10° le clergé. L'officier d'administration.	Die Administration; Verwaltung. Jedes Armeekorps hat im Kriege folgende Administrationen: 1. die Intendanturen; 2. die Korpskriegskasse; 3. die Feldproviantämter; 4. das dirigirende ärztliche Personal; 5. zwölf Feldlazarethe; 6. das Lazareth-Reservepersonal; 7. das Lazareth-Reservedepot; 8. die Feldpost; 9. das Auditoriat; 10. die Geistlichkeit. Der höhere Verwaltungsbeamte.
L'aéronaute ; l'aérostat ; le détachement d'aérostatiers.	Der Luftschiffer; der Luftballon; die Luftschiffer-Abtheilung.
L'affaire, l'action.	Das Gefecht, Treffen.
L'affiche.	Der Anschlag(szettel), das Plakat.
L'agrafe ; la porte ; agrafer ; dégrafer.	Der Haken; die Oese; zuhaken; los(auf)haken.
L'aile; droite, gauche ; le chef de file de l'aile ; déborder les ailes; l'aile de direction.	Der Flügel; rechter, linker Flügel; der Flügelmann; überflügeln; der Richtungsflügel.
Ajourner (d'un an, etc.).	Zurückstellen.
Ajuster (voir *épauler*).	Anschlagen; zielen.
L'alarme ; donner l'alar-	Der Alarm, Lärm; Lärm

me; la fausse alarme, alerte; le canon d'alarme; la place d'alarme; le point de concentration; le quartier d'alarme;
le signal d'alarme.
Aligner; l'alignement; s'aligner. [pagne).
L'alimentation (en cam-
L'allocation.
L'ambulance; l'ambulance divisionnaire; l'ambulance volante; le sac d'ambulance.
L'ancien (de la chambrée); ancien officier; le plus ancien en grade; l'ancienneté.
L'annuaire militaire.
L'appareil.

L'appel (des troupes); nominal;
battre, sonner l'appel; (avant la retraite); appeler sous les drapeaux; appeler des troupes; les appelés.
Apprécier les distances.
Apprêter (les armes).
L'approvisionnement;

approvisionner.
L'appui;
principal.

schlagen; blinder Lärm; der Lärmschuß; der Alarmsammelplatz (für größere Truppenverbände); der Alarmplatz, der Sammel-, Stellungsplatz; das Alarmquartier; das Lärmsignal.
Richten; die Richtung; antreten, sich richten.

Die Verpflegung.
Die Kompetenz.
Das Feldlazareth; das Sanitätsdetachement; das fliegende Feldlazareth; der Bandagentornister.

Der Stubenälteste; früherer Offizier;
der rangälteste Offizier; das Dienstalter.
Die Rang- (u. Quartier)liste.
Die Vorrichtung, der Apparat.
Die Aushebung, die Einberufung; der Namensaufruf, der Ruf; Appel schlagen, blasen; locken; einberufen, zu den Fahnen berufen; Truppen heranziehen; die Eingestellten, Eingezogenen.
Abschätzen (die Entfernungen).
Fertig machen (die Gewehre).
Die Verproviantirung (Mund- und Kriegsvorrath): verproviantiren.
Der Stützpunkt, die Anlehnung, der Rückhalt; Hauptstützpunkt.

Appuyer; à gauche.	Schließen; links schließen.
L'aptitude militaire; à la marche.	Die Kriegstüchtigkeit; die Marschfähigkeit.
L'arbitre; le chef des arbitres.	Der Schiedsrichter; Oberschiedsrichter.
L'arme; les armes (les éléments qui composent l'armée allemande sont: 1° l'infanterie; 2° la cavalerie; 3° l'artillerie; 4° le corps du génie avec la brigade des ouvriers militaires des voies ferrées; 5° le train; 6° les services administratifs; 7° corps spéciaux).	Die Waffe; die Waffen(gattungen); (die Bestandtheile des deutschen Heeres sind: 1. Infanterie; 2. Kavallerie; 3. Artillerie; 4. das Ingenieurkorps und die Eisenbahnbrigade; 5. der Train; 6. die Administrationen; 7. besondere Korps).
Crier aux armes; mettre bas les armes; prendre les armes; porter les armes (voir les *commandements*); présenter les armes; reposer l'arme.	Die Wache herausrufen; die Waffen strecken; in's Gewehr treten; das Gewehr aufnehmen, anfassen, übernehmen und strecken; das Gewehr präsentiren; das Gewehr abnehmen.
La salle d'armes. Les armes défensives (casque et cuirasse); les armes offensives (armes à feu [portatives] et armes blanches); les armes blanches: couteau à fascines, le sabre-baïonnette, le sabre d'infanterie, la latte, le sabre de cavalerie, la lance.	Der Fechtboden. Die Schutzwaffen (Helm und Küraß); Trutzwaffen (Feuerwaffen [tragbare] und blanke Waffen); die blanken Waffen: das Faschinenmesser, das Haubajonett, der Infanteriesäbel, der Pallasch, der Kavalleriesäbel, die Lanze.
Armer; armer le fusil; presser la détente.	Bewaffnen; das Gewehr spannen; abziehen.

L'armement ; la levée en masse.	Die Bewaffnung; die Volksbewaffnung.
L'armistice.	Der Waffenstillstand.
L'armurier ; le maître armurier.	Der Waffenschmied; der Regimentsbüchsenmeister.
Les arrêts ; les peines disciplinaires : 1° consigne (officiers) ; 2° consigne (sous-officiers et simples soldats) ; 3° arrêts moyens (sous-officiers ne portant pas la dragonne d'officier) ; 4° arrêts de rigueur (simples soldats). Salle de police. (Voir *peines*.)	Der Arrest, die Haft; die Arreststrafen: 1. Stubenarrest (gegen Offiziere); 2. gelinder Arrest (gegen Unteroffiziere und Gemeine); 3. mittlerer Arrest (gegen Unteroffiziere ohne Portepee); 4. strenger Arrest (gegen Gemeine). Das Arrestlokal.
Arrêter ; l'arrestation.	Verhaften, in Haft nehmen; die Verhaftung.
L'arrière-ban ; l'arrière-garde ; l'arrière-ligne ; l'avant-ligne. En arrière !	Der Landsturm; die Nachhut Arrieregarde; das Hintertreffen; Vordertreffen. Zurück!
L'arsenal.	Das Zeughaus.
L'art militaire.	Die Kriegskunst.
L'assaut ; donner l'assaut ; prendre d'assaut.	Der Sturm; Sturm laufen, stürmen; erstürmen.
L'assemblée ; sonner l'assemblée ; battre l'assemblée.	Das Sammeln; zum Sammeln, das Ganze blasen; die Vergatterung schlagen.
Assiéger ; l'assiégé.	Belagern; der Belagerte.
S'assurer.	Sich vergewissern.
Astiquer ; la brosse à astiquer ; le tripoli ; la patience.	Putzen; die Putzbürste; das Putzpulver; die Knopfgabel.
L'attaché militaire.	Der Militärbevollmächtigte
L'attaque ; l'attaque d'un village ; fausse attaque,	Der Angriff: Angriff auf ein Dorf; der Scheinangriff;

la démonstration ; le mouvement d'attaque ; le signal d'attaque ; l'attaque de flanc ; de front.
Attaquer ; attaquer (commencer) un ouvrage.
L'aumônier militaire ; pour une division ; pour un corps d'armée ; le grand aumônier ; le clergé.
L'autorité ; civile ; militaire ; locale.

L'avance ; gagner.
Avancer ; de grade ; l'avancement au choix.

En avant !
L'avant-garde. (V. *garde*.)
Les avant-postes (1° le gros des avant-postes avec 4-6 cavaliers détachés et piquets ; 2° les compagnies d'avant-postes ; 3° les grand'gardes avec leurs postes ; 4° la cavalerie d'avant-postes). La ligne d'avant-postes ; le commandant d'avant-postes ; le secteur d'avant-postes.
L'axe ; l'axe de l'âme.
es bagages ; le train de combat ; le train régimentaire ; le fourgon aux bagages.

das Scheinmanöver; die Angriffsbewegung; das Zeichen zum Angriff; der Flankenangriff; der Frontalangriff.
Angreifen; ein Werk in Angriff nehmen.
Der Militärgeistliche (Feldprediger); der Divisionspfarrer; der Oberpfarrer; der Feldprobst; die Geistlichkeit.
Die Behörde; Civilbehörde; Militärbehörde; Landesbehörde. (sprung gewinnen.
Der Vorsprung; den Vor-Anrücken, vorrücken; befördert werden; die außertourliche Beförderung.
Vorwärts!
Die Vorhut, die Avantgarde.
Die Vorposten : (1. das Vorpostengros mit 4—6 Meldereitern und Bereitschaften; 2. Vorpostenkompagnien;

3. Feldwachen mit Unteroffizierposten; 4. Vorpostenkavallerie). Die Vorpostenkette; der Vorpostenkommandeur; der Vorpostenabschnitt.

Die Are; die Seelenare.
Die Bagage; kleine Bagage; große Bagage; der Gepäckwagen.

Sont réglementaires pour le bataillon d'infanterie : 7 chevaux de main, 1 voiture médicale à 2 chevaux, 1 caisson de munition de bataillon à 6 chevaux (train de combat) ; 1 fourgon à bagages de bataillon à 4 chevaux, 4 fourgons à bagages de compagnie à 2 chevaux, 4 fourgons à vivres à 2 chevaux (train régimentaire).	Etatsmäßig sind bei der Infanterie : für das Bataillon: 7 Handpferde, 1 zweispänniger Medizinwagen, 1 sechsspänniger Bataillons-Patronenwagen (kleine Bagage); 1 vierspänniger Bataillons-Packwagen, 4 zweispännige Kompagnie-Packwagen, 4 zweispännige Lebensmittelwagen (große Bagage).
La baguette de tambour.	Der Trommelstock.
La balle ; la balle mise ; le coup manqué ; balle morte. Tirer à balles.	Die Kugel, das Langbleigeschoß ; der Treffer ; der Fehlschuß ; die matte Kugel Scharf schießen.
Bander (un ressort, etc.).	Spannen (eine Feder, u. s. w.)
Bandière ; front de bandière.	Die Lagerfront.
Le barrage ; la barricade ; barrer une route.	Die Wegesperrung ; die Verrammlung, die Sperre ; den Weg sperren, verlegen.
La barre fixe ; les barres parallèles.	Das Reck ; die Barren.
La base d'opérations.	Die Grundlinie.
La bataille ; se ranger en bataille ; gagner, livrer, offrir, perdre, refuser la bataille. La bataille rangée ; en rase campagne.	Die Schlacht ; aufmarschiren ; die Schlacht gewinnen, liefern, anbieten, verlieren, nicht annehmen. Die Feldschlacht ; Schlacht auf freiem Felde.
Le bataillon se compose en Allemagne de 4 compagnies. Le 1er ba-	Das Bataillon hat 4 Kompagnien; das 1. Bataillon hat weiße Eicheln an den

taillon porte à la dragonne des glands blancs, le 2ᵉ des glands rouges, le 3ᵉ des glands jaunes, (le 4ᵉ des glands bleus). (V. *l'infanterie*.)
Le bataillon d'instruction. Le chef de bataillon.
La batterie de tambour ;

battre le tambour ;
battre l'appel ; battre aux champs ; battre la charge ; battre au feu ; battre la générale, la retraite, un roulement. Tambour battant, musique en tête.
Battre ; se battre ; battre l'estrade ; le terrain ; (tenir sous son feu).
Le billet de logement ; le délivrer.
Le bivouac ; bivouaquer ; le cantonnement dans les maisons, cours, jardins, etc. ; les feux de bivouac.
Blessé ; se blesser aux pieds (par la marche) ; un éclopé.
La blessure, la plaie ; blessure causée par une arme à feu, par un coup de taille, par un coup de pointe.

Säbeltrobbeln,
das 2. rothe,
das 3. gelbe,
(das 4. blaue).

Das Lehrbataillon. Der Bataillonskommandeur (der Major).
Das Trommelsignal, das Zeichen mit der Trommel; trommeln, die Trommel rühren, schlagen; locken; den Präsentir(Feld)marsch schlagen; den Sturmmarsch, Feuerlärm, Generalmarsch, Zapfenstreich, einen Wirbel schlagen. Mit klingendem Spiel.
Schlagen; sich schlagen; streifen; das Gelände durchstreifen; (mit Feuer) bestreichen.
Der Quartierzettel; ihn austheilen.
Das Biwak, Freilager; biwakiren; das Ortsbiwak;

die Wachtfeuer.

Verwundet; sich wundlaufen, fußkrank werden; ein Fußkranker.
Die Wunde (Verwundung); die Schußwunde, Hiebwunde, Stich(Stoß)wunde.

Le bond; la marche en avant par bonds successifs.	Der Sprung; sprungweises Vorgehen.
La bouche (d'arme à feu); arme se chargeant par la bouche; par la culasse.	Die Mündung; der Vorlader; der Hinterlader.
Le brancard; le brancardier.	Die Krankentrage; der Krankenträger.
Le brassard.	Die Armbinde.
Brave; la bravoure.	Tapfer; die Tapferkeit.
Le brevet d'officier.	Das Offizierspatent.
La brigade d'infanterie sur pied de guerre se compose de 6 bataillons (par conséquent de 2 régiments à 3 bataillons).	Die Infanteriebrigade besteht im Kriege aus 6 Bataillonen (also aus 2 Regimentern zu 3 Bataillonen).
Les buffleteries (noires).	Das Lederzeug (schwarz).
La cadence; le pas cadencé.	Der Tritt, die Bewegung; der Gleichtritt.
Le cadre (d'un régiment); hors cadre.	Der Rahmen, (Regiments) Stamm; überzählig.
Le camarade; de chambrée; la solidarité, esprit de corps.	Der Kamerad; Stubenkamerad; die Kameradschaft.
Le camp (de baraquement; de cabanes; de tentes); le camp retranché; lever un camp; s'établir dans un camp; asseoir un camp; camper; le campement.	Das Lager (Barackenlager; Hüttenlager; Zeltlager); verschanztes Lager; ein Lager abbrechen, aufheben; ein Lager beziehen; ein Lager aufschlagen; lagern. Das Lagern; die Quartiermacher.
La campagne; entrer en campagne; faire campagne. Le service de campagne (marches, ser-	Das Feld, der Feldzug; in's Feld ziehen, rücken; einen Feldzug mitmachen. Der Felddienst (Märsche;

vice de sûreté ; service du camp et des cantonnements ; opérations spéciales contre l'ennemi ; le combat; travaux de campagne). Le règlement sur le service en campagne.	Sicherheitsdienst ; Lager- und Kantonnementsdienst; besondre Unternehmungen gegen den Feind; das Gefecht; Arbeiten im Felde). Die Felddienstordnung.
La cantine ; dans une caserne ; le cantinier ; la cantinière.	Die Marketenderbude, das Marketenderzelt; die Speiseanstalt; der Marketender; die Marketenderin.
Le cantonnement ; cantonnement dans les maisons d'une localité ; dans les maisons, cours, jardins, etc. ; cantonnement ordinaire ; resserré ; cantonnement permanent (pour plus de 2 jours); cantonnement de marche (jusqu'à 2 jours) ; cantonner des troupes.	Die Unterkunft, das Quartier, das Kantonnement, der Unterkunftsort; die Ortsunterkunft ; das Ortsbiwak ; geräumige Unterkunft ; enge Belegung ; Standquartier ; Marschquartier. Truppen einquartieren, unterbringen.
Le carnet.	Das Notizbuch.
La carte ; d'état-major ;	Die (Land)Karte ; Generalstabskarte (Situationskarte 1/50,000 ; Operationskarte 1/100,000 ; Specialkarte 1/150,000 und 1/200,000; Generalkarte 1/400,000 — 1/1,000,000 ;
carte de correspondance, carte-rapport ; carte postale militaire.	die Meldekarte; Feldpostkarte.
La cartouche (à balle ; à blanc).	Die Patrone (scharfe ; Platzpatrone).

La cartoucherie.	Die Patronenfabrik.
La caserne, le quartier; être caserné; être logé chez l'habitant; le casernier.	Die Kaserne; in der Kaserne wohnen; bei den Bürgern einquartiert sein; der Kasernenwärter.
Le casque; la crinière (pour les régiments de la garde).	Der Helm (die Pickelhaube); der Haar(Helm)busch für die Garderegimenter.
Le ceinturon; (pour simples soldats).	Die Säbelkoppel; der Leibriemen.
Le centre d'une armée; le point central; le centre de gravité.	Das Centrum, das Mittel; der Mittelpunkt; der Schwerpunkt.
Cerner.	Einschließen, umzingeln, cerniren.
Cesser; les hostilités; le feu.	Einstellen; das Einstellen der Feindseligkeiten; Einstellen des Feuers, Stopfen.
Le châlit.	Die (eiserne) Bettstelle.
Le champ de bataille; le champ d'attaque; le champ de manœuvres.	Das Schlachtfeld, Gefechtsfeld; das Angriffsfeld, die Einbruchstelle; der Exerzirplatz.
Le changement de direction; de front; changer de direction de pied ferme.	Die Frontveränderung, Schwenkung; Wendung; mit festem Drehpunkt schwenken.
La charge à l'arme blanche; charger; la charge d'une arme à feu; charger.	Der Angriff mit der blanken Waffe, der Bajonettangriff; angreifen; die Ladung; laden (chargiren).
Chasser.	Verjagen, vertreiben.
Le chasseur. Un bataillon de chasseurs compte: 22 officiers, 57 sous-officiers, 13 clairons et 479 chasseurs (y com-	Der Jäger. Ein Jägerbataillon zählt: 22 Offiziere, 57 Unteroffiziere, 13 Hornisten und 479 Jäger (einschließlich

pris 52 premiers soldats et rengagés). 52 Gefreite und Kapitulanten).

La chaussette russe (on prend des morceaux de toile carrés, de 12 pouces de côté et graissés de suif; on place l'un des bouts devant le gros orteil et l'autre derrière le talon; les bouts latéraux sont croisés et le bout de devant est placé sur le pied; ensuite, on chausse la botte); les chaussettes de laine; le bas. Der Fußlappen (viereckiger, 12 Zoll langer, leinener, mit Talg gefetteter Lappen; ein Zipfel kommt vor der großen Zehe, und der entgegengesetzte hinter dem Hacken zu liegen; die Seitenzipfel werden über einander und der vordere Zipfel darauf gelegt; dann wird der Stiefel angezogen);

die wollenen Socken; der Strumpf.

La chaussure. Die (innere und äußere) Fußbekleidung; das Schuhzeug.

Le chef; de compagnie; de bataillon; de l'état-major général; de file; de groupe (tirailleurs); de ligne; de peloton (section); en sous-ordre; de service. Der Führer, der Kommandirende, der Befehlshaber; der Kompagnieführer; der Bataillonskommandeur, Major; der Chef des großen Generalstabs; der Vordermann; der Gruppenführer; der Treffenführer; Zugführer; Unterführer; der Dienstvorstand.

Le chemin; parcourir (faire) un chemin. Der Weg; einen Weg zurücklegen.

Le chevalet d'armes; (devant un corps de garde). Das Gewehrgerüst; die Gewehrstützen.

La cible; le tir (le stand); l'emplacement des cibles; la butte; le marqueur; le noir avec les deux derniers rayons Die (Ziel)Scheibe; der Schießstand; der Scheibenstand; der Kugelfang; der Markirer; der Spiegel;

concentriques (v. *viser*);
le noir ; tirer à la cible ;
le tir à la cible. La
cible à ligne verticale ;
à rayons concentriques ;
cible-figure ; à éclipse.

das Centrum ; nach der Scheibe schießen ; das Scheibenschießen. Die Strichscheibe. Ringscheibe ; Figurscheibe ; verschwindende Scheibe.

Le clairon ; le clairon soldat.

Das Horn, Signalhorn ; der Hornist.

La classe.

Der Jahrgang.

Le code militaire ; pénal.

Das Militärgesetzbuch ; Militärstrafgesetzbuch.

La cohésion.

Fester Zusammenhalt, Zusammenhang.

La colonne ; d'attaque ;
à distance entière ;
double ; de compagnie ;
large ; de manutention ;
mobile ;
de munitions ;
par le flanc ; de pontons ; profonde ;
de régiment ; de route ;
de sapeurs-conducteurs ;
par sections ; serrée ;
du train ;
de vivres.

Die Kolonne ; Angriffskolonne ; geöffnete Kolonne ; Doppelkolonne ; Kompagniekolonne ; Breitkolonne ; Feldbäckereikolonne ; das Streifkorps ; Munitionskolonne ; Reihenkolonne ; Pontonkolonne ; Tiefkolonne ; Regimentskolonne ; Marschkolonne ; Schanzzeugkolonne ; Sektionskolonne ; geschlossene Kolonne ; Fuhrparkkolonne ; Proviantkolonne.

Le combat ; (la lutte) ;
la préparation au combat ; le combat à outrance ; l'arrêt du combat ; le champ du combat (d'opérations) ; le combat d'artillerie ;
dans les bois ; par les feux ; dans les rues ;
de tirailleurs ; trainant ;

Das Gefecht ; der Kampf ; die Gefechtbereitschaft ; Kampf auf Leben und Tod (auf's Messer) ; die Gefechtspause ; das Gefechtsfeld ;

Geschützgefecht ;
Waldgefecht ; Feuergefecht ;
Straßengefecht ;
Schützengefecht ; hinhalten-

5

dans un village.
Les combattants ;
combattre corps à corps.
Le combustible.
Le commandant ; chef de bataillon (« mon commandant ! ») ; le commandant de place (le gouverneur, à Berlin et dans les forteresses de 1ʳᵉ classe) ; le commandant d'étapes ; le commandant en chef.
Le commandement ; en chef (le grand quartier général) ; commandement d'avertissement ; d'exécution ;
Commander (une troupe) ;
l'officier commandant.
Le commandeur (d'un ordre) ; la croix de commandeur ; le chef d'un régiment.
Le commissaire du gouvernement (parquet militaire).
La compagnie est divisée en escouades dont plusieurs forment un *groupe*. (Voir *peloton*.)
La compagnie d'ouvriers. Les compagnies de discipline.

des Gefecht; Dorfgefecht.
Die Kämpfenden, Streiter, kampffähigen Leute; Mann gegen Mann kämpfen.
Das Brennmaterial.
Der Befehlshaber; der Major („Herr Major!"); der Platzkommandant (der Gouverneur, in Berlin und den Festungen erster Klasse);

der Ortskommandant;

der Höchstkommandirende.
Die Führung; das Generalkommando, die (oberste) Heeresleitung; das Ankündigungskommando; Ausführungskommando.
Befehligen, führen, das Kommando führen (über); der befehlshabende Offizier.
Der Komthur;
das Komthurkreuz;
der Regimentskommandeur.

Der Auditeur.

Die Kompagnie wird in Korporalschaften eingetheilt, deren mehrere eine Abtheilung bilden.
Die Handwerkerkompagnie.
Es giebt 25 Strafabtheilungen in ebensoviel Festungen.

La compagnie de grand'-garde.	Die Vorpostenkompagnie.
La comptabilité ; le comptable.	Das Rechnungswesen; der Rechnungsführer.
Le compte rendu ; rendre compte.	Die Meldung; melden.
Concentrer; la concentration stratégique.	Zusammenziehen, sammeln; strategischer Aufmarsch.
Le conducteur d'équipages.	Der Schirrmeister.
La conduite du feu.	Die Feuerleitung.
La conférence ; faire des conférences.	Der Vortrag; Vorträge halten.
Le congé (la permission) ; le congé définitif ; être en congé ; le soldat en congé ; congé renouvelable.	Der Urlaub, die Beurlaubung; der Abschied; auf Urlaub sein; der Beurlaubte, Urlauber, (Beurlaubtenstand); der Dispositionsurlaub.
Le conscrit (la recrue conserve ce nom pendant un an, jusqu'à ce que son instruction militaire soit complète). La conscription.	Der Dienstpflichtige, der Ausgehobene, der Rekrut (letzterer behält diesen Namen bis seine Ausbildung vollendet ist). Die Aushebung zum Kriegsdienst.
Le conseil de guerre ; (pour simples soldats et sous-officiers) ; délibératif ; conseil de révision.	Das Kriegsgericht; das Standgericht; der Kriegsrath ; die Ersatzkommission.
La consigne (arrêts); (l'ordre) ; donner la consigne ; (en relevant la garde).	Der Stubenarrest; der Verhaltbefehl, das Verhalten, die Postenverhaltung; den Verhaltbefehl geben, instruiren ; die Posten überliefern (bei Ablösung der Wache).

Le contact (de l'ennemi); prendre le contact.	Die Fühlung am (mit dem) Feinde; Fühlung fassen, in Fühlung treten.
Le contre-ordre.	Der Gegenbefehl.
La contribution de guerre.	Die Kriegssteuer.
Le contrôle nominatif; contrôle de service.	Das Namensverzeichniß; die Kommandirrolle.
Converger.	Zusammenlaufen.
Converser; la conversion (d'une ligne); (changement de front).	(Ab)schwenken; die Schwenkung; die Wendung (Viertelswendung, halbe Wendung, ganze Wendung).
Le convoi; de prisonniers.	Der Transport, der Wagenzug; der Gefangen(Arrestaten)zug.
Convoquer.	Entbieten.
Le cordonnier; le maître-cordonnier.	Der Schuster; der Regimentsschuster.
Le corps de troupes; le corps d'armée (18 en Allemagne) sur pied de guerre contient: 1° 2 divisions d'infanterie; 2° l'artillerie du corps; 3° les colonnes de munitions; 4° convois, et souvent 1 bataillon de chasseurs à pied et 1 bataillon de pionniers.	Der Truppenkörper, der Truppentheil, das Korps; das mobile Armeekorps (18 im deutschen Heer) zerfällt in 1) 2 Infanteriedivisionen; 2) Korpsartillerie (1 Feldartillerie-Brigade, 1 Fußartillerie-Regiment) 3) Munitionskolonnen; 4) Trains; und oft 1 Jägerbataillon und 1 Pionierbataillon.
Le corps franc. Le corps de garde; principal; le corps d'état-major; l'état-major du régiment.	Die Freischaar. Das Wachtlokal, die Wache; die Hauptwache; das Generalstabskorps; der Stab des Regiments.
La corvée; les hommes de corvée.	Der Arbeitsdienst; der Arbeitertrupp.

Coucher, à la belle étoile; coucher en joue.	Schlafen, im Freien lagern; anlegen.
Le coup de feu; coup par coup; coup de crosse; coup de main; prendre par un coup de main; coup manqué; coup d'œil (la vue d'ensemble; sur le terrain); le coup de pointe; coup de soleil (coup de chaleur); coup de taille (de sabre); sans coup férir.	Der Schuß; Einzellader; der Kolbenstoß; der Handstreich; überrumpeln; der Fehlschuß; das Augenmaß (die Uebersicht; die Findigkeit); der Stich, Stoß; der Sonnenstich (der Hitzschlag); der Hieb (Säbelhieb); ohne Schwertstreich.
L'à-coup. Bien faire partir le coup.	Die Stockung. Gut abkommen.
Couper l'ennemi; les communications.	Den Feind abschneiden, dem Feind den Weg abschneiden; die Verbindungen abschneiden.
La cour d'honneur; cour martiale.	Das Ehrengericht; das Standgericht.
Le couvert (abri).	Die Deckung.
Couvrir son chef de file.	Den Vordermann halten.
La critique (aux manœuvres).	Die Besprechung.
Le croquis; d'ensemble.	Das Kroki; die Uebersichtsskizze.
La crosse; mettre la crosse en l'air.	Der Kolben; verkehrtes Tragen der Waffe.
La cuisine; faire la cuisine.	Das Kochloch, der Kochgraben; abkochen.
Culbuter.	Niederwerfen, über den Haufen werfen.
La débandade; à la débandade.	Die unordentliche Flucht; aufgelöst.
Débarquer; le débarquement.	Ausladen; die Entladung der Truppen.

Débloquer; l'armée de secours.	Entsetzen; das Entsatzheer.
Déborder les ailes.	Ueberflügeln; die Ueberflügelung.
Déboucher.	Herausrücken, debouchiren.
Débusquer.	Heraustreiben.
Décharger (un fusil).	Entladen.
La décoration.	Das Ehrenzeichen.
La découverte; aller à la découverte.	Auf Kundschaft ausgehen.
La défaite; succomber.	Die Niederlage; unterliegen.
Défendre; (interdire); la défense; (l'interdiction); le défenseur; la position défensive.	Vertheidigen; verbieten, untersagen; die Vertheidigung; das Verbot; der Vertheidiger; die Vertheidigungsstellung.
Le défilé (des troupes); défiler musique en tête, enseignes déployées; se défiler. Le défilement.	Der Parade-Vorbeimarsch; mit klingendem Spiel und fliegenden Fahnen vorbeimarschiren; sich (ein)decken. Die Deckung.
Dégager; se dégager.	Luft geben; sich heraushauen, sich durchschlagen.
Dégarnir (de troupes).	Entblößen.
Dégâts, faire des dégâts (aux manœuvres); l'indemnité pour dégâts aux champs.	Flurschäden anrichten; die Flurentschädigung.
La dégradation; dégrader.	Die Degradation; degradiren, kassiren.
Le délit; le crime.	Das Vergehen; das Verbrechen.
Déloger (l'ennemi).	Den Feind (aus einer Stellung) vertreiben, hinauswerfen.
La démarcation.	Die Begrenzung.

La demi-file ; la demi-section.	Das vordere Glied, die halbe Rotte; der Halbzug.
Le demi-tour.	Die Kehrtwendung.
La démission ; donner sa démission.	Die Entlassung (aus dem Dienst), der Abschied; um seine Entlassung bitten.
La démonstration.	Das Scheinmanöver.
Démonter (un fusil).	(Ein Gewehr) auseinandernehmen, zerlegen.
Le départ ; l'heure du départ.	Der Aufbruch, Abmarsch, Ausmarsch, Abzug; die Aufbruchstunde.
Le déploiement ; de tirailleurs.	Der Aufmarsch, die Entwickelung, Entfaltung, das Auflösen; die Schützenentwickelung.
Déployer ; se déployer en tirailleurs.	Aufmarschiren, entwickeln, entfalten; ausschwärmen.
Le dépôt; dépôt d'habillement (dans une caserne); dépôt d'armes ; les troupes de dépôt ; la bataillon de dépôt.	Das Depot; die Montirungskammer ; das Waffendepot ; die Ersatztruppen; das Ersatzbataillon.
La déroute ; mettre en déroute.	Die unordentliche, wilde Flucht; in die Flucht schlagen.
Les derrières.	Der Rücken.
Désarmer; le désarmement.	Entwaffnen; die Abrüstung.
Déserter; le déserteur ; le transfuge ; la désertion ;	Fahnenflüchtig werden; der Fahnenflüchtige, Ausreißer; der Ueberläufer; die Fahnenflucht.
Le détachement ; détachement extérieur.	Die Abtheilung, der Trupp, das Kommando; das Außendetachement.
Détacher à… ; détacher des troupes en marche.	Abkommandiren; abzweigen.

La détention ; dans une enceinte fortifiée.	Die Haft; die Festungshaft.
Le détour.	Der Umweg.
Détruire ; un chemin de fer ; les travaux de destruction.	Zerstören; eine Eisenbahn unterbrechen, zerstören; die Zerstörungsarbeiten.
Dévier ; faire dévier.	Von der Richtung (Schußlinie) abweichen; ablenken.
Le directeur des manœuvres.	Der Leitende, der Oberschiedsrichter.
La direction ; prendre une direction ; le point de direction. La direction supérieure.	Die Richtung; eine Richtung einschlagen; der Marschrichtungspunkt. Die Oberleitung.
La discipline ; discipline du feu ; de la marche ; l'indiscipline ; indiscipliné.	Die Mannszucht; die Feuerdisziplin; die Marschdisziplin; die Zuchtlosigkeit; zuchtlos.
La dislocation.	Das Auseinanderziehen der Truppen.
Les disparus.	Die Vermißten.
Disperser l'ennemi.	Den Feind zer(ver)sprengen.
La disponibilité ; mettre en disponibilité ; disponible.	Die Disposition; zur Disposition stellen (z. D.); verfügbar.
Disposer (de) ; la disposition ; mettre à la disposition (de) ; prendre des dispositions ; les dispositions (d'une troupe).	Verfügen (über); die Verfügung; zur Verfügung stellen; Maßregeln, Einrichtungen treffen; die Einrichtung.
La distance ; appréciation des distances ; prendre des distances ; la distance en profondeur ; la distance entière (voir *colonne*). — Distances pendant la marche.	Die Entfernung; das Abschätzen der Entfernungen; öffnen, Abstand nehmen; der (Tiefen)Abstand; der ganze Treffenabstand. — Abstände: nach einer Kompagnie 8 m., nach einem

La division.
Une division sur pied de guerre se compose, en Allemagne, de 2 brigades d'infanterie, 1 régiment de cavalerie, 1 régiment d'artillerie de campagne, 2 compagnies du génie, 1 train de ponts divisionnaire et 1 détachement du corps de santé.
Dominer.
Doubler les files.
Le drapeau ; la cravate ; la soie ; la hampe. Le porte-drapeau. Appeler sous les drapeaux. Battre au drapeau. Chercher et ramener les drapeaux.
Dresser (une recrue).

Le droit de la guerre.
Le duel ; provoquer en duel.
Ébranler ; s'ébranler.
L'échec (subir).
L'échelle.
L'échelon ; échelon de voitures ; en échelon ; échelons en arrière. Échelonnement en profondeur ; échelonner.

Bataillon 16 m., nach einem Regiment 30 m., nach einer Brigade 60 m., nach einer Division 250 m.
Die Gliederung, Eintheilung. Eine Infanteriedivision besteht aus: 2 Infanteriebrigaden, der Divisionskavallerie (1 Regiment), 1 Feldartillerie-Regiment, 2 Feldpionierkompagnien, 1 Divisions-Brückentrain und 1 Sanitäts-Detachement.

Beherrschen, überragen.
Die Rotten eindoubliren.
Die Fahne; die Fahnenschleife; das Fahnentuch; die Fahnenstange. Der Fahnenträger. Einberufen. Den Fahnentrupp schlagen. Das Abholen und Abbringen der Fahnen.
Einen Rekruten abrichten, ausbilden.
Das Kriegsrecht.
Das Duell ; herausfordern.

Erschüttern; vorrücken.
Die Schlappe (erleiden).
Die Leiter; der Maßstab.
Die Staffel; die Wagenstaffel; staffelförmig; hintere Gefechtsstaffeln. Tiefengliederung; in Staffeln aufstellen, auseinanderziehen.

Éclairer un terrain; l'éclaireur; le service d'éclaireurs.	Ein Gelände aufklären, absuchen; der Plänkler; der Aufklärungsdienst.
L'éclat, action d'éclat; l'éclat de bombe, d'obus.	Die glänzende, ausgezeichnete That; der Bombensplitter, Granatsplitter.
L'école d'application d'artillerie; l'école de bataillon; de combat; de compagnie; du 1er degré; du 2e degré; écoles de sous-officiers; école normale de gymnastique; de manœuvre; de natation; les prytanées militaires; école du soldat; des aspirants sous-officiers; école supérieure de guerre; école de tir; école des vétérinaires et de maréchalerie. Les orphelinats militaires.	Die Artillerieschule; das Bataillons-Exerziren; die Gefechtsschule; das Kompagnie-Exerziren; Bataillonsschule; Regimentsschule; Kriegsschulen; die Centralturnanstalt; Exerzirschule; Schwimmschule; Kadettenhäuser, Centralkadettenanstalt (Lichterfelde); Einzelausbildung; Unteroffiziersschule; die Kriegsakademie; Schießschule; Militär-Roßarztschule und Lehrschmiede. Die Militärwaisenhäuser.
Effacer les épaules.	Die Schultern zurücknehmen.
L'effectif; ré\; total; de guerre; de paix.	Der Bestand, die Stärke; Präsenzstärke; Gesammtstärke; Kriegsstärke (kriegsstark); der Friedensstand.
L'effet du feu; les effets d'armement, d'équipement, d'habillement.	Die Feuerwirkung; die Bewaffnungs-, Ausrüstungs-, Bekleidungsstücke.
L'élan; s'élancer.	Der Anlauf; vorbrechen, vorbringen.
L'élève d'un prytanée militaire; l'élève-caporal.	Der Kadett, Militärzögling; der Unteroffiziersaspirant.
L'embarquement des	Das Einladen der Truppen

troupes; le lieu d'embarquement; la station d'embarquement; embarquer.	auf Eisenbahnen; die Ladestelle; die Einladestation; einladen.
L'embuscade; se mettre en embuscade; l'embuscade de tirailleur.	Der Hinterhalt; sich in Hinterhalt legen; die Schützengrube, das Schützenloch.
S'embusquer.	Sich festsetzen, sich einnisten.
L'émissaire.	Der Kundschafter.
S'emparer.	Sich bemächtigen.
Empiler.	Aufstapeln, aufschichten.
L'emplacement du bivouac.	Der Lagerplatz.
Les emplois civils (pour anciens militaires).	Die Civilversorgung.
Encadrer (des troupes).	In festen Verband bringen.
Enfoncer (une ligne).	Eine Linie durchbrechen, sprengen.
L'engagé conditionnel d'un an, de trois ans; le volontariat.	Der einjährig, dreijährig Freiwillige; der Freiwilligendienst.
L'engagement; engager le combat; le combat s'engage; s'engager (comme soldat); (dans un chemin).	Das Treffen; den Kampf beginnen; das Gefecht entspinnt sich; in den Militärdienst treten; in einen Weg einbiegen.
Enlever (un poste); (une position).	Einen Posten aufheben; eine Stellung wegnehmen.
L'ennemi figuré; passer à l'ennemi.	Der markirte Feind; zum Feinde übergehen.
L'ensemble (d'une troupe).	Der Zusammenhalt, der Appell.
Entraîner; entraînement.	Einüben, schulen. Die Einübung, Schulung.
L'entrée; entrer en campagne; (dans une localité).	Der Einmarsch, Einzug; ins Feld rücken. (In einen Ort) einrücken, einmarschiren, einziehen.

Envelopper l'ennemi ; le mouvement enveloppant.	Den Feind umfassen; die Umfassung.
L'épaule ; épauler ; la manière d'épauler : à bras franc ; contre appui ; étant agenouillé, assis, couché.	Die Schulter ; anschlagen ; die Anschlagsart: aus freier Hand; am Pfahle; im Knieen, Sitzen, Liegen.
L'épée ; passer au fil de l'épée.	Der Degen ; über die Klinge springen lassen.
Épuiser la munition.	Sich verschießen.
Les équipages régimentaires. (Voir *bagages*.)	Die Fahrzeuge eines Regiments.
L'équipement ; de campagne.	Die Ausrüstung; Feld(Kriegs)ausrüstung.
L'escadron du train.	Das Trainbataillon.
Escalader ; l'escalade aux échelles.	Ersteigen, übersteigen; die Ersteigung (mit Leitern).
L'escarmouche ; escarmoucher.	Das Scharmützel, Geplänkel, scharmützeln, plänkeln.
L'escorte (d'un convoi) ; l'escorte d'honneur; escorter.	Die Begleitmannschaft ; die Bedeckung (eines Wagenzugs); die Ehrenbegleitung; decken; begleiten.
L'escouade ; le chef d'escouade.	Die Korporalschaft; der Korporalschaftsführer.
L'escrime ; à la baïonnette ; d'estoc et de taille.	Die Fechtkunst; das Bajonettfechten; Hieb- und Stoßfechten.
L'espace dangereux ; hors portée.	Der gefährdete; unbestrichene Raum.
L'espion ; espionner ; (explorer).	Der Spion; Kundschafter; ausspioniren; auskundschaften.
L'esprit de corps.	Die Zusammengehörigkeit, der Korpsgeist, die Kameradschaft.

L'esquisse ; esquisser.	Die Skizze ; skizziren.
L'estafette (corps spécial en Allemagne, dont les membres, ayant le grade d'un officier subalterne, servent de courriers militaires ou de courriers de cabinet);	Der reitende Feldjäger;
le cavalier momentanément détaché pour le service des dépêches ;	der Meldereiter;
l'ordonnance montée.	die berittene Ordonnanz.
S'établir.	Sich festsetzen.
L'étape ; l'étape-gîte.	Der Tagemarsch ; das Rastquartier ; Marschquartier (1—2 Tage).
L'état de guerre ; l'état de siège ; mettre en état de siège.	Der Kriegszustand ; Belagerungszustand ; in Belagerungszustand setzen.
L'état-major ; (d'un régiment) ; l'officier d'étatmajor ; l'officier supérieur ; l'état-major général du ministre.	Der Generalstab; der Stab ; der Generalstabsoffizier ; der Stabsoffizier; der große Generalstab.
L'étui.	Das Futteral.
Évacuer.	Räumen.
Évaluer les distances.	Die Entfernungen (ab)schätzen.
Les éventualités du combat.	Die Wechselfälle des Gefechts.
L'examen (d'officier) ; du baccalauréat ; passer un examen (avec succès).	Die Prüfung (zum Offizier); die Maturitätsprüfung, das Abiturientenexamen ; ein Examen bestehen..
L'exécution militaire ; Le peloton d'exécution.	Die militärische Todesstrafe (das Erschießen). Die zur Strafvollstreckung befehligte Truppenabtheilung, das Exe-

	kutionskommando.
L'exemption du service militaire.	Die Befreiung vom Militärdienst.
'exercice; faire l'exercice; faire faire l'exercice; le champ de manœuvres. Exercices d'assouplissement; des cadres; de combat; d'escrime; de nuit; de service en campagne.	Das Exerziren, der Drill; exerziren; drillen; der Exerzirplatz. Freiübungen; Skelettexerziren; Friedensübungen; Fechtübungen; Nachtübungen; Felddienstübungen.
Explorer; le service d'exploration.	Auskundschaften; der Kundschaftsdienst.
La face; se remettre face en tête.	Die Front; die Front wiederherstellen.
La faction; être en faction; le factionnaire.	Das Schildwachstehen; Schildwache (auf Posten) stehen; die Schilewache, der Posten.
Les faisceaux; former les faisceaux; rompre les faisceaux.	Die Gewehrpyramide; die Gewehre zusammensetzen; an die Gewehre treten und die Gewehre in die Hand nehmen.
Le fanal.	Die Lärmstange.
Le fanion.	Die Flagge.
Le fantassin.	Der Infanterist, Fußsoldat.
Faucher; la faux.	Mähen; die Sense.
Les ferrures.	Der (Eisen)Beschlag.
Le feu; les feux; le feu de bivouac, de camp, de campement. Mettre à feu et à sang; le feu (l'incendie); le feu d'artifice. — La *théorie* allemande enseigne deux sortes de feu : 1° Pour l'ordre serré :	Das Feuer; die Feuerstellen (in einem Orte); das Biwak-Lager-, Wachtfeuer. Mit Feuer und Schwert verheeren; das Feuer, der Brand; das Feuerwerk. — Das deutsche Exerzierreglement lehrt zwei Feuerarten: 1) in der geschlossenen Ordnung:

la salve (coup par coup ou bien à répétition) ; 2º pour l'ordre dispersé : le feu de tirailleurs.
Faire feu ; être accueilli par le feu ; ouvrir le feu (sur) ; maintenir sous le feu. — Le feu aux grandes, aux petites distances. — L'action du feu ; la conduite des feux ; discipline du feu ; nature des feux ; puissance du feu ; le feu de précision ; le feu rapide ; le feu à volonté ; le feu de flanc ;
La feuille de route.

Le fifre.
La file (à profondeur illimitée, se compose de plusieurs hommes alignés les uns derrière les autres) ; la file de deux hommes.
Le chef de file ; le serre-file ; le voisin de droite, de gauche (dans le rang) ; le chef de file de l'aile ; la file des ailes ; la file creuse ; la file de direction.
Le flanc ; le mouvement par le flanc ; à droite — par le flanc ! Les flancs-gardes ;

die Salve (Einzellader oder Mehrlader) ; 2) in der zerstreuten Ordnung : das Schützenfeuer.
Feuer abgeben, schießen ; Feuer erhalten ; unter Feuer nehmen ; unter Feuer halten. — Fernfeuer, Nahfeuer. —
Die Feuerwirkung (Leistung); Feuerleitung ; Feuerdisziplin ; Feuerart ; Feuerkraft ; wohlgezieltes Feuer ; Schnellfeuer ; Feuer ohne Kommando ; Flankenfeuer.
Der Urlaubspaß, die Marschroute.
Der Pfeifer.
Die Reihe besteht aus mehreren Leuten, die hinter einander gerichtet sind ; die Rotte besteht aus zwei Mann, die hinter einander gerichtet sind.
Der Vordermann ; der Hintermann ; der rechte, linke Nebenmann (im Gliede) ; der Flügelmann, die Flügelrotte ; die blinde Rotte ; die Richtungsrotte.
Die Seite, Flanke ; die halbe Wendung ; rechts, — um!
Die Sicherungsabtheilungen, der Flankenschutz die

les flanqueurs; flanquer.	Seitendeckung, die Seitenläufer; die Flanken decken.
Fléchir.	(Zurück)weichen.
Flotter.	Die grade Linie verlieren.
Les forces militaires: l'armée, la marine et l'arrière-ban. La force de pénétration; force motrice; force de traction.	Die Kriegsmacht, die Streitkräfte: das Heer, die Marine und der Landsturm. Die Durchschlagskraft; die Triebkraft, Zugkraft.
Le forcement.	Die Führung des Geschosses.
Forcer un passage.	Den Durchgang erzwingen.
La forge de campagne.	Die Feldschmiede.
La formation (de combat); en bataille; en échelons; en échiquier; en ligne; en profondeur; sur deux rangs.	Die (Gefechts)Aufstellung; Aufstellung in Linie; staffelförmige Aufstellung; schachbrettartige Aufstellung; der Aufmarsch; tiefe Aufstellung; zweigliedrige Aufstellung.
Former; former les divisions.	Formiren, bilden; in Divisionen aufmarschiren.
Fouiller (un endroit); (le terrain).	Durchsuchen; absuchen.
Fourbir.	Putzen, poliren.
Le fourgon; à vivres.	Der Packwagen; Lebensmittelwagen.
Le fourniment.	Die Ausrüstungs- und Bekleidungsstücke.
Le fournisseur; la fourniture.	Der Lieferant; die Lieferung.
Le fourrier; fourrier chargé de préparer les logements; l'aide-fourrier; l'officier chargé des logements.	Der Fourier; der Quartiermacher; der Fourierschütz; der Fourieroffizier.
Le foyer;	Die Feuerstelle, der Herb-

les foyers.	die Heimat.
Le fractionnement; fractionner.	Die Gliederung; zertheilen, zersplittern.
Le franc-tireur.	Der Freischärler.
Le front; l'étendue de front; faire front; (au figuré): le front d'attaque; le front de compagnie; le front de régiment.	Die Fronte, das vordere Glied; die Breitenausdehnung; Front machen; die Spitze (Stirne) bieten; die Angriffsfront; die Kompagniefront; die Regimentskolonne.
La fuite; prendre la fuite; mettre en fuite.	Die Flucht; die Flucht ergreifen; in die Flucht schlagen.
Le fulminate; la pastille d'amorce; la capsule.	Das Knall(silber)pulver; die Zündpille; das Zündhütchen.
La fusée volante.	Die Signalrakete.
Le fusil; transformé; fusil de chasse. Décharger le fusil (en faisant feu). Charger; (ôter la charge).	Das (Infanterie)Gewehr; das aptirte Gewehr; die Flinte. Abziehen, abdrücken, abschießen, abfeuern. Laden; entladen.
Le fusilier; les 4 compagnies de fusiliers forment le 3e bataillon du régiment d'infanterie.	Der Füsilier; die 4 Füsilier-Kompagnien bilden das 3. Bataillon eines Infanterie-Regiments.
Fusiller; la fusillade.	Erschießen; das Gewehrfeuer.
Le galon (de laine); la tresse.	Die Litze, Borte; die Tresse.
La garde; garde du corps; les hommes de garde; le corps de garde; le corps de garde principal; relever la garde; monter la garde; descendre la garde; la garde montante; descendante;	Die Wache; Leibwache, die Garde; die Wachtmannschaft; das Wachthaus, die Wachtstube, das Wachtlokal; die Hauptwache; die Wache ablösen; auf Wache ziehen; von der Wache abziehen, abkommen; aufziehende, aufkommende; abziehende, abkommende Wache (Ablö-

6

le service de garde (gardes de sûreté et gardes d'honneur); la grand'garde; l'officier de grand'garde; la garde du camp; la garde du drapeau; la garde extérieure, intérieure; la garde du parc; de tranchée; l'avant-garde: la pointe de cavalerie;	fung); der Wachtdienst (Sicherungs- und Ehrenwachen); die Feldwache; der Feldwachhabende; die Lagerwache; die Fahnenwache, der Fahnentrupp; die Außenwache; Innenwache; Parkwache; Laufgrabenwache; Die Avantgarde: die Kavalleriespitze (1 Offizier und 4—6 Reiter);
la pointe d'infanterie; le poste de liaison; la tête d'avant-garde; le gros d'avant-garde. La colonne de marche.	Infanteriespitze (1 Offizier und 1 Sektion); der Verbindungsposten (2 Mann); der Vortrupp; der Haupttrupp. Die Marschkolonne.
L'arrière-garde: gros d'arrière-garde; tête d'arrière-garde; poste de liaison; l'artillerie et la cavalerie d'arrière-garde. Les flancs-gardes.	Die Arrieregarde: der Haupttrupp; Nachtrupp; der Verbindungsposten; die Artillerie und Kavallerie der Arrieregarde. Die Seitendeckung.
Se garder.	Sich sichern..
La garnison; être en garnison; les troupes de garnison.	Die Garnisonsstadt; in Garnison stehen; die Besatzung, die Garnison.
La gendarmerie départementale; de campagne; le gendarme.	Die Landgendarmerie; Feldgendarmerie; der Gendarm.
La giberne (deux de devant et une de derrière).	Die Patrontasche (die beiden vordern und die hintere).
Le gradé.	Der Chargirte.
Le greffier du parquet militaire.	Der Militärgerichtsaktuar.
Le grenadier; les batail-	Der Grenadier; die beiden

lons de grenadiers.	ersten (Grenadier)Bataillone eines Garbeinfanterie-Regiments.
La grenadière; mettre le fusil à la grenadière.	Der Mittelring; das Gewehr umhängen.
La guérite.	Das Schilderhaus(häuschen).
La guerre; l'art de la guerre; le département de la guerre; le pied de guerre; la petite guerre; la guerre de campagne; la guerre civile; la guerre défensive, offensive; guerre de mouvement; de position; de siège. L'état de guerre. Faire la guerre; (faire campagne). Les frais de la guerre. Le sort de la guerre.	Der Krieg; die Kriegskunst; das Kriegswesen; der Kriegsfuß, die Kriegsformation; der kleine Krieg; der Feldkrieg; Bürgerkrieg; der Vertheidigungs-, Angriffskrieg; Bewegungskrieg; Stellungskrieg; Festungskrieg. Der Kriegszustand. Krieg führen; einen Krieg mitmachen. Die Kriegskosten. Das Kriegsglück.
Le guide; (les jalonneurs); guides sur la ligne!	Der Führer, Wegweiser; die Points; Points vor!
Le guidon; viser. (Voir *viser*.)	Das Korn; auf's Korn nehmen.
Le gymnase couvert; en plein air; la gymnastique; exercices de gymnastique (d'assouplissement; aux agrès); le maitre de gymnastique; le gymnaste. Faire la gymnastique.	Die Turnhalle; der Turnplatz; die Turnkunst, das Turnen; Turnübungen (Freiübungen; Uebungen an den Geräthen); der Turnlehrer; der Turner. Turnen.
L'habillement, effets d'habillement.	Die Bekleidung, Bekleidungsstücke.
L'habitant;	Der Quartierwirth, Bürger;

être logé chez l'habitant.	bei den Bürgern einquartirt sein, im Bürgerquartier liegen.
L'habitation ; lieux d'habitation.	Die Wohnung ; Wohnplätze.
La halte ; le lieu de halte ;	Der (Ruhe)Halt, die Ruhezeit ; der Halte(punkt)ort, das Rendezvous ;
faire halte.	Halt machen, anhalten.
Harceler.	Necken, beunruhigen.
La hausse. (Voir l'*armement*.)	Das Visir.
La hiérarchie ; par voie hiérarchique.	Die Rangordnung, das Rangverhältniß ; auf dem Instanzenwege.
Les hommes de troupe.	Die Mannschaften.
Les honneurs militaires (rendre) ; saluer. La garde d'honneur. — Les honneurs dans l'armée allemande sont (sans arme): faire front ; porter la main droite à la coiffure ; passer avec attitude militaire ; s'arrêter et faire front. (Avec l'arme) : porter l'arme : rester immobile, l'arme au pied. Honneurs à rendre par les factionnaires : présenter les armes ; porter l'arme ; s'arrêter l'arme sur l'épaule (gauche). Pour saluer le souverain ou les membre de sa famille devant	Die Ehrenbezeugungen (erweisen); grüßen, salutiren. Die Ehrenwache. — Die Ehrenbezeugungen sind im deutschen Heere (ohne Gewehr) : Front machen ; Anlegen der rechten Hand an die Kopfbedeckung ; vorbeigehen in gerader Haltung ; stillstehen mit Frontmachen. (Mit Gewehr): Gewehr anfassen ; stillstehen mit Gewehr beim Fuß. Ehrenbezeugungen der Schildwachen: das Gewehr präsentiren ; das Gewehr anfassen ; stillstehen mit Gewehr über. Ehrenbezeugungen mit Gewehr beim Fuß (nur in den königlichen und prinzlichen Schlössern): Stillstehen mit

leurs appartements.	Gewehr beim Fuß; Anfassen des Gewehrs an der Mündung; Strecken des Gewehrs.
Les honneurs de la guerre.	Der Abzug mit kriegerischen Ehren.
L'hôpital; le médecin en chef d'hôpital.	Das Garnisons- (Kasernen-) Lazareth; der Chefarzt.
Les hostilités, commencer, faire cesser.	Die Feindseligkeiten eröffnen, einstellen.
Impropre au service.	Dienstuntauglich.
L'identité, la plaque d'identité; prouver son identité; pièces prouvant l'identité.	Die Erkennungsmarke; sich legitimiren; Legitimationspapiere
L'incident.	Der Zwischenfall.
Incorporer; l'incorporation.	Einstellen; die Einstellung der Rekruten.
L'incursion.	Der Streifzug.
L'indemnité de bureau; d'entrée en campagne; de dégâts aux champs; de logement, d'éclairage, etc.; d'écurie, de fourrages; de route; de déplacement; indemnité payée aux officiers temporairement rappelés sous les drapeaux pour faire campagne. [de fer.	Der Geschäftszimmerservis; das Mobilmachungsgeld; die Flurschädenvergütung; der (Personal)Servis; Stallservis; Reisevergütung; Reisegelder; Tagegelder, Diäten; das Retablissementsgeld.
L'indicateur des chemins	Das Kursbuch.
L'indice.	Das Anzeichen.
L'infanterie (l'armée active compte 166 régiments [513 bataillons] et 21 bataillons de chasseurs à pied) se com-	Die Infanterie (das stehende Heer zählt 166 Regimenter [513 Bataillone] und 21 Bataillone Jäger) besteht im Kriege aus:

pose, en temps de guerre : 1° d'infanterie de campagne avec les services d'administration ; 2° d'infanterie de réserve et 3° d'infanterie de garnison. — Le régiment d'infanterie se compose de 3 bataillons, soit de 4 bataillons (2e, 6e, 7e, 8e, 11e et 14e corps d'armée). Un régiment d'infanterie de campagne, en Prusse, compte 69 officiers, 244 sous-officiers, 10 musiciens, 75 tambours, fifres et clairons, et 2676 soldats, y compris 288 premiers soldats. L'infanterie de ligne ; l'infanterie de la garde ; la grosse infanterie (grenadiers et mousquetaires) ; l'infanterie légère (fusiliers, chasseurs et tirailleurs).

L'inférieur.
L'infirmerie ;
  la salle d'infirmerie ; l'infirmier.
L'insigne du grade ; l'insigne de neutralité,
L'inspection ; inspecter.
L'instructeur.
L'instruction militaire ; l'instruction individuelle ; sans arme ;

1. Feldtruppen mit den Administrationen;

2. Ersatztruppen und
3. Besatzungstruppen (Besatzung der Festungen). — Das Infanterieregiment hat 3, beziehungsweise 4 Bataillone (2., 6., 7., 8., 11. und 14. Armeekorps).
Ein preußisches Regiment Feldtruppen zählt 69 Offiziere, 244 Unteroffiziere, 10 Hautboisten, 75 Spielleute und 2676 Gemeine, einschließlich 288 Gefreite.

Die Linieninfanterie; Gardeinfanterie; schwere Infanterie (Grenadiere und Musketiere); leichte Infanterie (Füsiliere, Jäger und Schützen).

Der Untergebene.
Das Kasernenlazareth (Friedenslazareth); der Krankensaal; der Krankenwärter.
Das Grababzeichen; das Neutralitätsabzeichen.
Die Musterung; mustern.
Der Exerzirmeister.
Die Ausbildung, Schulung; die Einzelausbildung; Ausbildung ohne Gewehr; die

.la période d'instruction. Les instructions; instructions générales.	Dienstleistung. Die Verhaltungsbefehle, die Weisung; die Direktive.
L'intendance (le service et son organisation); (l'administration.) (Voir *grades et emplois militaires*.)	Das Militärökonomie-Departement; der Militärhaushalt; die Intendantur.
.ntercepter (une lettre, etc.).	Auffangen.
Intermédiaire.	Zwischenliegend.
L'interprète.	Der Dolmetscher.
Interrompre (le combat).	Das Gefecht abbrechen.
L'intersection, point d'intersection.	Der Durchschnitts(knoten)punkt.
L'intervalle.	Der Zwischenraum, Seitenabstand.
Intervenir au combat.	(In den Kampf) eingreifen.
Investir; l'investissement; lignes d'investissement.	Einschließen; die Einschließung; die Um(Ein)schließungslinie.
L'itinéraire; (la direction); pour chemin de fer; tableau de la marche des trains militaires.	Die Marschroute; die Marschrichtung; der Militärfahrschein; die Fahrtliste.
Jalonner; le jalon.	Abstecken; der Absteckpfahl.
Se joindre (à); opérer sa jonction (avec qqn.).	Sich anschließen (dat.); zu Jemandem stoßen.
Joue, la mise en joue; mettre en joue.	Der Anschlag, die Anschlagsart; anschlagen.
Le jour; au point du jour.	Das Tageslicht; bei Tagesanbruch.
Le journal de marche.	Das Kriegstagebuch.
La jumelle d'officier.	Der Feld(Krim)stecher.
La juridiction militaire; le juge d'instruction; le rapporteur.	Die Militärgerichtsbarkeit; der Untersuchungsrichter; der Berichterstatter.

Lancer en avant.	Vorschieben.
Le *landsturm* contient tous les hommes qui doivent le service depuis l'âge de 17 ans jusqu'à l'âge de 45 ans et qui ne font partie ni de l'armée active, ni de la flotte, ni de la *landwehr*, ni de la *seewehr*. (Voir *service*.)	Der Landsturm besteht aus allen Wehrpflichtigen vom vollendeten 17. bis zum vollendeten 45. Lebensjahre, welche nicht zum Dienst im stehenden Heere, in der Flotte oder der Seewehr eingezogen sind. Das erste Aufgebot bis zum 39., das zweite bis zum 45. Lebensjahre.
La lanterne (sourde).	Die (Blend)Laterne.
Les latrines; les lieux d'aisances.	Die Latrinen; der Abtritt, Abort.
La lettre d'envoi; feuille d'envoi.	Der Begleitbrief; der Begleitzettel.
Lever des troupes; la levée en masse.	Ausheben; das allgemeine (Massen)Aufgebot.
La liaison; le trait d'union.	Die Verbindung; das Bindeglied.
La liberté des mouvements.	Die Bewegungsfreiheit.
La ligne; première ligne; ligne de bataille; de combat; ligne déployée; ligne de direction; ligne d'étapes; ligne des feux; ligne de marche; ligne de mire; ligne d'opération; ligne de résistance; ligne de retraite; ligne de sûreté; ligne de tir; ligne de tirailleurs; ligne à vol d'oiseau.	Die Linie, das Treffen; Vortertreffen; Frontlinie; Gefechtslinie; entwickelte Linie; Richtungslinie; die Marschstraße; Feuerlinie; Anmarschlinie; Visirlinie; Operationslinie; die Aufnahmestellung; Rückzugslinie; Sicherungslinie; Schußlinie; Schützenlinie; die Luftlinie.
Rompre en arrière, étant en bataille; la marche en bataille; la marche	Abbrechen aus der Linie; Vorrücken in Linie;

en bataille en retraite. Zurückgehen in Linie.
Lisse; armes à âme lisse. Glatt; glatte Feuerwaffen.
La liste des logements; liste de tirage. Die Quartierliste; Losungsliste.
Le livret individuel. Das Soldbuch.
Le logement; loger les troupes dans les casernes; chez l'habitant ou leur faire payer une indemnité de logement. Avoir à loger des soldats; loger les soldats chez l'habitant; le billet de logement. (Voir *fourrier*.) Die Wohnung, das Quartier, die Ortsunterkunft; die Unterbringung der Truppen in Kasernen; im Naturalquartier (Einquartirung bei den Bürgern) oder durch Servis. Einquartirung bekommen; einquartieren. Der Quartierzettel.
Le magasin; le magasin du fusil; le réapprovisionnement du magasin. Das Magazin, Vorrathshaus, Lager, die Niederlage; das Magazin; die Ergänzung der Magazinfüllung.
La main; à main armée; le coup de main. Die Hand; mit bewaffneter Macht; der Handstreich.
Le maître d'armes. Der Fechtmeister.
Le maniement de l'arme; le maniement du drapeau, de l'épée, du fusil, du sabre. Die Handhabung der Waffe; die Griffe mit der Fahne, dem Degen, dem Gewehr, dem Säbel.
La manœuvre. Les manœuvres à double action; manœuvres d'automne; manœuvres impériales; manœuvrer. Die Gefechtsübung; das Manöver, die Bewegungen. Manöver zweier Parteien; Herbstmanöver; die Kaisermanöver. Bewegungen ausführen, manövriren.
La manutention. Die Verpflegung; das Proviantmagazin.
Le maraudeur. Der Plünderer.
La marche; en avant; en arrière; marche ac- Der Marsch; Vormarsch; Rückmarsch; der Eilmarsch;

célérée (37-60 kilom.); marche en bataille; marche-manœuvre; marche d'étapes (22-30 kilom.); de flanc; par le flanc; forcée;

marche funèbre; marche de nuit; marche en retraite; marche accélérée par des moyens artificiels (chemin de fer, voitures, bateaux à vapeur). L'aptitude à la marche. La vitesse de la marche; le but de la marche (destination); se mettre en marche.

Massacrer.
La masse; de compagnie; la masse d'ordinaire.

Se masser.
Le matelas; de crin; le sommier élastique.
La matricule; le numéro matricule.
La mêlée.

La mesure (de la marche).
Mettre à l'ordre du jour.

Le militaire.
Le ministère de la guerre.
La mobilisation; mobiliser;

(37 bis 60 Kilom.); Frontmarsch; der Uebungsmarsch; Reisemarsch (22 bis 30 Kilometer); Flankenmarsch; Reihenmarsch; Gewaltmarsch, angestrengter Marsch; Todtenmarsch; Nachtmarsch; Rückmarsch; künstlich beschleunigter Marsch (auf Eisenbahnen, Schlitten, Dampfschiffen).

Die Marschfähigkeit.
Die Marschgeschwindigkeit; das Marschziel;

abmarschiren, sich in Marsch setzen.
Niedermetzeln, niederhauen.
Das Pauschquantum; die Kompagniekasse; der Menagefonds.

Sich zusammenziehen.
Die Matratze; Pferdehaarm.; Springfedermatratze.
Die Bestandliste, Stammrolle; die Matrikelnummer.
Das Handgemenge, Schlachtgetümmel.

Das Tempo.
Durch Parolebefehl belobigen.

Der Soldat.
Das Kriegsministerium.
Die Mobilmachung, Kriegsbereitschaft; marschbereit

un régiment mobilisé; démobiliser. — machen; ein mobiles Regiment; abrüsten.

Monté; un officier monté. Monter la garde; monter sa faction. — Beritten; ein berittener Offizier. Auf Wache ziehen; auf Posten ziehen.

Le moral. — Der innere Halt.

Le mot d'ordre; le mot de ralliement. — Die Losung, Parole (jedes beliebige Wort); das Feldgeschrei.

Le moule à balles; jeter des balles. — Die Kugelform; Kugeln gießen.

Le moulin à café. — Die Kaffeemühle.

La moustache; la barbiche; toute la barbe. — Der Schnurrbart; der Zwickelbart; voller Bart (Vollbart).

Le mouvement; débordant; enveloppant; tournant. Faire mouvoir les troupes. — Die Bewegung, der Marsch; Ueberflügelung; Umfassung; Umgehung. Truppen schieben, vorschieben, zurückschieben.

Les munitions; (munition de bouche, de guerre); le pain de munition; la consommation de munitions. — Die Munition, der Schießbedarf; (Mund-, Kriegsvorrath); das Kommißbrod; der Patronenverbrauch.

La musette; musette de propreté. — Der Brodbeutel; der Putzbeutel.

Le musicien; le chef de musique; la musique du régiment. — Der Hoboist; der Regiments-Kapellmeister, Stabshoboist; die Regiments-Kapelle, das Musikkorps.

La mutation. — Die Versetzung.

La natation; l'école de natation; le maitre de natation; le nageur (de 2e, de 3e classe). — Die Schwimmkunst; die Schwimmschule; der Schwimmlehrer; der Schwimmer (Freischwimmer, Fahrtenschwimmer).

La négociation; le né- — Die Unterhandlung; der Un-

gociateur; négocier.	terhändler; unterhandeln, Unterhandlungen pflegen.
Nettoyer.	Reinigen.
La nomination (à un grade, etc.).	Die Ernennung, die Anstellung.
La nourriture; les subsistances; chez l'habitant.	Die Nahrung; die Verpflegung, Verköstigung; Quartierverpflegung.
La nuit; tombée de la nuit; la nuit tombe.	Der Einbruch der Nacht; die Nacht bricht herein.
Le numéro; numéroter.	Die Nummer; numeriren.
L'obéissance; passive.	Der Gehorsam, die Subordination; blinder Gehorsam.
Oblique; ordre oblique; obliquer.	Schief, halbseitwärts; schräge Stellung; in schräger Richtung vorgehen.
Observer; armée d'observation.	Beobachten; das Beobachtungs(Observations)heer.
L'obstacle; (naturel ou artificiel).	Das Hinderniß, Bewegungshinderniß; die Anlehnung.
L'occupation; troupes d'occupation; occuper; occuper des logements.	Die Besetzung, die Besitz(nahme)ergreifung; Besetzungstruppen; besetzen; Quartier belegen.
L'offensive; prendre l'offensive; le retour offensif.	Der Angriff, die Offensive; die Offensive ergreifen; der Offensiv(Vor)stoß.
L'officier (voir *grades*); de garde; officier d'ordonnance; de ronde; serre-file; de troupe; de service.	Der Offizier; der wachthabende Offiz.; der Adjutant, Ordonnanzoffizier; Rondenoffizier; schließender Offizier; Frontoffizier; der Düjouroffizier.
L'ordinaire.	Die Soldatenkost, die Menage.
L'ordonnance; d'ordonnance; l'ordonnance d'officier; l'ordonnance d'un général.	Die Vorschrift; vorschriftsmäßig; der (Offiziers)Bursche; die Stabsordonnanz.

L'ordre; la rédaction des ordres; donner; publier un ordre. — L'ordre (décoration), (chevalier, officier, commandeur, grand-officier, grand-croix). L'ordre d'appel; l'ordre de bataille; l'ordre de départ; l'ordre dispersé; l'ordre du jour; l'ordre de marche; l'ordre de mobilisation; le mot d'ordre; l'ordre profond; l'ordre serré; mettre à l'ordre du jour.	Der Befehl; die Befehlsertheilung; einen Befehl geben, ertheilen; erlassen. — Der Orden (Ritter, Offizier, Komthur, Großoffizier, Großkreuz). Die Einberufungsordre; die Schlachtordnung; der Marschbefehl; die zerstreute Ordnung; der Tagsbefehl; der Marschbefehl; die Mobilisationsordre; die Losung; die tiefe Ordnung; geschlossene Ordnung; belobigen, eine Belobigung ertheilen.
L'organisation militaire.	Das Heereswesen.
S'orienter; la faculté de s'orienter; un soldat s'orientant facilement.	Sich zurecht finden, sich orientiren; das Findungsvermögen; ein findiger Soldat.
L'otage; prendre des otages.	Die Geisel; Geiseln nehmen.
Les outils portatifs.	Das tragbare Schanzzeug.
L'ouverture (des hostilités); ouvrir le feu.	Die Eröffnung (der Feindseligkeiten); das Feuer eröffnen.
L'ouvrier militaire.	Der Handwerker ohne Waffen; Oekonomiehandwerker.
La paille de couchage.	Das Lagerstroh.
La paix; conclusion de la paix.	Der Frieden; Friedensabschluß.
Le pansement; le lieu de pansement (lieu de pansement de 1re ligne; lieu de pansement principal); sachet de pansement.	Der Verband; der Verbandplatz (Truppenverbandplatz, Hauptverbandplatz); das Verbandpäckchen.

Le paquetage; du sac.	Das Gepäck; das Packen des Tornisters.
La parade funèbre; parade de garde; passer la parade.	Die Leichenparade, der Leichenkonduft; die Wachtparade; die Parade ab(neh-men)halten.
Le parc de voitures (les limons tournés vers le centre du cercle); parquer, être parqué.	Der Fuhr(Wagen)park, die Wagenburg (die Deichseln nach dem Mittelpunkt des Kreises gedreht); parkiren.
Le parlementaire.	Der Parlamentär.
Partir.	Abmarschiren, abrücken, abziehen.
Le pas (mesure); (cadence), ordinaire; accéléré; de charge; gymnastique; pas cadencé; de route Marcher au pas; changer de pas; rompre le pas; reprendre l'allure; raccourcir le pas; marquer le pas; faire un roulement de tambour pour rompre le pas; pour reprendre le pas.	Der Schritt; der Tritt (110 auf die Minute); Geschwind-schritt (115 auf die Minute); Sturmschritt(marsch) (120 auf die Minute); Laufschritt (165—170 auf die Minute); Gleichtritt; das Marsch-tempo. Im Tritt marschiren; den Tritt wechseln; ohne Tritt marschiren; Tritt fassen; kurz treten; auf Stelle treten; abschlagen; anschlagen.
Le passage d'une rivière; passage d'une armée; passage de la colonne à la ligne de bataille; de la ligne de bataille à la colonne.	Der (Fluß)Uebergang (über einen Fluß); der Durchzug; der Aufmarsch; der Ab-marsch (Linksabmarsch, Rechtsabmarsch, Abmarsch aus der Mitte).
Passer (défiler); passer une rivière; à gué;	Vorbeimarschiren, vorüber-ziehen; über einen Fluß gehen, den Fluß überschreiten;

passer par les armes; passer devant le front.	durchwaten; erschießen; die Front abreiten, abschreiten.
La patrouille; rampante; de reconnaissance; des postes; fixe; aller en patrouille.	Die Streifwache, Patrouille; Schleichpatrouille (3 Mann); Rekognoszirungspatrouille; Visitirpatrouille (2 Mann); stehende Patrouille; patrouilliren.
La paye (le prêt); jour de paye.	Die Löhnung; Löhnungstag.
Le payeur; l'aspirant-payeur.	Der Zahlmeister; der Zahlmeisteraspirant.
Les peines militaires dans l'armée allemande sont: 1° la peine de mort (le condamné est fusillé); 2° peines afflictives: a) travaux forcés au bagne (avec expulsion de l'armée); b) emprisonnement; c) détention dans une enceinte fortifiée; d) les arrêts: consigne à la chambre (officiers); consigne à la caserne; en prison, au pain et à l'eau (sergents, caporaux et simples soldats); dans une cellule obscure, au pain et à l'eau, avec lit de camp dur (pour simples soldats seulement); 3° peines infamantes: a) expulsion de l'armée; b) démission forcée (officiers); c) perte des	Die militärischen Strafen im deutschen Heere sind: 1. die Todesstrafe (durch Erschießen); 2. Freiheitsstrafen: a) Zuchthausstrafe (Entfernung aus dem Heere; Dienstentlassung); b) Gefängniß; c) Festungshaft; d) die Arreststrafen: Stubenarrest (gegen Offiziere); gelinder Arrest; mittlerer Arrest (gegen Sergeanten, Unteroffiziere und Gemeine); strenger Arrest (nur gegen Gemeine); 3. Ehrenstrafen: a) Entfernung aus dem Heer; b) Dienstentlassung (gegen Offiziere); c) Verlust der

droits civils; d) renvoi dans la 2ᵉ classe [compagnie de discipline] (caporaux et simples soldats); e) dégradation (sous-officiers); 4° moindres punitions disciplinaires, telles que: exercices, gardes et corvées supplémentaires, répondre à l'appel dans un costume particulier, etc.

Le peloton. La compagnie se forme en trois pelotons; le peloton (contenant 16 files et plus) est divisé, en Allemagne, en deux demi-pelotons, qui, à leur tour, se subdivisent en 4, 5 ou 6 files.

Le chef de peloton. Le peloton de tirailleurs; peloton du drapeau.

La pension de retraite; de veuve; pensionné.

La permission (v. *congé*).

La permutation; permuter.

Le pharmacien chef; de 1ʳᵉ classe; de 2ᵉ classe.

La phase du combat.

bürgerlichen Ehrenrechte; d) Versetzung in die 2. Klasse des Soldatenstandes (Unteroffiziere und Gemeine); e) Degradation (Unteroffiziere); 4. kleinere Disziplinarstrafen, als: Strafexerziren, Strafwachen, Strafdienst, Erscheinen zum Appell in einem besondern Anzuge; u. s. w.

Der Zug. Die Kompagnie wird in drei Zügen aufgestellt; der Zug (16 Rotten und darüber enthaltend) wird in 2 Halbzüge und diese wieder in Sektionen (4, 5 und 6 Rotten stark) getheilt.

Der Zugführer.
Der Schützenzug; Fahnenzug.

Die Pension, der Ruhegehalt; der Gnaden(Wittwen)gehalt; pensionirt.

Der Urlaub.

Der Tausch; umtauschen.

Der Oberstabsapotheker; Stabsapotheker; Feldapotheker.

Der Gefechtsmoment, die Gefechtslage, das Gefechtsverhältniß.

Le pied (0,31385 m.); pied de guerre; de paix; de pied ferme.	Der Fuß; Kriegsfuß, die Kriegsformation; Friedensfuß (formation); von (auf) der Stelle.
Le piquet (de tente); (de soldats); de cavalerie; piquet d'examen.	Der Zeltpflock; die Bereitschaft, das Pikett; das Kavalleriepikett; der Durchlaßposten, der Examinirtrupp.
Le pivot; fixe; mobile.	Der feste; bewegliche Drehpunkt; das Pivot.
Le placard.	Der Anschlag(zettel), das Plakat.
La place; place d'armes; (l'état-major) de la place.	Der Platz; der Paradeplatz; die Kommandantur.
La plainte.	Die Beschwerde(führung).
Le planton.	Die Ordonnanz.
Le pliant.	Der Feldstuhl.
Plier.	Weichen, wanken.
Le ploiement.	Das Hintereinanderschieben.
Le point d'appui; point d'impact; point d'observation; point de passage.	Der Stützpunkt; der Treffpunkt; Uebersichtspunkt; Uebergangspunkt.
La pointe.	Der Vorstoß.
La police militaire.	Die Heerespolizei.
Le port du corps; au port d'armes.	Die (Körper)Haltung; mit angefaßtem Gewehr.
La portée (d'une arme à feu); la zone hors portée; zone dangereuse.	Der Schußbereich, die Trag-, Schuß-, Flugweite; der unbestrichene Raum; der bestrichene Raum.
Le porte-drapeau.	Der Fahnenträger.
Le porte-épée.	Der Hängeriemen, die Säbeltasche.
Porter, le coup porte; se porter en avant.	Sitzen, der Schuß sitzt; vorgehen.
La pose; poser (des sen-	Die Ablösung, die Nummer;

tinelles); le caporal de pose.

La position de combat ; position défensive ; de refuge ; position du soldat sous les armes ; le changement de position ; la position d'un endroit.

La poste militaire ; bureau de poste militaire ; la lettre ; la carte postale.

Le poste (le local) ; (les sentinelles) ; le poste avancé ;

le poste de correspondance ; le poste détaché ; le poste double ; le poste extérieur ; le poste d'honneur ; le poste d'observation ; les petits postes d'infanterie ; le chef de petit poste ; les postes spéciaux ; le poste de soutien ; le poste de sûreté, (Voir *avant-postes.*)

En potence.

La poudre ; la poudrerie ; la poudrière ; la caisse à poudre.

La poulie ; la moufle.

La poursuite ; poursuivre.

La préparation ; préparer au combat ; préparer

(Schildwachen) auf-, ausstellen ; der Gefreite.

Die Gefechtsstellung ; Vertheidigungsstellung ; Aufnahmestellung ; Stellung unter dem Gewehr ; der Stellungswechsel ;
die Lage.

Die Feldpost ; das Feldpostamt ;
der Feldbrief ; die Feldpostkarte.

Der Posten, die Wachtstube, das Wachtlokal ; die Posten, Schildwachen ; der vorgeschobene Posten, die Außenwache ; die Relaisposten ; detachirter Posten ;
der Doppelposten ; die Außenwache ; der Ehrenposten ;
der Beobachtungsposten ;

die Infanteriefeldwachen ;
der Feldwachhabende ; selbstständige Unteroffizierposten ;
der Unterstützungsposten ;
der Sicherheitsposten.

Hakenförmig.

Das (Schieß)Pulver ; die Pulvermühle ; das Pulvermagazin ; der Pulverkasten.

Die Rolle ; der Flaschenzug.

Die Verfolgung ; verfolgen.

Die Vorbereitung ; die Kampfbereitschaft ; Kriegsbereit-

à la guerre.	schaft.
Les prestations en argent; en deniers; en nature.	Die Geldkompetenzen; die Geldverpflegung; die Naturalverpflegung.
Le prêt.	Die Löhnung.
Le prévôt d'armes.	Der Vorfechter, Hülfsfechtlehrer.
La prime (récompense); pour le tir.	Die Prämie; Schießprämie.
Le prisonnier de guerre; échanger des prisonniers; faire prisonnier;	Der Kriegsgefangene; Gefangene auswechseln; gefangen nehmen, zum Gefangenen machen;
prisonnier sur parole.	Gefangener auf Ehrenwort.
La profondeur de marche (400 m. par bataillon complet sans le train régimentaire).	Die Marschtiefe (400 Meter bei einem vollzähligen Bataillon ohne große Bagage).
Le projectile.	Das (Langblei)Geschoß.
La protection.	Die Sicherung.
Le quartier d'état-major; quartier général; faire quartier.	Das Stabsquartier; Hauptquartier; Pardon, Quartier geben.
La queue d'une colonne.	Die Schlußrotten, die Queue.
Quitter un endroit.	Ausmarschiren, ausrücken, ausziehen.
Le ralliement; la place de ralliement; rallier.	Die Versammlung; der Stellungs(Lärm)platz; heranziehen, an sich ziehen, wieder versammeln.
Le rang (d'un officier); le rang (l'infanterie allemande est formée sur 2 rangs; le rang se compose de plusieurs hommes, alignés les uns à côté des autres).	Der Rang (eines Offiziers); das Glied (die Infanterie wird in 2 Gliedern aufgestellt; das Glied besteht aus mehreren Soldaten, die neben einander gerichtet sind).

Marcher par rangs et par files; ouvrir les rangs; rentrer dans les rangs; sortir des rangs; rompre les rangs; serrer les rangs.	In Reih' und Glied marschiren; die Reihen öffnen; eintreten; austreten; wegtreten; die Glieder schließen.
Le rappel; rappeler les troupes sous les drapeaux; rappeler les soldats disséminés.	Die Einberufung (Truppen-)Sammlung; die Truppen einberufen; (die zerstreuten Truppen) sammeln.
Le rapport circonstancié et écrit; rapport court et concis; faire un rapport; rendre compte; se présenter devant son supérieur, quand on rentre au corps. Le rapport sur un combat; rapport du matin; rapport sur un crime commis; les faits constatés; le rapporteur.	Der Bericht; die Meldung; einen Bericht, eine Meldung er(ab)statten; melden; sich melden. Der Gefechtsbericht; die Befehlsausgabe; der Thatbericht (species facti); der Thatbestand; der Berichterstatter.
Raser.	Rasiren, den Bart abnehmen.
Le rassemblement.	Das Sammeln, Antreten.
Rater (d'une arme à feu).	Versagen.
Le râtelier d'armes; devant le corps de garde.	Das Gewehrgerüst; die Gewehrstützen.
La ration; individuelle; de guerre; permanente.	Die Portion; Portion pro Kopf; Kriegsportion; die eiserne Portion, der eiserne Bestand.
Le ravitaillement (d'une forteresse); ravitaillement de munitions; ravitaillement venant du pays d'origine.	Die frische (Neu)Verproviantirung; die Munitionsergänzung; der Nachschub.

Rayé ; armes rayées se chargeant par la culasse; à âme lisse ; les rayures.	Gezogene Hinterlader; glatte Vorderlader ; die Züge.
La reconnaissance ; le service de reconnaissance ; la reconnaissance d'officier ; la reconnaissance en force.	Die Aufklärung, Rekognoszirung ; der Aufklärungsdienst; die Offizierpatrouille; gewaltsame Rekognoszirung.
Reconnaître ; se reconnaître, retrouver.	Absuchen, aufklären, untersuchen, rekognosziren ; sich zurechtfinden.
Rectifier la position.	Eine militärische Haltung annehmen.
Le recrutement ; le recrutement régional; se recruter.	Die Aushebung, die Ergänzung eines Truppentheils; die Bezirksaushebung; sich ergänzen.
Se refaire.	Sich erholen.
Refouler.	Zurückdrängen(werfen).
Regagner du terrain.	Wieder vordringen.
Le régiment (voir *infanterie*) ; régiment territorial.	Das Regiment; Landwehrregiment.
La région du recrutement.	Der Aushebungsbezirk.
Le registre ; registre matricule.	Das Register; die Stammrolle, die Stammliste.
Le règlement ; règlement de manœuvres ; réglementaire ; porté sur les contrôles du régiment.	Die Dienstvorschrift; das Exerzirreglement ; vorschriftsmäßig ; etatsmäßig.
Régler le tir.	Sich einschießen, das Schießen reguliren.
Relever un poste ; le relèvement.	Einen Posten ablösen ; die Ablösung.
Remonter le fusil.	Das Gewehr wieder zusammensetzen.

Le remplacement; la réserve de remplacement; le remplaçant.	Die Ersetzung, der Ersatz; die Ersatzreserve; der Ersatzmann, die Ersatzmannschaft.
Rencontrer l'ennemi; la rencontre; le combat de rencontre.	Auf den Feind stoßen; der feindliche Zusammenstoß, das Treffen; das Begegnungsgefecht.
Se rendre; à discrétion.	Sich ergeben; sich auf Gnade und Ungnade ergeben.
Le renfort; le soutien; le renfort (avant-postes); les renforts envoyés du pays d'origine.	Die Verstärkung, die Hülfstruppen; der Unterstützungstrupp; die Reserve; der Nachschub, Truppen nachschieben.
Le rengagé; rengager.	Der Kapitulant; kapituliren.
Le renseignement; recueillir des renseignements.	Die Auskunft, Nachricht; Nachrichten, Erkundigungen einziehen.
Renvoyer la classe.	Den Jahrgang entlassen.
La répartition des troupes.	Die Truppenein(ver)theilung.
Replacer l'arme.	Das Gewehr absetzen.
Se replier; sur un point.	Zurückweichen; sich auf einen Punkt zurückziehen.
Le repos; en place repos! reposer l'arme.	Die Rast; rührt Euch! das Gewehr abnehmen.
Repousser une attaque; l'ennemi.	Einen Angriff ab(zurück)weisen, ab(zurück)schlagen; den Feind zurückdrängen, abwehren.
La réprimande; réprimander: 1° réprimande simple; 2° formellement exprimée; 3° sévère.	Der Verweis; einen Verweis ertheilen: 1. einfacher; 2. förmlicher; 3. strenger Verweis.
La réquisition en pays ennemi; en pays ami; le détachement de ré-	Die Beitreibung; die Anforderung; das Beitreibungskommando;

quisition; réquisitionner. — fordern.

Le réseau; de chemins de fer; réseau télégraphique de l'État. — Das Netz; das Eisenbahnnetz; der Staatstelegraph, das Telegraphennetz.

La réserve;
 le réserviste;
 l'officier de réserve. — Der Beurlaubtenstand, die Reserve; der Reservist; der Reserveoffizier.

Résister. — Widerstehen, Widerstand leisten.

Le retour offensif. — Der Offensivstoß, Gegenstoß, Vorstoß.

La retraite, commencer, effectuer; battre en retraite; battre la retraite; en retraite; retraité. — Den Rückzug antreten, bewerkstelligen; sich zurückziehen; den Zapfenstreich schlagen; außer Dienst (a. D.); verabschiedet.

Rétrograde. — Rückgängig.

Le réveil, battre, sonner. — Die Reveille schlagen, blasen; zum Wecken blasen.

La revue d'appel; d'une armée;
 la formation de revue;
 d'effectif et de détail;
 passer une revue. — Die Kontrolversammlung; die Heerschau, Revüe, Parade; die Paradeaufstellung; die Truppenmusterung; eine Heerschau, Musterung abnehmen, abhalten.

Le rideau;
 former rideau. — Der Schleier, Deckung gegen Sicht; einen Schleier bilden.

Les ridelles; le chariot à ridelles. — Die Wagenleitern; der Leiterwagen.

Rompre; le peloton;
 rompre par pelotons;
 le pas;
 les rangs. — Abschwenken; den Zug abbrechen; mit (in) Zügen abmarschiren; ohne Tritt marschiren; wegtreten.

La ronde; de jour;
 ronde-major; — Die Ronde, Runde; die Visitirrunde, der Visitirtrupp; die Stabs(Haupt)runde; die

la ronde de nuit.	Nachtrunde.
Le roulement; faire un roulement; battre un ban.	Der Trommelwirbel; einen Trommelwirbel schlagen; anschlagen.
La route d'étapes; route militaire; stratégique; être en route; en route!	Die Etappen(Marsch)straße; der Kolonnenweg; die Heerstraße; unterwegs sein; angetreten!
Le sac du soldat; les bretelles du sac; mettre sac au dos; mettre sac à terre.	Der Tornister; der Trageriemen; (Hülfstrageriemen und Rückenstück bilden das Tragegerüst); den Tornister, das Gepäck umhängen; den Tornister, das Gepäck abhängen, ablegen. Umgehangen! Abgehangen! (abgelegt!)
La salle d'armes;	Der Fechtboden.
Saluer (voir *honneurs*).	Grüßen, salutiren.
Santé, service de.	Der Sanitätsdienst.
La satisfaction; demander; donner.	Die Genugthuung; fordern; leisten.
Le saucisson; aux pois.	Die Bratwurst; Erbswurst.
Le sauf-conduit.	Der Geleitsbrief(schein).
En sautoir.	Ueber die Brust.
La sauve-garde.	Die Schutzwache.
Le secours; aller au secours; l'armée de secours.	Die Hülfe; zu Hülfe eilen; das Entsatzheer.
Le secteur; d'un terrain; la ligne de démarcation séparant les secteurs.	Der Vertheidigungsabschnitt; der Geländeabschnitt; der Abschnitt im Gelände.
La section (voir *peloton*).	Die Sektion (kann 4, 5 und 8 Rotten stark sein).
La section de 1re ligne de télégraphes; la section de 2e ligne.	Die Feldtelegraphenabtheilung; Etappentelegraphenabtheilung.

La sécurité; mesure de sécurité.	Die Sicherheit, Sicherung; die Sicherungsmaßregel.
Le séjour; faire séjour.	Der Aufenthalt; der Rast-(Ruhe)tag; Rasttag halten.
La semaine; être de semaine.	Der Wochendienst; Wochendienst haben.
La sentinelle; sentinelle devant les armes; sentinelle volante; poser les sentinelles.	Die Schildwache, der Posten; der Posten vor dem Gewehr; der Schnarrposten; Schildwachen, Posten aus(auf)stellen.
Le sergent; sergent d'armement et d'équipement.	Der Sergeant; der Kapitändarm, Bekleidungs-, Gewehrunteroffizier.
Le serre-file.	Der Schließende.
Serrer; serrer la colonne, les rangs.	Schließen, aufschließen; die Kolonne, die Glieder aufschließen.
Le service militaire. Le service obligatoire depuis l'âge de 17 ans jusqu'à l'âge de 45 ans.	Der Militärdienst. Die Wehrpflicht vom 17. bis zum 45. Lebensjahre;
Le service a) dans l'armée active (7 ans): service sous les drapeaux (3 ans), dans la réserve (4 ans); b) dans l'armée territoriale du 1er ban (5 ans), du 2e ban (jusqu'à l'âge de 39 ans).	die Dienstpflicht a) im stehenden Heere (7 Jahre): aktiver Dienst (3 Jahre), Reservepflicht (4 Jahre); b) Landwehrpflicht 1. Aufgebots (5 Jahre), 2. Aufgebots (bis zum 39. Lebensjahre).
Le service dans la réserve dure 12 ans. Le service dans le landsturm dure depuis l'âge de 17 ans jusqu'à l'âge de 45 ans. (Voir *landsturm*.) Le 1er ban du	Die Ersatzreservepflicht dauert 12 Jahre. Die Landsturmpflicht dauert vom vollendeten 17. bis zum 45. Lebensjahre. Das 1. Aufgebot des Land-

landsturm jusqu'à l'âge de 39 ans ; le 2ᵉ ban jusqu'à l'âge de 45 ans. Être au service ; être au service d'une puissance étrangère ; être de service ; l'officier de service ; le service en campagne ; le règlement du service en campagne ; les exercices du service en campagne ; service de garde ; service de marche ; service de reconnaissance ; de renseignements ; de sûreté.

Les sévices.

Siffler ; le sifflet ; le coup de sifflet.
Le signal ; les instruments à faire les signaux. Les signaux dans l'armée allemande (avec le clairon) : l'assemblée ; marche ; halte ; rassemblement ; alarme ; en wagon ; aux officiers ; aux officiers d'ordonnance ; garde à vous ; baïonnette au canon ; feu (tir) ; au feu ; réveil ; retraite.
(Avec le tambour et le fifre) : Marche ; défilé

sturms bis zum 39. Lebensjahre; das 2. Aufgebot bis zum 45. Lebensjahre. Im Dienst sein; in fremden Diensten sein; den Dienst haben, auf Dienst sein; der dienstthuende Offizier; Düjouroffizier; der Feldbienst;

die Feldbienstordnung;
die Feldbienstübungen;

der Wachdienst;
Marschdienst;
Aufklärungsdienst;
Nachrichtendienst;
Sicherheits(Sicherungs)-dienst.

Die Thätlichkeiten, die Mißhandlung.
Pfeifen; die Pfeife; der Pfiff, das Pfeifen.
Das Zeichen, Signal; die Signalinstrumente.
Die Signale im deutschen Heere (mit dem Signalhorn): das Ganze;
Marsch; Halt; Sammeln;
Alarm;
Ruf; Kommandeurruf;
Abjutantenruf;
Achtung;
Seitengewehr pflanzt auf;
Feuern; Feuerlärm; Wecken; Zapfenstreich.
(Mit der Trommel und Pfeife): Marsch; Parade-

appel (pour la marche) ; défilé en colonne de régiment ; marche en avant ; au drapeau ; marche funèbre ; appel précédant la retraite ; retraite ; signal pour la prière ; coup de baguette après la prière ; réveil ; l'assemblée pour la parade de la garde ; coup de baguette pour relever la garde ; garde descendante ; la générale ; au feu.	marsch; Locken (zum Marsch); Parademarsch in Regiments= kolonne ; Marsch beim Vor= gehen ; Fahnentrupp ; Todtenmarsch; Locken zum Zapfenstreich ; Zapfenstreich; Zeichen zum Gebet ; Abschlagen nach dem Gebet ; Wecken; Vergatterung der Wachtparade ; Abschlagen nach Ablösung ; Abtrupp der Wachen ; Generalmarsch ; Feuerlärm.
Signaler (l'ennemi) ; se signaler.	(Die Nähe des Feindes) mel= den ; sich auszeichnen.
Signer ; je soussigné... ; la signature.	Unterzeichnen; Ich Endes= unterzeichneter... ; die Fer= tigung, Namensunterschrift.
La situation ; situation du combat.	Der Stärke(Front)rapport ; die Gefechtslage.
Le soldat ; de 1re classe ; d'une compagnie de dis- cipline (reste en Alle- magne au régiment et porte une cocarde gri- se) ; soldat du génie.	Der Soldat; der Gefreite; der Soldat zweiter Klasse; ber Pionier.
La solde (des soldats) ; le livret de solde ; la solde des officiers ; la demi-solde ; le supplé- ment de solde ; la re- tenue sur la solde.	Die Löhnung ; das Löhnungsbuch ; das Gehalt ; der Halbsold, das Wartegeld; die Gehaltszulage; der Ge= haltsabzug.
La sommation ; faire une sommation ; sommer une place.	Die Aufforderung; eine Auf= forderung ergehen lassen; zur Uebergabe auffordern.

Sonner (voir *le signal*) ; la sonnerie.	Blasen; das Hornsignal.
La sortie ; faire une sortie ; sortir avec armes et bagages ; les hommes commandés pour faire une sortie.	Der Ausfall; einen Ausfall machen; mit Waffen und Gepäck ausziehen; die Ausfallmannschaft.
Sortir en armes.	In's Gewehr treten (die Wachen).
La soupe ; faire la soupe.	Die Suppe; abkochen.
Le sous-ordre.	Der Unterführer.
Soutenir un siège.	Eine Belagerung aushalten.
Le soutien (voir *renfort*).	Der Unterstützungstrupp.
Le stratagème.	Die Kriegslist.
Le subalterne (officier) ; l'inférieur.	Der Subalternoffizier; der Untergebene.
Subir une punition.	Eine Strafe absitzen.
La subordination ; l'insubordination.	Der Gehorsam, die Subordination; der Ungehorsam.
La subsistance (en nature) ; mettre en subsistance.	Die (Natural)Verpflegung; zur Verpflegung überweisen.
Le supérieur ; les officiers supérieurs ; supérieur ; la supériorité numérique ; supériorité du feu.	Der Obere, Vorgesetzte; die Stabsoffiziere; überwiegend, überlegen; die numerische Ueberlegenheit; Feuerüberlegenheit.
La sûreté (voir *sécurité*) ; le service de sûreté.	Die Sicherheit, Sicherung; der Sicherungsdienst.
Surprendre ; à main armée ; la surprise.	Ueberraschen; überfallen; der Ueberfall.
La suspension d'armes.	Die Waffenruhe, Einstellung der Feindseligkeiten.
La table ; de tir.	Das Verzeichniß, die Tabelle; die Schußtabelle.
Le tableau (imprimé pour être rempli).	Das Schema.

Le tact des coudes; rester en communication.	Die Fühlung; in Fühlung bleiben.
La tactique; le tacticien.	Die Taktik; der Taktiker.
Le tailleur (maître tailleur).	Der Regimentsschneider.
Le talon.	Der Absatz, der Hacken; die Ferse.
Les tambours, fifres et clairons; les tambours; le tambour-major; le tambour (la caisse); la peau de la caisse; les baguettes; le timbre.	Die Spielleute, das Spiel; die Tambours; der Regimentstambour; die Trommel; das Trommelfell; die Trommelstöcke(schlägel); die Trommelsaite.
Le télégraphe de campagne (voir *section*).	Der Feldtelegraph.
Le témoin.	Der Zeuge; der Sekundant bei einem Duell.
Tenir; une position; se maintenir.	Halten; eine Stellung festhalten, behaupten; sich halten.
La tente; dresser, lever la tente; les cordes de tente; le piquet de tente.	Das Zelt; aufschlagen, abbrechen; die Zeltleinen; der Zeltpflock.
La tenue; de campagne; de service; petite tenue.	Der Anzug; feldmarschmäßiger Anzug; Dienstanzug; Interimsuniform.
Se terrer.	Sich eingraben.
La tête; tête de colonne.	Die Spitze, die Tete; Kolonnenspitze.
Le théâtre de la guerre; théâtre d'opérations.	Der Kriegsschauplatz; das Gefechtsfeld.
Le thème général; particulier.	Die Generalidee; Spezialidee.
La théorie (règlement sur l'exercice et les	Das Exerzirreglement für die Infanterie.

manœuvres de l'infanterie).	
Le tir; le stand; le tir de guerre; tir individuel.	Das Schießen; der Schießstand; das Gefechtsschießen; das Einzelfeuer.
Le tirailleur (deux tirailleurs forment une file de tirailleurs; une section forme un groupe de tirailleurs, et plusieurs groupes forment une ligne de tirailleurs); l'essaim de tirailleurs; la chaine de tirailleurs; le combat de tirailleurs; se déployer en tirailleurs; le bataillon des tirailleurs de la garde.	Der Schütze (je zwei Schützen bilden eine Schützenrotte; eine Sektion bildet eine Schützengruppe und mehrere Schützengruppen bilden eine Schützenlinie); der Schützenschwarm; die Schützenkette; das zerstreute Gefecht, Schützengefecht; (aus)schwärmen. das Gardeschützenbataillon.
Tirer; tirer à balles; à blanc; à bout portant.	Schießen, abschießen; scharfschießen; blind schießen; auf Gewehrschußlänge schießen.
Tirer au sort; le tirage au sort; tirer un bon, mauvais numéro.	Loosen; das Loosen, die Loosung; sich frei loosen, sich fest loosen.
Le tireur.	Der Schütze, der Schießende.
Le tocsin.	Die Sturmglocke.
Tourner une position; le mouvement tournant.	Eine Stellung umgehen; die Umgehung.
Le tracé.	Die Absteckungs(Richtungs)linie.
Le train. L'armée active compte 18 bataillons du train. Un bataillon du train (fort de 300 hommes) se compose de 3 compagnies, du dépôt du train et d'une sec-	Der Train. Das stehende Heer zählt 18 Trainbataillone. Das Trainbataillon (300 Mann) hat 3 Kompagnien, nebst Traindepot und Bäckerabtheilung.

tion de manutention.	
Le train du chemin de fer.	Der Eisenbahnzug, Bahnzug, Zug.
Le traînard.	Der Nachzügler.
La trajectoire.	Die Flugbahn, Geschoßbahn.
Transborder.	Umladen.
Le transfuge.	Der Ueberläufer.
Transmettre ; la transmission d'un ordre.	Uebermitteln; die Uebermittlung eines Befehls.
Le transport ; transport militaire ; transporter les hommes; le moyen de transport. Les hommes ou objets transportés.	Die Beförderung, Fortschaffung; die Truppenbeförderung; die Truppen befördern; das Fahrzeug, Beförderungsmittel. Der Transport, z.B. Krankentransport.
Le trapèze.	Das freihängende Reck.
Les travaux de campagne se composent de : 1° établissement des camps, des ponts militaires et destruction des ponts ; 2° réparation des routes et destruction des communications ; 3° réparation des voies ferrées et des lignes télégraphiques, soit construction de lignes de communication plus courtes et destruction des voies ferrées et des lignes télégraphiques ; 4° construction de retranchements de campagne, établissement de tranchées-abris, etc. ; 5° travaux pour mettre	Die Arbeiten im Felde bestehen aus: 1. Lagerbau, Feldbrückenbau und Zerstörung der Brücken; 2. Wegebesserung und Zerstörung der Verbindungen; 3. Wiederherstellung zerstörter Eisenbahn- und Telegraphenstrecken, resp. Neuanlage kürzerer Verbindungsstrecken und Zerstörung von Eisenbahnen und Telegraphen; 4. Aufwurf von Feldverschanzungen, Anlage von Schützengräben, u. s. w. 5. Einrichtung zur Ver-

des maisons, des villages, etc., en état de défense ; 6° travaux de siège dans les guerres de siège.

Le treillis ; la veste de treillis.

La trêve.

Le tribunal militaire ; d'honneur.

Le tripoli.

Le trou de tirailleurs, l'embuscade.

La troupe (les hommes) ; un détachement de troupes ;

troupes auxiliaires ;
troupes d'élite ;
la troupe de soutien.

Lever des troupes.

La trousse de couture ; de pansement.

Le tube à tir.

Tuer ; d'un coup de fusil ; d'un coup de lance, d'épée, etc. ; d'un coup de crosse.

La tunique.

L'uniforme ;
être en habits de ville.

L'unité ;
de combat ;
unité tactique.

theidigung von Häusern, Dörfern, u. s. w.;
6. Belagerungsarbeiten im Festungskriege.

Der Drillich; die Drillichjacke.

Der Waffenstillstand.

Das Militärgericht; Ehrengericht.

Der Trippel, das Putzpulver.

Das Schützenloch.

Die Truppe, die Mannschaften, Leute; der Trupp, die (Truppen)Abtheilung, die Mannschaft, das Kommando; Hülfstruppen; Kerntruppen (ausgesuchte Truppen); der Unterstützungstrupp. Truppen ausheben.

Das Nähzeug; das Besteck.

Der eingelegte Lauf.

Tödten; erschießen;
erstechen;
erschlagen.

Der Waffenrock.

Die Uniform, der Dienstanzug, die Montur; Civilkleidung tragen.

Der Verband, die Einheit; Gefechtseinheit, der Kampfeinsatz; die taktische Einheit, der Truppenverband, der Kommandoverband.

Le vainqueur ; le vaincu.	Der Sieger, Besieger; der Besiegte.
Valide ; l'invalide (capable de faire le service de garnison ; incapable de faire aucun service militaire); temporairement, complètement exempt du service pour infirmités.	Dienstfähig; der Invalide (der Halbinvalide; Ganzinvalide); zeitig, dauernd dienstunbrauchbar.
Le vétéran.	Der ausgediente Soldat.
La victoire; remporter la victoire.	Der Sieg; den Sieg davontragen.
La vis.	Die Schraube.
Viser; coup de but en blanc (quand on vise le point qu'on veut atteindre, c'est-à-dire le point d'intersection de la trajectoire et de la ligne de mire); la ligne de mire, qui passe depuis l'œil du tireur, par le cran de mire, pardessus le guidon, jusqu'au point à atteindre. On distingue 3 manières de prendre le guidon: 1° guidon fin, lorsqu'on n'aperçoit que le sommet du guidon au-dessus du fond du cran de mire; 2° guidon moyen, lorsqu'on aperçoit le sommet du guidon dans le plan de la face supérieure de la hausse ;	Zielen; der Visirschuß (bei welchem man dahin zielt, wohin man treffen will, d. h. der Punkt, wo Geschoßbahn und Visirlinie sich schneiden); die Visirlinie, welche vom Auge des Schützen aus durch die Visirkimme über das Korn hinweg zum Zielpunkt führt. — Man unterscheidet drei Arten Korn: 1. Feines Korn, wenn man nur die Spitze des Korns ganz unten in der Kimme sieht; 2. Gestrichnes Korn, wenn die höchste Spitze des Korns mit der obersten Kante des Visirs abschneidet;

8

3º guidon plein, lorsque le sommet du guidon dépasse la face supérieure de la hausse. On dit : « décentrer le guidon à droite », lorsqu'on fait affleurer le guidon contre le bord droit du cran de mire, et « décentrer le guidon à gauche », lorsqu'on fait effleurer le guidon contre le bord gauche du cran. — « Viser le bas du *miroir* » (voir *cible*), se dit quand le guidon touche le bord inférieur du *miroir*; « viser le centre », quand le guidon tombe dans le *miroir*; « viser le haut du miroir », lorsque le guidon touche le bord supérieur du *miroir*. — La hausse (la hausse fixe; la petite lamette; la planche graduée; la planche lisse; le curseur).

La visière (de casque, de képi).

Les vivres;

les vivres de réserve.

Le voisin de gauche, de droite.   [*gagé*).
Le volontaire (voir *en-*

3. Volles Korn, wenn die Spitze des Korns über die oberste Visirkante hervorragt. Man sagt: „rechtsgeklemmtes Korn", wenn man das Korn an die rechte Seite der Visirkimme nimmt, und: „links geklemmtes Korn", wenn man es an die linke Seite der Visirkimme nimmt.

„Den Spiegel aufsitzen lassen" heißt, wenn das Korn den untern Rand des Spiegels (in der Zielscheibe) berührt; „in den Spiegel gehen", wenn das Korn in denselben hineinragt; „den Spiegel verschwinden lassen", wenn das Korn die oberste Begrenzung des Spiegels berührt. —
Das Visir (das Standvisir; die kleine Klappe; das Segmentvisir;
das Glattvisir;
das Schiebervisir).
Der Schirm (der Helm-, Mützenschirm).

Die Lebensmittel, der Proviant, der Mundvorrath, die Verpflegung; der eiserne Bestand, die eiserne Portion.
Der linke, rechte Nebenmann.

Der Freiwillige.

Les voyages d'études; d'état-major.	Die Uebungsreisen; Generalstabs-Uebungsreisen.
Les vues; l'ennemi est en vue; avoir la vue basse.	Die Sicht, Einsicht, Uebersicht; der Feind ist in Sicht; kurzsichtig sein.
La zone dans le terrain; la zone dangereuse; hors portée.	Der Geländeabschnitt; der bestrichene Raum; unbestrichener Raum.

Le terrain. — Das Gelände.

Les accidents du terrain; terrain accidenté.	Unebenheiten des Bodens; unebenes Gelände.
Les accotements (d'une route).	Die Banketten, die Berme.
L'affluent de droite, de gauche.	Der rechte, linke Neben(Zu)fluß.
Les alentours.	Die Umgegend.
L'aqueduc; le ponceau.	Der Aquädukt, die Wasserleitung; der Durchlaß.
L'arche.	Der Brückenbogen.
L'arête.	Der Kamm, Grat.
L'avant-terrain.	Das Vorgelände.
Le bac; à traille.	Die Fähre, der Prahm; die Seilfähre.
La baie, l'anse.	Die Bucht.
Le ballon; ayant la forme de ballon.	Der Ballon, Belchen; ballonförmig.
La barrière à bascule.	Der Schlagbaum.
Le bassin.	Das Flußbecken, Flußgebiet.
La berge; d'une vallée.	Der Uferrand; der Thalrand.
Le bief.	Die Kanalhaltung.
Le bois; la forêt considérable; forêts aménagées; landes; bouquets d'arbres; tail-	Das Gehölz, die Beholzung, der Wald; der Wald, die Waldung; Forsten; Haiden; Gehölze; Gebüsche;

lis ; aménagements ; clairières ; la lisière d'un bois ;

percées ; laies ; le fourré, les halliers ; le bois feuillu ; le bois résineux (conifères) ; la futaie ; les broussailles.

La borne milliaire, kilométrique ; borne-limite.
Le bourbier.
Le bourg.

La bruyère.
La campagne ; en rase campagne.
La carrière ; l'ardoisière.

Le carrefour ; l'étoile dans un bois.

La cascade.
Le champ ; les champs ; champ cultivé ; labouré.

Le château.

Le chaume.
La chaussée.
Le chemin ; creux ; encaissé ; de culture ; de forêt (sans issue) ; de halage ; muletier ; de traverse ; vicinal ; la contre-allée. La route empierrée ; chaussée de

Schonungen, Anpflanzungen, junges Holz; Waldblößen, Lichtungen; der Waldrand, Waldsaum, Buschsaum; Durchhaue; Wildbahnen; das Dickicht, Unterholz; das Laubholz; das Nadelholz; der hochstämmige Wald; das Buschwerk, Gesträuch.
Der Meilen-, Kilometerstein; Grenzstein.
Die Kothpfütze(lache).
Der (Burg)Flecken; Marktflecken.
Die Haide; das Haidekraut.
Das Land, freie Feld; auf offnem Felde.
Der Steinbruch; der Schieferbruch.
Der Kreuz(Scheibe)weg, die Straßenkreuzung; die Sternallee.
Der Wasserfall.
Das Feld; das Land, die Flur; bebautes Feld; gepflügtes Feld.
Das Schloß, Herrschaftsgebäude.
Das Stoppelfeld.
Der Damm.
Der Weg; Hohlweg; eingeschnittner Weg; Flur(Feld-, Acker)weg; Wald(Holz)weg; der Leinpfad; Saumpfad; Richtweg; Landweg; Sommerweg. Die Steinstraße, Chaussee; Knüppelweg

rondins; route macadamisée.	(damm); die Schlagbahn, Schlagsteinchaussee.
La chênaie.	Der Eichenbestand.
Le cirque; la cuvette.	Das Kesselthal; das Muldenthal, muldenförmiges Thal.
La clôture;	Die Umfassung, Umzäunung, Einfriedigung, der Zaun;
le treillage;	die Stakete.
La cluse.	Die Klause, der (die) Klamm, die enge Schlucht.
Le col; la chaîne de jonction; le défilé de montagne.	Der Sattel, die Einsattlung; das Gebirgsjoch; der (Gebirgs)Paß.
La communication; par eau; par terre.	Die Verbindung; Wasserverbindung; Straßenverbindung.
Le cône (de montagne); de déjections.	Der Bergkegel, Kegelberg; der Schuttkegel, die Geröllmasse.
La configuration du sol; la nature du sol.	Die Bodengestaltung; Bodenbeschaffenheit.
Le confluent.	Der Zusammenfluß, die Mündung.
Les contreforts.	Die Ausläufer, Vorberge, Vorstufen.
La côte (de montagne); (de la mer).	Die Berglehne, der Abhang; die (Felsen)Küste.
La coupure de terrain (la zone); la ligne de démarcation séparant les coupures; le terrain coupé.	Der Abschnitt im Gelände; der Geländeabschnitt; das durchschnittene Gelände.
Le courant.	Die Strömung, der Strom.
La courbe; les sinuosités.	Die Krümmung; die Windungen.
Le cours d'eau.	Der Wasserlauf.
La croisée de routes.	Die Wegkreuzung.

Les cultures.	Der Anbau, bebautes Land.
Déboucher.	Einmünden.
Le défilé : Ponts, gués, digues, isthmes (pas), portes, routes dans les forêts ou villages, défilés dans les montagnes. L'entrée, le débouché d'un défilé.	Der Engweg, das Defilee: Brücken, Furten, Dämme, Landengen, Thore, Straßen durch Wälder oder Dörfer, Gebirgspässe. Der Eingang zu einem Engwege, der Ausgang aus einem Engwege (Paßausgang).
Le détroit.	Die Meerenge.
La digue; maritime; la coupure pour le passage des voitures.	Der Damm; der Deich; die Scharte.
Les eaux courantes, stagnantes; les eaux souterraines.	Die fließenden, stehenden Gewässer; das Grundwasser.
L'écharpe (de l'accotement de route).	Die Mulde.
L'écluse (voir p. 174).	Die Schleuse.
L'embouchure.	Die Mündung.
L'émissaire.	Der Ausläufer.
L'éperon.	Der Gebirgsvorsprung.
L'estuaire.	Die weite Flußmündung.
L'étang; à poisson.	Der Teich; Weiher.
L'étiage; l'échelle d'étiage; la base des mesures hypsométriques (la mer Baltique).	Der niedrigste Wasserstand; der Pegel; die Normalnull.
L'étranglement d'une vallée; d'une route.	Die Thalenge; die Wegeverengerung.
Le faîte;	Der Gebirgsrücken, die Kamm(Höhen)linie; die
la ligne de faîte.	Wasserscheide.
La falaise.	Der Küstenfelsen, schroffes Gestade.
La ferme;	Der Bauer-, Meier-, Pacht-

avec dépendances.	hof; das Gehöfte.
Le figuré du terrain; les objets fixes du terrain.	Die Darstellung des Geländes; die Terraingegenstände.
Le fleuve, la rivière.	Der Strom, der Fluß, je nachdem die Strömung mehr oder weniger reißend und die Wassermenge mehr oder weniger bedeutend ist; das Bett, der Fluß(Ufer)rand; der Boden; die Flußsohle; die Stromschnellen; der Strudel, Wirbel.
le lit; la berge; le fond; le thalweg; les rapides; le remous.	
La fondrière.	Das Schlammloch, Morastloch.
Le fossé de décharge.	Der Seiten(Abzugs)graben.
Le garde-fou.	Das Brückengeländer.
La gare; initiale; terminale; la gare d'évitement; le poste à la gare; le chef de gare.	Der Bahnhof; die Kopfstation; die Endstation; die Ausweichestelle; die Bahnhofswache; der Bahnhofsinspektor(vorstand).
Le glissement des terres.	Der Erdrutsch.
Le glacier.	Der Gletscher.
La gorge.	Die Schlucht, der Paß.
Les gradins.	Die Terrassen.
La grève.	Der Strand, das sandige Ufer.
La grille.	Das Gitter.
Le gué; passer à gué; à cheval; guéable.	Die Furt; durchwaten; durchreiten; durchwatbar, gangbar.
La haie; vive.	Die Hecke; die Dornenhecke.
Le hameau.	Der Weiler.
Les hauteurs (montagnes, monts, collines, hauteurs);	Die Höhen (Gebirge, Berge [mehr als 1,000 Fuß über dem Grunde], Hügel [bis 1,000 Fuß], Anhöhen [bis 100 Fuß];
le flanc; flanc escarpé;	die Berglehne; die Berg-

le sommet; sommet arrondi; le pic; l'aiguille; la dent; le pied, la base; le versant;

la chaîne de montagne; la chaîne de collines; le pays montueux; l'arête; la crête; le massif; le nœud;

la terrasse; le point culminant du col, de la crête.
L'hôtel de ville.
La houblonnière.
L'île; la presqu'île.
Inaccessible; infranchissable.
L'isthme; la langue de terre.
La jachère.
Le jardin potager; le verger.
La jetée.
La jonchère.
Le lac; sans écoulement visible.
Les lacets; les relais (d'une route qui monte en zigzags).
La lande.
La limite d'un champ.
La latitude; au 20° de latitude N.; la longitude; au 45° de longitude E.

wand; der Gipfel; die Kuppe; die Spitze; die Nabel; das Horn; der Fuß, Untergrund, Höhenfuß; der Abhang, die Abdachung, Seite, Halde, der Hang; die Bergkette; der Höhenzug, Hügelzug; das Hügelland; der Grat; der Kamm, First; der Gebirgsstock; der Gebirgsknoten; die Bergstufe, Terrasse; die Paßhöhe, Kammhöhe.

Das Stadt-, Rathhaus.
Der Hopfengarten.
Die Insel; die Halbinsel.
Unzugänglich, unersteiglich; unübersteigbar.
Die Landenge; die Landzunge.

Das Brachland.
Der Gemüsegarten; der Obstgarten.
Der Hafendamm.
Das Röhricht.
Der (Land-)See; der Binnensee.
Die Windungen einer aufsteigenden Straße; die Bergrasten.
Die Haide, das Haideland.
Der Feldrain.
Die Breite; auf dem 20. Grad nördlicher Breite; die Länge; auf dem 45° östlicher Länge.

La levée de terre.	Der Erbdamm, die Erbaufschüttung.
La lieue.	Die Wegstunde.
La ligne de partage.	Die Wasserscheide.
La localité ; (l'endroit habité).	Die Oertlichkeit; die Ortschaft.
La mairie.	Die Bürgermeisterei, das Gemeindehaus.
La maison forestière ; la maison de garde-voie ; la maison de garde-barrière.	Das Forsthaus, die Försterei; Bahnwärterhaus; Chaussee(wärter)haus.
Le mamelon.	Der abgerundete Hügel.
Le marais ; le marais salant.	Der Sumpf, das Marschland; der Salzteich.
La mare.	Die Lache, der Tümpel, die Pfütze.
Le marécage ; maréca-[geux.	Der Morast; morastig.
La marée montante ; descendante ; marée haute ; basse ; le mouvement périodique de la marée.	Die Fluth; die Ebbe; hohes Wasser ; niedriges Wasser; die Gezeiten.
La marnière.	Die Mergelgrube.
La mer.	Das Meer, die See.
Le mille.	Die (deutsche) Meile (7,5325 Meter).
La mine (d'extraction) ; le mineur (civ.) ; la galerie ; le puits de mine.	Das Bergwerk; der Bergmann; der Stollen; der Schacht.
La montagne ; jusqu'à 2000 pieds ; de 2000 à 4000 pieds ; de 4000 à 6000 pieds ; au-dessus de 6000 pieds. La région montagneuse.	Das Gebirge; Niedergebirge; Mittelgebirge; Alpengebirge; Hochgebirge. Die Gebirgslandschaft.
La montée ; d'un pont.	[Auffahrt. Die Steigung, Stiege; die
La motte de terre.	Die Erbscholle.
Le moulin à vent : à ca-	Die Windmühle: die hollän-

lotto mobile ; à tréteaux et en bois. Le moulin à bras ; à vapeur. Moulin à eau : à auges ; à vannes ; flottant.

Le niveau ; différences de niveau ; le niveau de la mer.
Le nœud de routes ; de chemins de fer.
Objets fixes sur le terrain : leur représentation par signes conventionnels ; leur légende ; le signe d'abréviation.
Les ondulations du terrain ; à larges ondulations.
S'orienter ; la faculté de s'orienter ; soldat s'orientant facilement.
La passerelle.
Le pâturage.

La pente (d'un cours d'eau) ; d'une route, la rampe ; d'un terrain ; l'angle de pente ; le diapason des pentes ; la pente de 20-40° ; de 10-20°. La pente douce, penchante ; accentuée, inclinée, rapide, raide, escarpée, verticale, surplombante.
Perméable ; imperméable ; étanche.

bische Mühle; die Bockmühle Die Handmühle.
Dampfmühle. Wassermühle: oberschlächtige; unterschlächtige Mühle; auf einem Flusse festgeankerte Mühle.
Die wagerechte Ebene; Höhenunterschiede; der Meeresspiegel.
Der Straßenknotenpunkt; Eisenbahnknotenpunkt.
Die Geländegegenstände: ihre Bezeichnung, Zeichen, Signaturen; die Zeichenerklärung; das Abkürzungszeichen.
Die Landwellen, wellenförmige Erhebungen im Gelände; breitwellig.
Sich zurecht finden, orientiren; das Findungsvermögen; ein findiger Soldat.
Der Steg, die Laufbrücke.
Das Weideland, die Hütung, Trift.
Das Gefälle; die Neigung, die Steigung; die Abdachung, Böschung; der Böschungswinkel; das Böschungsverhältniß; der Abfall; der Abhang. Sanfter, flacher, praller, stark geneigter, steiler, jäher, schroffer, senkrechter, überhängender Abhang.
Durchlässig; undurchlässig; wasserdicht.

Le phare.	Der Leuchtthurm.
La plage; les galets.	Der Strand; die Uferkiesel.
La plaine; basse;	Die Ebene; das freie Feld, das Blachfeld; die Tiefebene, das Tiefland; das
haute;	Hochland, die Hochfläche; die
le plateau;	Hochebene, die Bergebene
le pays plat.	(200 Fuß); das Flachland.
Le pli de terrain.	Die (Terrain)Geländefalte.
Le point de repère; les points cardinaux.	Der Richtpunkt; die Himmelsgegenden.
Le pont de chemin de fer.	Die Eisenbahnbrücke.
Le port; fluvial; maritime; militaire; de commerce.	Der Hafen; Flußhafen; Seehafen; Kriegshafen; Handelshafen.
Le poteau indicateur.	Der Weg(Hand)weiser.
La prairie, le pré; vallée garnie de gazon; prairie artificielle.	Die Wiese; die Thalwiese; Rieselwiese.
Praticable; impraticable.	Gangbar, wegbar; ungangbar, unwegsam.
Le précipice.	Der Absturz (40.—50°).
Le promontoire.	Das Vorgebirge. Cap.
Le puits; à bascule; à poulie.	Der Brunnen; Feldbrunnen; Ziehbrunnen.
Le ravin; la ravine; raviné.	Die Schlucht; die Runse, das Bergwasser, das Rinnsal; eingerissen.
Le récif; les brisants.	Die Klippe, das Riff; die Brandung.
La région; montueuse.	Die Gegend; das Hügel-(Berg)land.
Le remblai; de chemin de fer.	Der Erddamm; die Erdaufschüttung; der Eisenbahndamm.
Le remous.	Der Strudel, Wirbel.

Les réserves (d'une forêt).	Der Forstbestand.
Le ressaut (dans un fossé); naturel.	Der Ueberfall; der Bodenabsatz.
La rigole.	Die Rinne, der Abzugskanal.
La rive; la rive gauche; la rive opposée; la rive nord; le chemin de fer de la rive droite.	Das Ufer; das linke Ufer; das jenseitige, andre, gegenüberliegende Ufer; das nördliche Ufer; die rechte Uferbahn.
La rivière (voir *fleuve*); le cours supérieur, moyen, inférieur.	Der Fluß; der Oberlauf; Mittellauf, Unterlauf.
Le rocher; la paroi de rocher; le défilé de rochers; rocailleux.	Der Felsen; die Felswand; das Felsdefilee; felsig, steinig.
Le rond-point.	Das Rondel.
La rose des vents; N.-N.-E. ¹/₄ N.	Die Windrose; N. N. O. gen N.
Le roseau; la roselière; le jonc; les joncs des dunes.	Das Schilfrohr; das Röhricht; das Rohr; die Binsen.
La route (grande); la chaussée de la route; la route de combat; la route militaire; la route de grande communication; route de montagne; route pavée; route stratégique. La réparation de routes; la mise en état d'une route.	Die (Land)Straße, die Chaussee; die Fahrbahn; der Gefechtsweg; der Kolonnenweg, die Etappenstraße; Nebenstraße; Gebirgsstraße; Pflasterstraße; Heerstraße. Die Wegebesserung; die Fahrbarmachung.
Le ruisseau.	Der Bach.
Le sable; sable mouvant (sec); les sables mouvants (dans les eaux); la sablière; la carrière à gravier.	Der Sand; Flugsand; Triebsand, Saugsand; die Sandgrube; Kiesgrube.

Le saule; la saulaie.	Die Weide; das Weidicht.
Le sémaphore.	Der Küstentelegraph.
Le sentier; à pente rapide; pour chevaux; de muletier.	Der Fußweg, (Fuß)Pfad; Fußsteig; Reitsteig; Saumpfad.
Le sol; l'élévation du sol; la dépression du sol; la surface du sol; les accidents du sol; le sol argileux, marécageux, sablonneux.	Der Boden, das Erdreich; die Bodenerhebung; Bodensenkung; die Erdoberfläche; (Boden)Unebenheiten; lehmiger, sumpfiger, sandiger Boden.
Le sommet (v. *hauteurs*).	Der Gipfel.
La source; rivière formée par des sources; sortant d'un glacier.	Die Quelle; der Quellfluß; der Gletscherfluß.
Le tablier d'un pont.	Die Brückendecke, die Brückendielung, der Brückenbelag.
Le talus; talus d'éboulement.	Die Böschung; die Trümmerhalde, der Schuttkegel, das Geröll.
Le terrain; terrain en avant d'une position; latéral; circonvoisin.	Das Gelände, Terrain; Vorgelände; Seitengelände; Umgelände.
La viabilité.	Die Gangbarkeit, Wegbarkeit; bewaldetes, beholztes; durchschnittenes; bedecktes; offenes, freies; gangbares; ungangbares; weiches Gelände (Weichland): Sümpfe, Moräste, Brüche, Moose, Moore, nasse Wiesen, Wiesen. Der Torfstich.
Le terrain boisé; coupé; couvert; découvert; praticable; impraticable; mou: marais, marécages, terrains marécageux couverts de broussailles, couverts de mousse, tourbières, prés humides, prairies. La tourbière en exploitation.	
Le terrain varié. Le dos de terrain. Le figuré du	Wechselndes Gelände. Der Landrücken. Die Terrain-

terrain.	zeichnung. Geländedarstellung.
Les terres labourables.	Das Pflug(Acker)land, Ackerfeld.
La terrasse.	Die Bergstufe, Bergterrasse.
La terre vierge ; rapportée ; meuble ; tassée.	Der gewachsene Boden ; aufgeschütteter Boden ; lockerer Boden ; gesenkter Boden.
Le tertre.	Der Erdhaufen, Bühl.
Le thalweg.	Die Thal(Fluß)sohle.
Le torrent. [min).	Der Gießbach, Bergstrom.
Le tournant (d'un che-	Die Wendung, Windung.
La tranchée (d'un chemin).	Der Einschnitt.
La traverse, chemin de traverse.	Der Richtweg.
Le trottoir ; d'une rue.	Der Seitenweg ; der Bürgersteig.
La tuilerie.	Die Ziegelei.
L'usine ; à gaz.	Die Fabrik, die Mühle; die Gasfabrik.
La vallée ; vallée d'érosion ; vallée de fracture ; les hauteurs formant la vallée.	Das Thal, der Grund, Thalgrund; eingerissenes Thal; Durchbruchsthal; die Thalränder.
La vallée fluviale ; longitudinale ; transversale ; le vallon.	Das Flußthal; Längenthal; Quer(Neben)thal; das kleine Thal.
Le viaduc.	Der Viadukt, die Wegüberführung.
La vigne, le vignoble.	Der Weinberg, Weingarten.
La zone.	Der Abschnitt im Gelände.

Armement.

Bewaffnung.

La baïonnette, le sabre-baïonnette se compose de la lame avec la soie,	Das (Haubajonnett) Seitengewehr besteht aus Klinge nebst Angel, Griff und Pa-

la poignée et le quillon. Dans le bout supérieur de la poignée se trouve le ressort qui presse sur le tenon. Croiser la baïonnette; mettre la baïonnette au canon; remettre la baïonnette.

La carabine; la carabine de rempart.

La cartouche; cartouche à blanc; à balle. (Voir *Annexe*.)

Le casque (à pointe);

la crinière; le pot-en-tête.

La cuirasse.

La dragonne (en argent); (en cuir); le gland de la dragonne.

L'épée est composée de la lame, de la poignée et du fourreau. La lame est composée du tranchant, de la cannelure, du dos, de la pointe et de la soie. — La poignée contient le montant, la croisée, la coquille et la garde. Les cannelures de la poignée. — Le fourreau se compose du collier et du bout.

Le porte-épée.

Le pommeau de l'épée.

rirstange. Im Kopf des Griffs liegt die Haltefeder, welche auf den Haltestift drückt.

Das Gewehr fällen; das Seitengewehr aufpflanzen; Seitengewehr an Ort bringen.

Die Büchse; der Karabiner, die Wallbüchse.

Die Patrone; blinde (Platzpatrone); scharfe Patrone.

Der Helm, die Pickelhaube (der Infanteriehelm, Artilleriehelm); der Haarbusch; die Sturmhaube.

Der Küraß.

Das Portepee; der Schlag-(Faust)riemen; der Degenquast, die Degentrobbel.

Der Degen besteht aus Klinge, Gefäß und Scheide.

Die Klinge besteht aus der Schneide, der Blutrinne, dem Rücken, der Spitze und der Angel. —

Das Gefäß zerfällt in Griff, Parirstange, Stichblatt und Bügel.

Das Gewinde. —

Die Scheibe hat oben eine Einfassung, das Mundblech, und unten eine Einfassung, das Ortband. Das Degengehänge (der Hängeriemen).

Der Degenknopf.

Le ceinturon d'officier.	Die Degenkoppel.
La munition, c'est-à-dire le projectile, la poudre et l'amorce.	Der Schießbedarf, die Munition, nämlich: Geschoß, Pulver und Zündung.
Le sabre; la croisée; la coquille; la branche de la garde; la lame (voir *l'épée*); la monture; la poignée; le porte-sabre; le pommeau; le quillon.	Der Säbel; die Parirstange; das Stichblatt (der Korb); der Handbügel; die Klinge; das Säbelgefäß; der Säbelgriff; die Säbeltasche; der Säbelknopf; die Kreuzstange am Säbelgefäß.
Le ceinturon.	Die Säbelkoppel.

Habillement. — Bekleidungsstücke.

Les aiguillettes; la fourragère.	Die Achselschnüre; die Fangschnüre, an der Kopfbekleidung befestigt.
La bordure.	Der (Schnur-, Borten-) Besatz.
La botte; le soulier lacé.	Der Stiefel; der Schnürschuh.
La boucle; l'agrafe, la porte.	Die Schnalle; der Haken, die Oese.
Le bouton; à numéro; la boutonnière; la rangée de boutons.	Der Knopf; der Nummerknopf; das Knopfloch; die Knopfreihe.
La broderie.	Die Stickerei.
La casquette d'officier.	Die Offizierdienstmütze.
La ceinture.	Die Leibbinde.
Le coutil; le treillis.	Der Zwillich; der Drillich.
La couture; du pantalon.	Die Naht; die Hosennaht.
La cravate; le col.	Das Halstuch; die Halsbinde.
L'écharpe.	Die Schärpe.
L'épaulette; la tresse, la torsade d'épaule.	Das Epaulett; das (Feld) Achselstück.
Le fer du talon de botte.	Das Hufeisen.

Le galon (de laine); en or; en argent.	Die Litze; die goldene, silberne Tresse.
La guêtre.	Die Kamasche.
La jugulaire du béret; du casque.	Das Sturmband; der Sturmriemen.
Les nids d'hirondelle (pour tambours et clairons).	Die Schwalbennester der Spielleute.
Le paletot (de caoutchouc).	Der Paletot von Kautschuk.
La pantoufle.	Der Pantoffel, der Morgenschuh.
Le parement.	Der Aufschlag.
Le passepoil.	Der Vorstoß.
La patte d'épaule.	Die Schulter(Achsel)klappe.
La tenue.	Der Dienstanzug.

Effets d'habillement des troupes prussiennes. — **Bekleidungsstücke der preußischen Truppen.**

Le béret de police avec cocarde.	Die Feldmütze mit Kokarde.
La tunique.	Der Waffenrock (Koller der Kürassiere; Attilas der Husaren; Ulankas der Ulanen).
La jaquette de treillis pour simples soldats.	Die Drillichjacke für Gemeine.
Le col.	Die Halsbinde.
Le pantalon de drap. Le pantalon de coutil. Le caleçon. Le manteau.	Die Tuchhose. Die leinene Hose. Die Unterhose. Der Mantel.
Les gants de peau pour sous-officiers. Les gants de drap pour simples soldats. Les couvre-oreilles. Les bottes de fan-	Die Lederhandschuhe für Unteroffiziere. Die Tuchhandschuhe für Gemeine. Die Ohrenklappen. Die Infanteriestiefeln.

tassin. Les souliers la-cés. Les demi-semelles avec pièces pour talons.
La chemise.

Die Schnürschuhe.
Die Halbsohlen nebst Absatzflecken.
Das Hemd.

L'équipement.

Le bidon avec gobelet en fer-blanc.
La brosse; à graisser; à cirer; à astiquer; à nettoyer le tonnerre.
Le ceinturon; la plaque.
La corde à fourrages.

Die Ausrüstung.

Die Feldflasche mit Trinkbecher von Blech.
Die Bürste; Schmierbürste; Wichsbürste; Putzbürste; der Kammerreiniger.
Der Leibriemen; das Schloß.
Die Fouragierleine.

Effets d'équipement des fantassins en Prusse.

Le casque en cuir avec garnitures de métal, cocarde et jugulaire.
Le sac avec ses courroies.

Le ceinturon avec porte-sabre et plaque. La musette.
Le bidon.
La dragonne. Le gamelon avec sa courroie.
Les outils portatifs de pionniers (hachettes, pioches et bêches) avec étui. La bretelle, le bouchon, le couvre-

Ausrüstungsstücke der preußischen Fußtruppen.

Der lederne Helm mit metallenem Beschlag, Kokarde und Sturmriemen.
Der Tornister mit dem Traggerüst (Rückenstück und Trageriemen).
Der Leibriemen mit Säbeltasche und Schloß. Der Brodbeutel (mit Brod, Messer und Löffel). Die Feldflasche. Die Säbeltroddel. Das Kochgeschirr mit Riemen. Das tragbare Schanzzeug (Feldbeile, Kreuzhacken und Spaten) mit Futteral. Der Gewehrriemen, der Mündungsdeckel, die Korn-

hausse, le couvre-mire du fusil.	kappe, die Visirkappe.
Le jeu d'accessoires.	Die Reservetheilbüchse.
La boîte à graisse.	Die Fettbüchse.
La giberne ; giberne postérieure avec 40 cartouches, chacune des 2 gibernes de devant contient 30 cartouches ; total : 100 cartouches à balle par homme.	Die Patrontasche; die hintere mit 40 Patronen, die beiden vorderen jede mit 30; im ganzen mit 100 scharfen Patronen.
La patience.	Die Knopfgabel.
Le sac du fantassin prussien contient M / 87 : 1 caleçon (soit pantalon en toile) ; 1 chemise, 1 paire de souliers lacés ; les chaussettes russes (soit 1 paire de bas); la trousse de couture ; 2 boîtes en fer-blanc pour la graisse, l'huile de pied de bœuf, le tripoli, etc. ; 3 boîtes de viande conservée, de légumes conservés, du biscuit avec sachets pour le sel et le café dans la musette du sac ; 1 livre de cantiques; le livret de solde; brosse à habits; brosse à cirer; brosse à graisser ; brosse à cirage.	Der Tornister des preußischen Fußsoldaten enthält: Unterhose (leinene Hose); Hemd; Schnürschuhe; Fußlappen (Strümpfe); Nähzeug; 2 Blechbüchsen mit Putzzeug; 3 Fleischbüchsen, Gemüsekonserven, Zwieback mit Salz- und Kaffeebeutel im Tornisterbeutel; Gesangbuch; Löhnungsbuch; Kleider- und Stiefelbürste; Schmier- und Auftragbürste.

Grades et emplois militaires.	Militärische Grade. Militärpersonen.
Hiérarchie dans l'armée allemande.	**Rangordnung im deutschen Heere.**
Officiers généraux.	Generalität.
Le maréchal.	Feldmarschall.
Le quartier-maître gén^{al}.	Generalquartiermeister.
Le colonel-général.	Generaloberst.
Le grand-maître d'artillerie.	Generalfeldzeugmeister.
Le général commandant de corps d'armée.	Kommandirender General (General der Infanterie, der Kavallerie, der Artillerie).
Le général de division.	Generallieutenant.
Le général de brigade.	Generalmajor.
Officiers supérieurs.	Stabsoffiziere.
Le colonel (chef d'un régiment).	Oberst (Regimentskommandeur).
Le lieutenant-colonel.	Oberstlieutenant.
Le chef de bataillon, d'escadron.	Major.
Le capitaine d'infanterie; le capitaine de cavalerie.	Der Hauptmann; der Rittmeister.
Officiers subalternes.	Subalternoffiziere.
Le lieutenant.	Der Premierlieutenant.
Le sous-lieutenant.	Der Sekondlieutenant.
Le courrier de cabinet.	Der reitende Feldjäger.
Sous-officiers portant la dragonne d'officier.	Unteroffiziere mit dem Offiziersportepee.
Sergent-major artificier;	Oberfeuerwerker;

sergent-major; maréchal des logis chef; sergent-major en second; maréchal des logis chef en second; garde d'artillerie; garde du génie; enseigne porte-épée; chef de musique; maitre clairon; maitre trompette; timbalier; vétérinaire; aide-vétérinaire de 1re classe; maréchal des logis chef de la gendarmerie; aspirant-payeur ayant rang de sergent-major.

Feldwebel; Wachtmeister; Vizefeldwebel; Vizewachtmeister;

Zeugfeldwebel; Wallmeister; Portepeefähnrich; Stabshoboist; Stabshornist; Stabstrompeter; Pauker; Roßarzt; Unterroßarzt 1. Klasse; Gendarmerie-Wachtmeister;

Zahlmeister-Aspirant mit Feldwebelsrang.

Sous-officiers ne portant pas la dragonne d'officier.

Ont rang de sergent: Sergent; artificier; maréchal-ferrant en premier; aide d'hôpital en premier; aide-vétérinaire de seconde classe; gendarmes; garde d'artillerie en second; aspirant-payeur ayant rang de sergent.

Ont rang de caporal ou de brigadier: caporal; brigadier; caporal de chasseurs; musiciens, clairons des chasseurs et des tirailleurs de la garde; trompettes; aide d'hôpital; tambour-ma-

Unteroffiziere ohne das Offizierportepee.

Mit Sergeantenrang: Sergeant; Feuerwerker; Oberfahnenschmied; Oberlazarethgehülfe; Unterroßarzt 2. Klasse; Gendarmen; Zeugsergeant; Zahlmeister-Aspirant mit Sergeantenrang.

Mit Unteroffiziersrang: Unteroffizier; Oberjäger; etatsmäßige Hoboisten, Hornisten der Jäger und Gardeschützen; Trompeter; Lazarethgehülfe;

jor et tambour-maître; clairon dans l'artillerie à pied, au corps du génie et dans le régiment des ouvriers militaires des chemins de fer; maréchal ferrant; maitre boulanger; aspirant-payeur ayant rang de caporal; maitre-ouvrier du train.

Les simples soldats: premiers soldats; sous-aides d'hôpital; simples soldats; tambours, fifres et clairons; boulangers militaires; infirmiers; ouvriers du train; brancardiers; élèves des écoles d'aspirants-sous-officiers; soldats employés comme travailleurs.

Regiments- und Bataillons-tambour; Hornist der Fuß-artillerie, der Pioniere und des Eisenbahn-Regiments;

Fahnenschmied;
Oberbäcker;
Zahlmeister-Aspirant mit Unteroffiziersrang;
Oberhandwerker des Trains

Gemeine:
Obergefreite; Gefreite;
Unterlazarethgehülfen;
Gemeine; Spielleute;
Militärbäcker;
Krankenwärter;
Handwerker des Trains;
Krankenträger; Unteroffi-zierschüler;
Arbeitssoldaten

Corps de santé.

Le médecin en chef de l'armée (grade de général de division).

Le médecin principal de 1re classe (grade de colonel).

Le médecin principal de 2e classe (grade de lieutenant-colonel).

Le chirurgien en chef de 1re classe (grade de commandant).

Sanitätskorps.

Generalstabsarzt der Armee (mit Generallieutenants-rang).

Generalarzt 1. Klasse (mit Rang als Oberst).

Generalarzt 2. Klasse (Rang als Oberstlieutenant).

Oberstabsarzt 1. Klasse (Rang als Major).

Le chirurgien en chef de 2ᵉ classe (grade de capitaine).	Oberstabsarzt 2. Klasse (Rang als Hauptmann).
Le chirurgien-major (grade de capitaine).	Stabsarzt (Rang als Hauptmann).
L'aide-major de 1ʳᵉ classe (grade de lieutenant).	Assistenzarzt 1. Klasse (Rang als Premierlieutenant).
L'aide-major de 2ᵉ classe (grade de s.-lieutenant).	Assistenzarzt 2. Klasse (Rang als Sekondlieutenant).
L'aide-médecin.	Unterarzt (Rang als Portepee=Unteroffizier).
L'étudiant en médecine, engagé conditionnel d'un an (grade de sergent-major).	Einjähriger freiwilliger Arzt (Rang als Portepee=Unteroffizier).

Assimilés.	Militärbeamte.
Employés en chef : employés supérieurs : intendants ; sous-intendants ; adjoints d'intendance ; aumôniers ; membres du parquet militaire.	Obere Beamte: Höhere Beamte: Militär=Intendanten; Intendanturräthe; Intendantur=Assessoren; Geistliche; Auditeure.
Employés subalternes : commis aux écritures de l'intendance ; commis de 2ᵉ classe ; archivistes d'intendance et aides-archivistes ; l'inspecteur des musiques militaires ; les vétérinaires de corps d'armée et vétérinaires en premier ; les commis aux écritures du génie et les	Subalternbeamte: Intendantursekretaire; Intendantursekretariats=Assistenten; Intendanturregistratoren und Registratur=Assistenten; der Armee=Musikinspizient; die Korps= und Oberroßärzte; Fortifikationssekretaire und Büreauassistenten;

aides-commis; les greffiers du parquet militaire; le pharmacien en chef; les pharmaciens de corps d'armée. Employés inférieurs: les armuriers de l'artillerie de campagne; les bedeaux militaires; les selliers; les armuriers; les pharmaciens et élèves-pharmaciens.

Gerichtsaktuare;

Oberapotheker;
Korps-Stabsapotheker.

Untere Beamte:
Die Waffenmeister der Feldartillerie;
die Militärküster;
Sattler; Büchsenmacher; Unterapotheker und Pharmazeuten.

Les officiers se distinguent des simples soldats et des sous-officiers par une écharpe en argent, et, à l'exception des officiers de hussards, par des torsades d'épaule, ou par des épaulettes; ils ne portent ces dernières que pour la tenue de bal et pour la grande tenue.

Les épaulettes indiquent la différence des grades: les généraux les portent à gros grains d'argent; les officiers supérieurs à franges d'argent; les capitaines et les officiers subalternes sans cet ornement. Pour distinguer encore davantage la différence des grades, il y a dans

Die Offiziere unterscheiden sich von den Gemeinen und Unteroffizieren durch eine silberne Schärpe und mit Ausnahme der Husarenoffiziere durch Achselstücke, oder durch Epauletts, welche letztere nur zur Gala und zum Paradeanzuge getragen werden.

Die Epauletts zeigen die verschiedenen Grade an, und zwar tragen: die Generale solche mit silbernen Raupen; die Stabsoffiziere mit silbernen Franjen; die Hauptleute und Subalternoffiziere ohne diese Verzierung.

Zu weiterer Unterscheidung der verschiedenen Grade dienen goldne und silberne

l'écusson de l'épaulette des étoiles d'or et d'argent: les généraux de brigade, les commandants et les sous-lieutenants n'ont pas d'étoile; les généraux de division, les lieutenants-colonels et les lieutenants ont une étoile; les généraux commandants de corps d'armée, les colonels et les capitaines ont deux étoiles; les colonels-généraux et les généraux grands-maîtres de l'artillerie ont trois étoiles; les maréchaux ont deux bâtons de commandement croisés dans l'écusson des épaulettes.

Dans le service ordinaire et en campagne, les généraux et les officiers de tout grade et de toutes armes, à l'exception des officiers de ulans et de hussards, remplacent les épaulettes par des pattes sur les deux épaules.

Les pattes consistent, pour les généraux, en une torsade en or; pour les officiers supérieurs, en une torsade en ar-

Sterne in den Epauletten-feldern und zwar hat: der Generalmajor, der Major und der Sekondlieutenant keinen Stern; der Generallieutenant, der Oberstlieutenant und der Premierlieutenant einen Stern; der kommandirende General, der Oberst und der Hauptmann zwei Sterne; der Generaloberst und der Generalfeldzeugmeister drei Sterne; der Generalfeldmarschall zwei kreuzweis über einander liegende Kommandostäbe in den Feldern der Epauletten.

Im gewöhnlichen Dienst und im Felde haben die Generale und Offiziere aller Grade und Waffen, mit Ausnahme der Ulanen- und Husaren-Offiziere, anstatt der Epauletten, Achselstücke auf beiden Schultern anzulegen.

Dieselben bestehen für Generale in goldnem Flechtwerk; für Stabsoffiziere in silbernem Flechtwerk mit den Stern-Gradabzeichen;

gent, avec les étoiles, insignes de leur grade; pour les capitaines de toutes les armes et les capitaines de cavalerie, et pour les officiers subalternes, en un galon d'épaulette, avec passe-poil de la couleur du drap de l'écusson de l'épaulette, portant le numéro du régiment et les étoiles, insignes du grade.

es médecins et aides-médecins volontaires portent, sur la tunique et sur le paletot, des pattes avec tresse de bordure en argent et un caducée en or, à l'épée la dragonne en argent. Tous les médecins supérieurs portent le caducée en or dans l'écusson de l'épaulette en velours bleu foncé, de même que sur la patte l'épaule.

für Hauptleute, Rittmeister und Subalternoffiziere in einer Epaulettentresse mit dem Vorstoß von der Farbe der Epaulettenfelder, den Regiments-Nummern und den Stern-Gradabzeichen.

Die freiwilligen Aerzte und Unterärzte tragen auf Waffenrock und Paletot Achselklappen mit silberner Einfassungstresse und einen goldenen Aeskulapstab, am Degen das silberne Portepee. Sämmtliche oberen Aerzte tragen den goldnen Aeskulapstab auf dem Epaulettenfelde von dunkelblauem Sammt, sowie auf dem Achselstück.

Sujets militaires.

Fortification.

La fortification est l'art e disposer un terrain de

Die Befestigungskunst.

Der Zweck der Befestigungskunst ist, einem Orte

manière à en faciliter la défense.

La fortification passagère se borne à tirer le meilleur parti possible des ressources du moment, pour obtenir un résultat utile en temps opportun. La fortification permanente, préparée de longue main, met à profit toutes les ressources de l'art et de l'industrie pour donner au terrain un degré absolu de force, défini à l'avance.

La fortification passagère n'emploie guère que des retranchements en terre, composés d'un parapet et d'un fossé. Ces deux éléments dépendent l'un de l'autre, car le déblai du fossé doit fournir le remblai du parapet, en tenant compte du foisonnement des terres.

On distingue dans le parapet: le talus de banquette, la banquette, le talus intérieur, la ligne de feu ou crête intérieure, la plongée, la crête

eine solche Gestalt zu geben, daß er leichter vertheidigt werden kann.

Die Feldbefestigungskunst beschränkt sich darauf, aus dem augenblicklich verwendbaren Hülfsmitteln den bestmöglichsten Nutzen zu ziehen, um zur rechten Zeit vortheilhafte Erfolge zu erzielen. Die permanente Befestigung, welche lange im Voraus vorbereitet wird, wendet alle Hülfsmittel der Kunst und des Gewerbefleißes an, um dem Grund und Boden einen im Voraus bestimmten vollständigen Höhepunkt der Vertheidigungsfähigkeit zu geben.

Bei der Feldbefestigung wendet man fast nur Erdschanzen an, die aus einer Brustwehr und einem Graben bestehen. Diese beiden Hauptbestandtheile sind von einander abhängig; denn die Ausschachtung muß die Anschüttung zur Brustwehr hergeben, wobei die Schwellung des Bodens mit in Anschlag gebracht wird.

In der Brustwehr wird unterschieden: der Bankettanlauf, das Bankett, die innere Böschung, die Feuerlinie oder innere Brustwehrkrete, die Abdachung oder Brustwehr-

extérieure, le talus extérieur et la berme ; dans le fossé : les talus d'escarpe et de contrescarpe et le fond du fossé.

Les lignes sont l'ensemble d'éléments défensifs, tels que : coupure, tenaille, flèche, redan, lunette, redoute, fort bastionné ; le dernier nécessite de grands mouvements de terre, mais il a l'avantage presque exclusif de n'offrir ni angle mort ni secteur privé de feux.

On doit s'efforcer de défiler le terre-plein des ouvrages des vues et du feu de l'ennemi.

On y parvient au moyen d'une bonne assiette de la fortification, c'est-à-dire en pliant son tracé au terrain.

Il ne faut guère compter sur la surélévation du profil, car on est alors conduit à des reliefs exagérés ou même à la construction laborieuse de traverses.

krone, die äußere Brustwehrkrete, die äußere Brustwehrböschung und die Berme; in dem Graben: die Eskarpe (innere Böschung), die Kontreskarpe (äußere Böschung) und die Grabensohle.

Die Verschanzungslinien bestehen aus der Gesammtheit der Vertheidigungsbestandtheile, wie: Abschnitt, Zange, Scheere, Flesche, Brille, Redoute und bastionirte Schanze; letztere erfordert bedeutende Erdarbeiten, hat aber den fast ausschließlichen Vortheil, weder todte Winkel, noch unbestrichene Räume darzubieten.

Vor Allem muß darauf gesehen werden, daß das Innere der Schanzen gegen Einsicht (direktes Feuer) von vorliegenden Höhen geschützt ist.

Um dieses Ziel zu erreichen, muß man der Befestigung eine gute Lage geben, d. h. sich beim Riß derselben nach Grund und Boden richten.

Man darf kaum auf die Ueberhöhung der Feuerlinie rechnen; denn dies würde zu übermäßigen Erhöhungen über die Grundebene und selbst zum mühsamen Aufwerfen von Traversen (Querwällen) führen.

Les lignes se divisent en lignes continues, lignes à intervalles et lignes mixtes.

Les ponts se défendent au moyen de têtes de pont et sont protégés par des ostacades contre les corps flottants lancés par l'ennemi.

Les défenses accessoires ajoutent beaucoup à la valeur défensive des ouvrages; les plus usitées sont : les trous de loup, les abatis, les chausse-trapes, les planches à clous, les petits piquets, les chevaux de frise, les palissades, les palanques, les fraises, les fils de fer tendus horizontalement, les fougasses-pierriers, etc.

On ne doit pas non plus négliger de tendre des inondations, lorsqu'on peut le faire aisément et qu'on n'a pas à craindre que les digues soient saignées.

Il existe une sorte de retranchements dont le profil est très-simple et dont la valeur se fait mieux sentir de jour en

Die Linien werden in ununterbrochene, durch Zwischenräume unterbrochene und gemischte Linien abgetheilt.

Die Brücken werden durch Brückenköpfe vertheidigt und durch Absperrungen gegen schwimmende Gegenstände geschützt, welche der Feind auf sie lostreiben lassen könnte.

Die Annäherungshindernisse vermehren bedeutend die Vertheidigungsstärke der Schanzen. Die gebräuchlichsten sind: Wolfsgruben, Verhaue, Fußangeln, Sturmbretter, Cäsarpfähle, spanische Reiter, Hinderniß-Palissaden (Palanken), Sturmpfähle, Drahthindernisse, Steinflatterminen u. s. w.

Man darf auch nicht unterlassen, Anstauungen zubeschaffen, wenn man es leicht thun kann und nicht zu fürchten hat, daß die Dämme vom Feinde durchstochen werden.

Es gibt noch eine Art Verschanzungen, deren Querschnitt sehr einfach ist und deren Werth von Tag zu Tage mehr gefühlt wird; wir mei-

jour; je veux parler des retranchements de champ, de bataille dont le plus simple est la tranchée-abri; viennent ensuite le retranchement expéditif et le retranchement rapide.

nen die Schlachtfeldverschanzungen, unter denen der Jägergraben die einfachste ist; dann kommen die schnell in Stand gesetzten und die flüchtig aufgeworfenen Verschanzungen.

Les deux grands systèmes de fortification permanente usités aujourd'hui sont : le système bastionné et le système polygonal. Tous deux sont, en majeure partie, d'origine française ; cependant, le deuxième système, dû à Carnot, Montalembert, Chasseloup-Laubat, etc., porte aussi le nom de système allemand, parce que l'idée des inventeurs, repoussée en France, a été accueillie en Allemagne.

Les éléments de la fortification permanente sont : le bastion avec ses faces et ses flancs, son saillant, ses angles d'épaule et ses angles rentrants, sa gorge, la courtine, les contre-gardes, les demi-lunes, les chemins couverts avec leurs

Heutzutage werden zwei Hauptbefestigungsweisen angewandt: das Bastionssystem und das Polygonalsystem. Beide sind größtentheils französischen Ursprungs; doch heißt das zweite, welches wir einem Carnot, Montalembert, Chasseloup-Laubat und Andern verdanken, auch das deutsche System, weil der in Frankreich verworfene Gedanke der Erfinder in Deutschland mit Beifall aufgenommen und angewandt worden ist.

Die Hauptbestandtheile der beständigen Befestigung sind die Bastion mit ihren Facen und Flanken, ihrem ausgehenden Winkel (Bastionsspitze), ihren Schulter- und Flankenwinkeln, ihrer Kehle; ferner die Kurtine, die Kontregarden, die Halbmonde, die bedeckten Wege mit ihren aus-

places d'armes saillantes et rentrantes, et les glacis.

Le talus d'escarpe est souvent soutenu par des voûtes en décharge, qui offrent sur un mur plein l'avantage de fournir des abris et de rendre plus difficile l'exécution d'une brèche praticable.

La demi-lune et les places d'armes rentrantes ont généralement des réduits: il en est de même des bastions d'attaque. Souvent les bastions voisins possèdent de hauts retranchements intérieurs, nommés cavaliers, dont le commandement est considérable. Quelquefois, les réduits sont de simples blockhaus.

Les pièces d'artillerie tirent à barbette ou à embrasure, ou encore elles sont casematées et protégées par des portières en cordage, ou par des blindages.

Les terres sont soutenues, quand leur talus l'exige, par des revêtements en fascines, en gabions, en saucissons,

gehenden und eingehenden Waffenplätzen und den Feldabbachungen (Glacis).

Die innere Grabenböschung wird oft durch Vertheidigungs-Dechargenrevetements gestützt, welche todtem Revetement vorzuziehen sind, weil sie geschützte Stellungen bilden und das Eröffnen einer gangbaren Bresche erschweren.

Der Halbmond und die eingehenden Waffenplätze sind meistens mit Redüits versehen; dies ist auch der Fall mit den Angriffsbastionen. Oft befinden sich in den benachbarten Bastionen hohe innere Abschnitte, Kavaliere (Katzen) genannt, zu dominirendem Feuer. Zuweilen sind die Redüits einfache Blockhäuser.

Die Kanonen feuern von offnen Geschützbänken, oder durch Schießscharten, oder auch von kasemattirten Geschützständen und sind durch Tauvorhänge oder durch Blendungen geschützt.

Wenn der Böschungswinkel es erfordert, so gibt man der Erdanschüttung Halt durch Bekleidung mit Faschinen, Schanzkörben, Bohlen, Hür-

en claies, en pisé, en sacs à terre, en charpente, en pierres sèches, en gazons ou en maçonnerie.

Presque toutes les places fortes possèdent un réseau de galeries de mines, qui se complètent, au moment du besoin, par des rameaux et des écoutes et permettent de gêner ou de détruire les établissements de l'ennemi par explosion de fourneaux de mines.

Les communications se font à ciel ouvert ou souterrainement; elles consistent en rampes, pas-de-souris, poternes, ponts-levis, caponnières simples ou doubles, etc.

Le système des places fortes isolées est aujourd'hui peu en faveur. On leur préfère généralement des camps retranchés avec des forts isolés ou reliés entre eux, dont la place n'est que le réduit.

Les opérations principales de l'attaque d'une place sont : l'investissement, l'établissement des lignes de contrevallation

ben, Plackagen, Erbsäcken, Zimmerwerk, trockenem Mauerwerk, Kopfrasen oder gewöhnlichem Mauerwerk.

Die Festungen sind fast alle mit einem Netzwerk von Minengängen versehen, welches, wenn der Augenblick dazu gekommen ist, durch Zweige und Horchminengänge vervollständigt wird; diese Gänge verstatten den Belagerten, durch Sprengen von Minenöfen die feindlichen Anlagen zu hindern oder zu zerstören.

Die Kommunikationen sind entweder über- oder unterirdische; sie bestehen aus Rampen, Grabentreppen, Schlupf- (Ausfall-) Thoren, Zugbrücken, flankirenden Koffern u. s. w.

Das System der alleinstehenden Festungen steht heutzutage in geringem Ansehen. Man zieht ihnen meistens verschanzte Lager vor mit alleinliegenden oder unter sich verbundenen Forts, für welche der Hauptwall nur das Reduit abgibt.

Die Hauptarbeiten beim Angriff einer Festung sind: Einschließung (Berennung), Anlage der Circumvallations- und Contravallationslinien,

et de circonvallation, l'exécution des parallèles et des boyaux de cheminements en zigzag défilés de la place, l'établissement des batteries de plein fouet et d'enfilade et des batteries de mortiers, le couronnement du chemin couvert, la descente de fossé, etc., la construction des batteries de brèche et des contre-batteries, etc.	Ausführung der Parallelen und das Vortreiben der im Zickzack laufenden Annäherungswege, die Aufstellung der Demontir- und Enfilir-Batterieen, sowie der Mörserbatterieen, die Krönungs- sappe mit Bresche- und Kontre-Batterieen, die Grabendescente u. s. w.
Ces divers travaux s'exécutent à la tranchée simple, à la sape volante, à la sape pleine, dans laquelle on distingue la sape simple, la sape double, la sape demi-double et la sape sans formes, en galeries de mines, etc.	Diese verschiedenen Arbeiten werden mit flüchtiger Erdsappe, flüchtiger Korbsappe und völliger Sappe (wobei man die einfache, doppelte, halbdoppelte und formlose Sappe unterscheidet), ferner mit Minengängen u. s. f. ausgeführt.
Il ne reste plus alors qu'à faire la brèche, à exécuter le passage de fossé et à donner l'assaut. Si l'assaut réussit, on s'assure la possession du sommet de la brèche au moyen d'un nid de pie, et l'on est maître du corps de place.	Es bleibt jetzt nur noch übrig, Bresche zu schießen, den Grabenübergang zu bewerkstelligen und Sturm zu laufen. Gelingt der Angriff, so bemächtigt man sich des höchsten Punktes der Bresche mittelst eines Logements über der Bresche und man ist Meister des Hauptwalls.
Il faut admettre qu'une place bien approvision-	Man muß als Grundsatz annehmen, daß eine gut mit

née et bien défendue ne peut être prise sans cette succession d'opérations.

Le bombardement, odieux pour celui qui l'emploie, doit être impuissant à lui livrer la place.

D'ailleurs, les pouvoirs que confère au commandant l'état de siége, lui permettent de ne pas céder aux supplications de la population civile.

Une ville forte n'est pas la propriété de ses habitants, c'est le bien de l'État.

Bouic,
Capitaine du génie.

Mund- und Kriegsvorrath versehene u. wohlvertheidigte Festung nicht ohne diese auf einander folgenden Operationen erobert werden kann.

Das Bombardement, ein gehässiges Mittel für den, der dazu seine Zuflucht nimmt, darf auf keinen Fall genügen, die Festung in seine Gewalt zu bringen.

Die Machtvollkommenheit, welche der Belagerungszustand dem Platzkommandanten verleiht, erlaubt ihm, den flehentlichen Bitten der Bürgerschaft um Uebergabe nicht nachzugeben.

Eine Festung ist nicht das Eigenthum ihrer Bewohner, sondern sie gehört dem Staate (ist ein Staatsgut).

Copie

d'un ordre trouvé dans un village des bords de la Loire.

Abschrift

eines in einem Dorfe an der Loire gefundenen Befehls.

Ordre pour l'Abtheilung du 3 janvier 1871.

A 2 heures du matin.
1° Le premier échelon de la colonne sera, ce

Abtheilungs-Befehl vom 3. Januar 1871.

Nachts 2 Uhr.
1. Die 1. Kolonnenstaffel steht heute früh halb 9 Uhr an

matin à 8 heures et demie, tout attelé et prêt à partir.

2° Les deux ambulances (5 et 11) se trouveront, ce matin à 8 ½ heures, à Saint-Ay, la tête à la grande route pour y joindre la 2e *Abtheilung* d'artillerie à pied et le détachement sanitaire, quand ils passeront par Saint-Ay.

3° La colonne du 2e échelon, ainsi que les colonnes des subsistances, du train des voitures et du corps de pontonniers se mettront en marche, en partant à midi de Meung, et régleront, en conséquence, l'heure du départ de leurs différents cantonnements.

4° La compagnie de pionniers se tiendra, dès 8 ¼ heures, prête à quitter ses cantonnements, pour se mettre à la tête des trois batteries à cheval, quand ces dernières passeront par ses cantonnements.

5° Le relai de Saint-Ay restera dans cet endroit.

gespannt zum Abrücken bereit.

2. Die 2 Lazarethe (5 u. 11) stehen heute früh halb 9 Uhr in St. Ay mit der Tete an der Chaussee, um sich daselbst der 2. Fuß-Abtheilung und dem Sanitäts-Detachement bei dessen Durchmarsch durch St. Ay anzuschließen.

3. Die Kolonne der 2. Staffel, sowie die Proviant- und Fuhrparks-Kolonne und Ponton-Kolonne treten ihren Marsch um 12 Uhr von Meung aus an und haben hiernach aus ihren verschiedenen Kantonnements die Abmarschzeit zu regeln.

4. Die Pionier-Kompagnie hat sich von ein Viertel auf 9 Uhr ab in ihrem Kantonnement marschbereit zu halten, um sich an die Tete der reitenden Abtheilung zu setzen, wenn diese ihr Kantonnement passirt.

5. Das Relais in St. Ay verbleibt daselbst.

6° et 7° Il faut observer le plus grand secret au sujet des marches des jours suivants.

8° Les fourriers chargés des logements ne doivent précéder la troupe qu'à partir de Baulle.

9°, 10° et 11° Les bagages suivront les détachements des troupes pendant leur marche.

12° Distribution des cantonnements pour aujourd'hui : l'état-major de l'*Abtheilung* et la 1ʳᵉ colonne de munition d'infanterie à Villorceau et à Monthemol ; le détachement sanitaire à Villevert; la 2ᵉ colonne de munition d'artillerie à Ville-Chaumont ; la 3ᵉ colonne de munition d'artillerie au Petit-Bonvalet et au Grand-Bonvalet ; la 5ᵉ ambulance à Pierre-Couverte ; la 11ᵉ ambulance aux Grottes. La 1ʳᵉ colonne de munition d'infanterie et la 3ᵉ colonne de munition d'artillerie se partageront éventuellement les cantonnements à La Bordière. Toutes ces communes sont situées entre

6. u. 7. Die Märsche in nächster Zeit sind auf das Geheimste zu behandeln.

8. Quartiermacher dürfen erst von Baulle aus vorangeschickt werden.

9., 10. u. 11. Die Bagage folgt den Truppentheilen während des Marsches.

12. Quartiervertheilung für heute: Stab der Abtheilung und 1. Infanterie-Munitions-Kolonne nach Villorceau und Monthemol; das Sanitäts-Detachement nach Villevert; die 2. Artillerie-Munitions-Kolonne nach Villechaumont; 3. Artillerie-Munitions-Kolonne nach Petit- und Grand-Bonvalet; 5. Feldlazareth nach Pierre-Couverte; 11. Feldlazareth nach les Grottes. La Bordière ist eventualiter von der 1. Infanterie-Munitions-Kolonne und 3. Artillerie-Munitions-Kolonne zu theilen. Die sämmtlichen Orte liegen zwischen den Straßen Beaugency-Chateaudün, nordwestlich von Beaugency.

les routes de Beaugency et de Châteaudun, au nord-ouest de Beaugency.

Les colonnes du second échelon, de même que les colonnes de pontonniers, des subsistances et du train des voitures, seront cantonnées à Meung, et, tant qu'il sera nécessaire, dans les localités situées à l'est de cette ville. On pourra occuper les cantonnements à la Navelle et aux Marais, en tant qu'ils ne seront pas occupés par les colonnes dépendantes du commandant en chef.

La compagnie des pionniers sera informée de ses cantonnements par l'état-major de l'*Abtheilung* à cheval; cet état-major prendra ses logements à Serqueu-Château, à l'ouest de Beaugency.

13° Les fourriers du 1er échelon, des deux ambulances et du détachement sanitaire se présenteront, pendant leur passage par Baulle, auprès de l'état-major de

Die Kolonnen der 2. Staffel, sowie die Ponton-Kolonne, Proviant-Kolonne und Fuhrparks-Kolonne quartieren nach Meung und, soweit es nothwendig, nach den östlich davon gelegenen Orten. La Navelle und les Marais kann belegt werden, soweit es von den Kolonnen des General-Kommando's nicht belegt ist.

Die Pionier-Kompagnie erfährt ihr Quartier vom Stabe der reitenden Abtheilung, welcher in Serqueu-Château, westlich Beaugency, Quartier bezieht.

13. Die Quartiermacher der 1. Staffel, 2 Lazarethe und des Sanitäts-Detachements melden sich beim Durchmarsch durch Baulle beim Stabe der Kolonnen-Abtheilung, um von dort aus gemeinsam aus-

l'*Abtheilung* de la colonne, pour partir ensemble dudit endroit.

P. O. (Par ordre.)

Signé *Eichmann*,
Lieutenant et aide-de-camp (adjudant).

A présenter rapidement :

1º A la 3ᵉ compagnie de pionniers de campagne.

Présenté à 3½ heures du matin, expédié à 4 heures moins 20 minutes.

Signé *Bertram*,
Sergent-major.

2º A la 2ᵉ colonne de mun'tion d'infanterie.

Présenté à 5 heures du matin, expédié immédiatement.

Signé *Caspari*,
Capit. et comm. de colonne.

3º A la 3ᵉ colonne de munition d'infanterie.

Présenté à 6¾ heures du matin, expédié à 7¼ heures, le 3 janv. 1871.

Signé *Schulze*
Sergent-major.

zureiten.

A. B. (Auf Befehl.)
Gez. Eichmann,
Lieutenant u. Adjutant.

Circulirt schleunigst vor.

1. Bei der 3. Feld-Pionier-Kompagnie.

Präs. halb 4 Uhr früh und weiter 10 Minuten nach halb 4 Uhr.

Gez. Bertram,
Feldwebel.

2. Bei der 2. Infanterie-Munitions-Kolonne.

Präs. 5 Uhr Morgens und weiter sofort.

Gez. Caspari,
Hauptm. und Kol.-Kommand.

3. Bei der 3. Infanterie-Munitions-Kolonne.

Präs. 6¾ Uhr Morgens exp. 7¼ Uhr am 3/1. 71.

Gez. Schulz
Feldwebel.

4° A la colonne de pontonniers.

(N'a pas été visé.)

Remarque. Le prince Frédéric-Charles, afin de se jeter sur Chanzy, concentra rapidement (comm. janvier 1871) le 8ᵉ corps d'armée en le dirigeant sur Beaugency, le 9ᵉ corps en l'envoyant à Orléans; le 10ᵉ était dans les environs de Blois (la 20ᵉ division, Kraatz-Koschlan, de ce corps occupait Vendôme sur le Loir); le 13ᵉ corps d'armée occupait les environs de Chartres.

Le 6 janvier on comptait commencer les grandes opérations contre l'Ouest, avec la ligne du Loir comme base; on voulait préparer ainsi une marche concentrique en avant vers le Mans, centre des positions françaises.

(*Rüstow*, Guerre de 1870-1871.)

Dans son numéro du 2 janvier 1871, le *Times* a publié la lettre sui-

4. Bei der Ponton-Kolonne.

(Ohne Visa geblieben.)

Bemerkung. Prinz Friedrich Karl konzentrirte, um sich auf Chanzy zu stürzen, schleunigst (Anfangs Januar 1871) das 3. Armeekorps auf Beaugency, das 9. Armeekorps auf Orleans, das 10. stand um Blois — die 20. Division, Kraatz-Koschlan, von demselben hielt Vendome am Loir, — das 13. Armeekorps die Gegend von Chartres.

Am 6. Januar sollten von der Linie des Loir aus die großen Operationen gegen Westen eröffnet werden; und man wollte ein konzentrisches Vorbringen gegen den Mittelpunkt der französischen Positionen, le Mans, einleiten.

(Rüstow, Krieg v. 1870-71.)

In ihrer Nummer vom 2. Januar 1871 veröffentlichte die „Times" folgenden

vante de son correspondant au quartier général prussien à Orléans, sur le

Service des avant-postes.

Quelque pénible qu'il soit pour les malades et pour les pauvres d'Orléans et des villages environnants de supporter les rigueurs de la saison, il y a cependant d'autres hommes que le devoir expose aux atteintes de la gelée et de l'âpre vent d'hiver.

Le service des avant-postes dans l'armée est extrêmement dur, quand il fait mauvais temps; cependant les corvées des piquets et des patrouilles sont de celles que les Allemands exécutent avec le plus de rigueur, parce que les avantages qui dérivent de leur stricte exécution dépassent de beaucoup les difficultés et les souffrances qui les accompagnent.

Tant que les avant-postes et les patrouilles de cavalerie veillent, l'armée peut se reposer

Brief ihres Berichterstatters aus dem preußischen Hauptquartier Orleans über den

Vorpostendienst.

Wie beschwerlich der strenge Winter auch für die Kranken und für die Armen in Orleans und in den umliegenden Dörfern sein mag, so sind doch auch noch andere Leute bei der Erfüllung ihrer Pflicht dem scharfen Froste und dem schneidenden Winterwinde ausgesetzt.

Der Vorpostendienst im Felde ist äußerst beschwerlich bei schlechtem Wetter; und doch gehört der Feldwachen- und Streifwachendienst zu denen, welche die deutschen Soldaten mit der größten Genauigkeit verrichten, weil die Vortheile, welche man aus der strengen Ausführung dieses Dienstes zieht, in hohem Grade die Schwierigkeiten und Beschwerden überwiegen, welche nothwendig damit verbunden sind.

So lange die Vorposten und die Kavallerie-Patrouillen wach sind, darf das Heer in voller Sicherheit der Ruhe

en toute sécurité. Elle dort les yeux ouverts.

Le règlement a posé certains préceptes quant au service des avant-postes, pour servir de direction générale à l'armée prussienne; mais, à cet égard, comme pour tous les autres devoirs des militaires en campagne, on fait comprendre aux officiers que tous les règlements sont sujets à des modifications suivant les circonstances. On ne permet à aucun officier de dire, pour se justifier, qu'il a agi suivant des instructions imprimées ou écrites. On demande à chaque homme, dans l'armée prussienne, qui a un brevet, d'être intelligent et d'employer son jugement dans toutes les occasions. Ce qui caractérise cette nation, c'est que, pendant que d'autres armées imitaient encore le système de Frédéric II, la Prusse a regardé autour d'elle et s'est demandé: «Qui sont ceux que j'aurai probablement pour ennemis? Il faut que j'étudie leurs

pflegen. Die Soldaten schlafen mit offenen Augen.

Das Militärreglement hat in Bezug auf den Vorpostendienst gewisse Anordnungen vorgeschrieben, welche dem preußischen Heere als allgemeiner Leitfaden dienen sollen. Aber in dieser Beziehung, wie für alle andern Dienstpflichten der Soldaten im Felde, werden die Offiziere darauf hingewiesen, daß alle Dienstvorschriften, den Umständen gemäß, manchen Abänderungen unterworfen sind. Kein Offizier darf zu seiner Rechtfertigung sagen, daß er nach gedruckten oder geschriebenen Vorschriften gehandelt habe. Es wird von jedem Mitgliede des preußischen Heeres, dem ein Patent gegeben ist, verlangt, daß er seines Dienstes kundig und bei jeder Gelegenheit urtheilsfähig ist. Ein bezeichnender Charakterzug dieses Volkes liegt darin, daß Preußen, während andere Heere noch Friedrich's II. System befolgten, um sich blickte und fragte: „Wen werde ich aller Wahrscheinlichkeit nach zum Feinde haben? Ich muß die militärischen Einrichtungen dieser künftigen Feinde kennen lernen und in Friedens-

habitudes militaires et que je voie, pendant la paix, comment il faudra m'opposer à eux pendant la guerre. »

Le lecteur ne doit pas croire que l'exposé, que je vais donner ici du système des Prussiens relatif au service des avant-postes et des patrouilles, ne soit soumis à aucune modification. Au contraire, tout officier qui agirait d'après la lettre et non d'après l'esprit de ses instructions, serait regardé comme indigne de sa place dans l'armée.

Les trois armes, la cavalerie, l'infanterie et l'artillerie, sont employées pour le service des avant-postes, suivant les circonstances : la cavalerie, aux endroits les plus avancés et qui lui sont accessibles, surtout sur les grandes routes et dans les plaines où il y a peu d'obstacles, et pendant le jour; l'infanterie, dans les endroits plus rapprochés, dans les terrains accidentés, et pendant la nuit; l'artillerie, seulement là où des

zeiten die Mittel suchen, mit denen ich ihnen im Kriege Widerstand leisten kann."

Der Leser darf nicht etwa glauben, daß die Übersicht, welche ich hier vom preußischen Vorposten- und Streifwachendienste geben will, durchaus keinen Abänderungen unterworfen ist. Im Gegentheil, jeder Offizier, der seine Verhaltungsbefehle dem Wortlaute und nicht dem Geiste nach ausführen wollte, würde für unwürdig angesehen werden, seine Stelle im Heere auszufüllen.

Je nach den verschiedenen Umständen werden die drei Waffengattungen Kavallerie, Infanterie und Artillerie zum Vorpostendienste angewandt: die Kavallerie bei den am weitesten vorgeschobenen Stellungen, welche für dieselbe zugänglich sind, namentlich auf den Landstraßen und Ebenen, wo sie wenig Hindernisse antrifft, und während der Tageszeit; die Infanterie an dem Heer näher gelegenen Orten, in unebnem Gelände und während der Nacht; die Artillerie nur da, wo besondere Punkte eine gewisse Zeit lang

points particuliers doivent être défendus pendant un certain temps, tels que des défilés, etc., et pour protéger les communications par eau. Dans la plupart des cas, les avant-postes sont fournis par l'avant-garde et par l'arrière-garde.

On veut atteindre un double but par le moyen des avant-postes. D'abord, il s'agit de garder l'armée de toute surprise. Ensuite, il faut se procurer des renseignements sur les mouvements et la position de l'ennemi. On obtient le premier résultat en établissant une chaîne de postes près de l'armée ennemie et en la défendant, s'il est nécessaire, assez longtemps pour assurer au corps d'armée principal le temps qu'il faudra pour se préparer à l'attaque. Comme règle générale, on ne demande pas que les positions, occupées par les avant-postes, soient maintenues d'une manière permanente contre une attaque en force. Autre règle

vertheidigt werden müssen, wie bei Engwegen u. s. w. und wo es sich darum handelt, Verbindungen zu Waſſer zu beschützen. In den meisten Fällen müssen die Mannschaften für die Vorposten von der Vorhut und von der Nachhut gestellt werden.

Es soll vermittelst der Vorposten ein doppelter Zweck erreicht werden. Zuerst handelt es sich darum, das Heer vor jedem Überfalle zu sichern. In zweiter Linie will man sich Auskunft über die Bewegungen und die Stellung des Feindes verschaffen. Ersteres wird dadurch erlangt, daß man eine Wachtpostenkette so nahe als möglich an den Feind vorschiebt und im Nothfall lange genug vertheidigt, um der Hauptheeresabtheilung die nöthige Zeit zu lassen, sich zum Angriffe zu rüsten. Im Allgemeinen wird jedoch nicht verlangt, daß die von den Vorposten besetzten Stellungen dauernd gegen einen Angriff in voller Stärke behauptet werden. Ein anderes allgemeines Prinzip verlangt, daß die kleinen Abtheilungen darauf gefaßt sein müssen, aufgeopfert zu werden, und si-

générale : les petits détachements doivent s'attendre à être sacrifiés, et même ils doivent se sacrifier eux-mêmes toutes les fois que la sécurité de corps plus considérables l'exigera.

Le commandement général des avant-postes est confié à un seul officier, à moins que le terrain à occuper ne soit très-étendu ; dans ce cas, on nomme deux ou plusieurs officiers, chacun d'eux étant chargé d'une section de la ligne. Alors, ils agiront indépendamment les uns des autres ; mais, ils auront toujours soin de se souvenir du but qu'il s'agit d'atteindre. Supposons tous les avant-postes placés sous le commandement d'un seul officier. Il divise ses forces en trois parties distinctes. La première sera formée en piquets, dont chacun se trouve placé sous les ordres d'un officier subalterne ; la seconde servira de réserve pour les piquets ; la troisième sera le corps principal des avant-pos-

müssen sich sogar selbst aufopfern, wenn die Sicherstellung bedeutenderer Truppenkörper Solches erheischt.

Der Oberbefehl über die Vorposten wird einem einzigen Offizier übertragen, außer wenn das zu besetzende Gelände von großer Ausdehnung ist, in welchem Falle zwei oder mehrere Offiziere, von denen jeder einen Abschnitt zugetheilt bekommt, zu diesem Dienst befehligt werden. In diesem Falle handeln sie ganz unabhängig von einander; aber sie dürfen unter keiner Bedingung den Zweck, der erreicht werden soll, aus den Augen verlieren. Setzen wir den Fall, wo alle Vorposten unter dem Befehle eines einzigen Offiziers stehen. Dieser theilt die von ihm befehligten Streitkräfte in drei besondere Sektionen. Die erste wird in Pikets abgetheilt, von denen ein jedes unter den Befehlen eines untergeordneten Kommandirenden steht ; die zweite dient dazu, den Pikets die Ersatzmannschaften zu liefern; die dritte Sektion

tes. Dans l'armée prussienne, l'officier qui commande le tout agira, en règle générale, selon son propre jugement en ce qui regarde la position de ses avant-gardes.

Il est extrêmement rare qu'on lui donne des ordres particuliers. Il décide quel sera le nombre des piquets de nuit et de jour et quelle sera la force des réserves.

Il met un chef à la tête de chaque piquet et lui donne des instructions générales, en lui abandonnant le soin d'établir les différents anneaux de la chaîne qu'il s'agira de mettre devant la position qu'on occupe.

Aussitôt les piquets formés et les hommes placés, il parcourt la ligne extérieure et fait faire les changements qui lui sembleront utiles.

En même temps, il donne des instructions plus détaillées aux sous-officiers qui commandent

bildet das Hauptkorps der Vorposten. Was die Aufstellung der Vorposten anbelangt, so handelt im preußischen Heere der die gesammten Vorposten befehligende Offizier im Allgemeinen nach seinem eigenen Ermessen.

Äußerst selten werden ihm besondere Verhaltungsbefehle gegeben. Die Anzahl der Nacht- und Tagbereitschaften, sowie die Stärke der Ersatzmannschaften hängt von ihm allein ab.

Er stellt einen Kommandirenden an die Spitze jedes Pikets und giebt ihm allgemeine Verhaltungsbefehle, indem er es ihm überläßt, Sorge dafür zu tragen, daß die verschiedenen Glieder der Kette aufgestellt werden, welche er vor die von seinen Truppen besetzte Stellung schieben will.

Sowie die Pikets gebildet und die Leute aufgestellt sind, geht der Offizier an der äußeren Linie hin und läßt die ihm zweckmäßig scheinenden Abänderungen in der Aufstellung derselben treffen.

Zugleich giebt er den die Wachtposten befehligenden Unteroffizieren mehr in's Einzelne gehende Verhaltungsbe-

les piquets. Enfin, il a soin de se mettre en communication avec tous les piquets par le moyen de courriers et d'ordonnances.

Les avant-postes lui font passer ainsi toutes les informations qu'ils possèdent sur l'ennemi; s'il n'y en a pas, l'officier envoie, à la pointe du jour, de fortes patrouilles de reconnaissance, de manière à ne rester, en aucun cas, sans renseignements. Toute nouvelle importante est aussitôt expédiée par l'officier au corps d'armée campé sur ses derrières.

Chaque sous-officier commandant un piquet, fait marcher ses hommes vers le point qui lui est assigné; puis, il place ses sentinelles rapidement et suivant qu'il le juge utile. Il a soin de rester en communication avec les piquets qui se trouvent le plus près de lui; il choisit vite les positions qui doivent être occupées par chacun de ses hommes et les envoie ou

fehle. Endlich wird er die nöthigen Anordnungen treffen, um vermittelst einiger reitenden Boten und Ordonnanzen mit allen Pikets in beständiger Verbindung zu bleiben.

Auf diese Weise lassen die Vorposten ihm alle Nachrichten über den Feind zukommen; haben sie ihm nichts mitzutheilen, so schickt der Offizier bei Tagesanbruch starke Rekognoszirungs-Streifwachen aus, damit er auf keinen Fall ohne alle Nachrichten bleibt. Sowie ihm irgend eine wichtige Nachricht zugeht, muß der Offizier sie augenblicklich dem Hauptkorps zuschicken, welches in seinem Rücken lagert.

Jeder Unteroffizier, der eine Bereitschaft befehligt, läßt seine Mannschaften an den ihm angewiesenen Ort marschiren; dann stellt er schnell seine Schildwachen auf, wie es ihm am zweckmäßigsten erscheint. Er achtet sorgfältig darauf, daß er mit den ihm am nächsten stehenden Pikets in Fühlung bleibt; er sucht rasch die Stellungen aus, welche von jedem seiner Leute besetzt werden sollen; dann schickt oder führt er sie vor

les conduit en avant vers leurs postes, en les plaçant de manière qu'ils soient cachés à l'ennemi, mais visibles à ceux qui doivent les soutenir. Dans certains cas, ils seront nécessairement invisibles à ceux qui les soutiennent; mais alors, on entretient les communications par des hommes qui font des signaux.	wärts an ihren Posten, und stellt sie so auf, daß sie den Blicken des Feindes entzogen, aber denen sichtbar sind, welche sie unterstützen sollen. In gewissen Fällen sind sie nothwendigerweise auch den Unterstützungs-Mannschaften aus dem Gesichte, aber dann werden die Verbindungen durch Signale hergestellt, welche einige von den Leuten zu geben haben.
L'officier économise autant que possible ses hommes, en tenant compte de la nature du terrain et de la nécessité où il se trouve de laisser chaque endroit si bien gardé qu'un chat ne pourrait le traverser sans être vu. Sous aucun prétexte, on ne permet à personne d'étranger à l'armée de passer par les champs pour prendre un chemin de traverse. La grande route seule reste ouverte; on y place deux sentinelles, derrière lesquelles se trouve un piquet de quatre hommes sous les ordres d'un sous-officier intelligent chargé d'examiner les passants. Le devoir de ces piquets	Der Kommandirende geht so sparsam als möglich mit seinen Leuten um, indem er die Beschaffenheit des Geländes berücksichtigt und an die Nothwendigkeit denkt, jeden Punkt so scharf bewachen zu lassen, daß nicht einmal eine Katze ungesehen durchkommen kann. Unter keinem Vorwand darf ein nicht zum Heere Gehörender querfeldein gehen, um einen Richtweg einzuschlagen. Die Landstraße bleibt allein frei; es werden dort zwei Schildwachen aufgestellt, und hinter ihnen ein Piket (der Examinirtrupp) von vier Mann, unter dem Befehl eines gewandten Unteroffiziers, dessen Sache es ist, die Vorbeigehenden auszufragen. Diese Wachen müssen Jedermann, der versuchen

consiste à examiner, à arrêter ou à renvoyer toute personne qui essayerait de passer, à moins que d'autres instructions n'aient été données.

De petits postes d'environ six hommes pourront être placés, suivant qu'il sera nécessaire, soit en avant, soit en arrière de la chaîne des sentinelles. Ces dernières doivent surveiller, avec l'attention et la vigilance les plus soutenues, tous les mouvements de l'ennemi; elles ne doivent pas un seul instant quitter leur poste, ni relâcher d'attention. En temps de paix, les factionnaires se retirent souvent dans leurs guérites, quand le vent est âpre ou quand la pluie tombe; mais la sentinelle d'avant-poste ne peut se laisser aller à un tel sybaritisme, car c'est de sa vigilance que dépend toute la sécurité de l'armée.

Quant aux corps de soutien, l'officier commandant le piquet les place dans une position

sollte sich durchzuschleichen, gleich befragen, anhalten und festnehmen oder zurückschicken, wenn nicht entgegengesetzte Befehle gegeben worden sind.

Kleine ungefähr 6 Mann starke Posten können nach Umständen vor oder hinter der Wachtpostenkette aufgestellt werden. Die Schildwachen müssen mit der größten Aufmerksamkeit und Wachsamkeit alle Bewegungen des Feindes überwachen; keinen Augenblick dürfen sie ihren Posten verlassen, oder aufhören, Alles, was um sie her vorgeht, scharf zu beobachten. In Friedenszeiten ziehen die Wachtposten sich oft in ihre Schilberhäuschen zurück, wenn ein schneidender Wind weht oder wenn es regnet; aber eine Vorposten-Schildwache darf sich solcher Verweichlichung nicht hingeben, denn von ihrer Wachsamkeit hängt die Sicherheit des Heeres ab.

Was die Unterstützungsmannschaften anbetrifft, so werden sie von dem das Piket befehligenden Offizier an ei-

centrale derrière la chaine des sentinelles. La distance doit être de quatre cents pas environ en arrière, si les piquets sont formés de fantassins ; si, au contraire, c'est la cavalerie qui veille, les corps de soutien peuvent être éloignés de douze cents pas. Là encore, il faut de l'intelligence personnelle et de l'éducation militaire pour choisir le poste qui, autant que possible, devrait être à couvert et susceptible d'être défendu.

C'est pour des corvées de cette nature que la cavalerie, disent les Allemands, doit être pourvue d'armes à feu de longue portée. Les corps de secours sont divisés par l'officier en groupes destinés à soutenir les sentinelles et les patrouilles ; il leur donne certaines instructions, dont les plus importantes sont : un silence parfait, pas de cris et pas d'honneurs militaires à rendre. Ils sont en présence de l'ennemi, et le seul

nem Centralpunkte hinter der Postenkette aufgestellt. Sie müssen ungefähr 400 Schritt zurückgeschoben werden, wenn die Bereitschaften aus Fußsoldaten bestehen; wenn im Gegentheil Reiter Wache stehen, so dürfen sich die Unterstützungsmannschaften auf 1200 Schritt von ihnen aufstellen. Auch hierbei wird persönliche Geschicklichkeit u. militärische Bildung vorausgesetzt, wenn es sich darum handelt, die Stellung auszusuchen, welche so viel als möglich gedeckt und vertheidigungsfähig sein muß.

Für Dienste solcher Art, sagen die Deutschen, muß die Kavallerie mit weithin treffenden Schießwaffen versehen sein. Die Unterstützungsmannschaften werden vom Offizier in Rotten eingetheilt, welche dazu bestimmt sind, die Schildwachen und Streifwachen zu unterstützen; er giebt ihnen bestimmte Verhaltungsbefehle, unter welchen die wichtigsten sind: vollständiges Stillschweigen, nicht Ein Laut und keine militärischen Ehrenbezeugungen (Salutiren). Sie stehen vor dem Feinde, und der einzige Gebrauch, den sie

mouvement à faire de leur arme c'est de la planter sur la poitrine de tous ceux qui s'approcheraient sans donner le mot de passe.

A la moindre alerte, les fantassins prennent les armes et les cavaliers sautent en selle.

On pourra allumer un feu, ou peut-être ne le fera-t-on pas ; en tout cas, on ne le fera jamais sans la permission de l'officier.

La même règle s'applique aux fumeurs.

Les hommes se reposent à tour de rôle, et il se peut même que les chevaux ne reçoivent pas tous à la fois leurs rations.

Pendant la nuit, tout le monde doit être sur le qui-vive, et pendant qu'il fait noir, aucun soldat ne peut ôter son sac, ni débarrasser son cheval de la selle.

Quand le sous-officier a placé ses hommes, il fait un rapport de leur position au commandant des avant postes et. s'il

von ihrer Waffe machen dürfen, besteht darin, daß sie dieselbe auf die Brust aller Derer zücken, welche an sie herankommen, ohne die Losung zu sagen.

Beim geringsten, plötzlichen Lärm ergreifen die Infanteristen die Waffen und sitzen die Kavalleristen augenblicklich auf.

Es mag gestattet werden Feuer anzuzünden, oder es mag auch nicht geschehen; auf keinen Fall darf es jemals ohne Erlaubniß des Offiziers gethan werden.

Dieselbe Vorschrift gilt auch in Bezug auf das Rauchen.

Die Leute legen sich der Reihe nach hin, um sich auszuruhen, und es ist sogar möglich, daß die Pferde nicht alle auf einmal ihren Futterbedarf bekommen.

Zur Nachtzeit ist Jedermann auf seiner Hut und so lange es finster ist, darf kein Soldat den Tornister abhängen oder seinem Pferde den Sattel abnehmen.

Sowie der Unteroffizier seine Leute aufgestellt hat, erstattet er dem Befehlshaber der Vorposten Bericht über ihre Aufstellung, die er, wenn

ie peut, il l'explique par une esquisse au crayon. A partir de ce moment, il est responsable de tout ce qui se passera; il faut donc qu'il s'efforce, par le moyen de patrouilles, de savoir ce que l'ennemi est en train de faire. Pendant la nuit, il reste auprès du corps de soutien, écoutant attentivement le moindre bruit et l'interprétant suivant son expérience militaire. Il ne peut pas s'excuser en disant que ses sentinelles ont été en faute; car un devoir impérieux lui prescrit de se tenir complétement au courant de tout ce qui se passe en face du corps de soutien.	er es zu thun im Stande ist, mit Bleistift skizzirt. Von diesem Augenblicke an ist er für Alles, was um ihn her vorgeht, verantwortlich; er muß also durch Streifwachen zu erfahren suchen, was der Feind jeden Augenblick thut. So lange es Nacht ist, bleibt er bei dem Unterstützungskorps er horcht aufmerksam auf das geringste Geräusch und sucht es sich nach seiner Erfahrung im Kriege zu erklären. Er darf nie zu seiner Entschuldigung sagen, daß seine Schildwachen ihren Dienst vernachlässigt haben; seine unerläßliche Pflicht ist, immer vollständig von Allem unterrichtet zu bleiben, was in der Front des Unterstützungskorps vorgeht.
Il conserve continuellement une patrouille auprès de lui et, s'il entend un coup de fusil, il envoie aussitôt la patrouille en découvrir la cause.	Er behält fortwährend eine Patrouille in seiner Nähe, und sowie er einen Schuß hört, schickt er sogleich die Streifwache hin, um die Ursache des Schusses zu erfahren.
S'il y a une colline, une tour ou un arbre solé près de lui, il faut qu'il y place un ou deux hommes, pour dominer tout le pays environnant.	Befindet sich ein Hügel, ein Thurm oder ein allein stehender Baum in seiner Nähe, so muß er dort einen oder zwei seiner Leute aufstellen, damit diese das ganze umliegende Gelände übersehen können.

S'il est attaqué, son devoir est de résister aussi longtemps que possible, pour faire gagner du temps aux troupes derrière lui et pour leur permettre de se préparer au combat. Il fait tirer une salve pour donner l'alarme; puis, il fera employer la baïonnette, surtout la nuit, quand on peut tirer peu de profit du fusil.

On place les sentinelles par deux, pour qu'elles se tiennent mutuellement réveillées.

Si l'une d'elles est soudain tuée d'un coup de baïonnette, l'autre aura le temps de donner l'alarme.

Si elles voient quelque chose d'insolite, l'une d'elles retourne auprès de l'officier pour faire son rapport. Autour de ces lignes de veilleurs, on fait souvent passer des patrouilles de deux ou de trois hommes; des patrouilles de découverte, composées de deux ou de trois hommes, se glissent avec

Wird er angegriffen, so ist es seine Schuldigkeit, so lange als möglich Widerstand zu leisten, damit die hinter ihm stehenden Mannschaften etwas Zeit gewinnen und sich zum Gefechte rüsten können. Er läßt eine Gewehrsalve abfeuern, um Lärm zu schlagen; dann befiehlt er seinen Leuten, nur das Bajonett zu gebrauchen, besonders zur Nachtzeit, wenn man nur geringen Nutzen aus dem Gewehr ziehen kann.

Die Schildwachen stellt er zwei zusammen auf, damit sie sich gegenseitig immer wach halten.

Wenn eine von ihnen plötzlich durch einen Bajonettstoß getödtet wird, so hat die andere die nöthige Zeit, die Truppen zu den Waffen zu rufen.

Bemerken sie etwas Ungewöhnliches, so kehrt eine von ihnen zum Offizier zurück, um Bericht zu erstatten. Es müssen häufig aus zwei oder drei Mann bestehende Schleichpatrouillen um diese Wachtpostenlinien herumstreifen; zwei oder drei Mann starke Rekognoszirungs-Patrouillen schleichen vorsichtig vor der Schildwachenlinie hin, um das Gelände kennen zu ler-

précaution en avant de la ligne des sentinelles pour étudier le terrain et pour recueillir les moindres renseignements qu'elles rapportent à l'officier, qui ensuite les relie de manière à en faire un ensemble.

Il faut que ces patrouilles évitent toute lutte ; leur devoir est seulement de recueillir des nouvelles. Jugez quelle intelligence tout cela demande et dites-moi si un soldat peut être trop instruit ?

De temps en temps, une patrouille en force est expédiée pour faire replier celles de l'ennemi et pour surprendre, si c'est possible, un de ses postes.

En observant un silence complet, les hommes avancent en rampant, tirant parti de tout arbre, de tout buisson ou de toute dépression du terrain, écoutant le moindre bruit et s'accroupissant comme des tigres, jusqu'au moment où il faudra prendre l'élan qui donnera la mort. Pas de

nen, und um die geringsten Erkundigungen einzuziehen, welche sie dem Offizier mittheilen, der dieselben dann zu einem Ganzen verbindet.

Diese Streifwachen müssen jeden Kampf vermeiden und nur Erkundigungen einziehen. Man denke sich, welche Umsicht dies Alles erfordert, und man frage sich, ob ein Soldat zu unterrichtet sein kann?

Von Zeit zu Zeit wird eine zahlreiche Patrouille ausgeschickt, um die feindlichen Streifwachen zurückzudrängen und, wo möglich, einen der Vorposten des Feindes zu überfallen.

Die Mannschaften beobachten das vollständigste Stillschweigen, kriechen langsam vorwärts, machen sich jeden Baum, jeden Busch oder jede Vertiefung im Boden zu Nutze, horchen auf das geringste Geräusch und bücken sich nieder wie die Tiger, bis der Augenblick gekommen ist, wo sie aufspringen, um dem Feinde den Todesstoß zu geben. Dann fällt

coup de feu alors! Mais la baïonnette et la crosse du fusil!

Derrière tous les piquets avec leurs corps de soutien, se trouvent les réserves; elles sont assez près pour venir tout à coup au secours, et se placent au point d'intersection des routes et partout où elles pourront rapidement se porter au secours de leurs camarades en danger. On les soustrait autant que possible aux regards de l'ennemi.

En arrière des réserves, se trouve le corps principal des avant-postes sous les ordres du commandant en chef. Il a une garde de quartier et une arrière-garde, qui fournissent les guetteurs. Les fantassins mettent leurs armes en faisceaux; mais ils ne doivent ôter aucun effet d'équipement. Les chevaux de cavalerie restent sellés, ceux d'artillerie gardent leurs harnais.

On place le corps principal de façon qu'il puisse se former en bataille

kein Schuß; aber Bajonett und Flintenkolben thun ihre Pflicht!

Hinter allen Feldwachen und den Unterstützungsleuten stehen die Ersatzmannschaften; letztere sind nahe genug, um augenblicklich zur Hülfe zu eilen; sie werden auf den Kreuzwegen aufgestellt, sowie an allen Punkten wo sie ihren vom Feinde bedrängten Kameraden schnell zur Hülfe eilen können. Diese Ersatzmannschaften werden möglichst den Blicken des Feindes entzogen.

Hinter ihnen steht das Hauptkorps der Vorposten unter den Befehlen des Hauptbefehlshabers. Unter ihm steht eine Quartierwache und eine Hinterhut, aus denen die Späher genommen werden. Die Infanteristen stellen ihre Gewehre zusammen, dürfen aber kein Gepäckstück abhängen. Die Pferde der Kavalleristen stehen gesattelt und die Artilleriepferde bleiben angeschirrt.

Das Hauptkorps wird so aufgestellt, daß es sich, je nach den Umständen, dem Feinde gegen

en face de l'ennemi ou l'attaquer par les flancs, suivant les circonstances. C'est pendant le jour qu'il faut faire la cuisine et donner à boire et à manger aux chevaux: à la moindre alerte, le corps doit être prêt à partir en quelques secondes.

Ce système a été mis en pratique par les Prussiens, depuis bien des années, et le résultat, sur lequel on ne saurait trop insister, se trouve indiqué dans les paroles suivantes du colonel Wright: « Jamais nous ne songeons à demander de quelle façon un ordre a été exécuté; nous savons que cet ordre, une fois donné, sera exécuté avec intelligence. Les officiers français de l'armée de la Loire ne sont pas suffisamment instruits, pour que l'on puisse leur confier des ordres concis, donnés verbalement ou par écrit. »

Tel est le système des Prussiens, et le secret de leurs succès se devine aisément.

über in Schlachtordnung entwickeln oder denselben in der Flanke angreifen kann. Während der Tageszeit müssen die Mannschaften ihre Speisen kochen und die Pferde füttern und tränken; beim geringsten Lärmruf muß das Korps bereit sein, in einigen Sekunden abzumarschiren.

Seit vielen Jahren ist dies System von den Preußen praktisch durchgeführt worden, und der Erfolg desselben, den man nicht genug hervorheben kann, ist in folgendem Ausspruche des Obersten Wright ausgedrückt: „Es kommt uns niemals in den Sinn nachzufragen, in welcher Weise ein Befehl vollzogen worden; wir wissen, daß dieser Befehl, sobald er gegeben ist, mit Einsicht ausgeführt wird. Die französischen Offiziere in der Loirearmee sind nicht hinlänglich ausgebildet, als daß man ihnen kurze, mündlich oder schriftlich gegebene Befehle zur Ausführung anvertrauen kann."

Auf Vorstehendem beruht das preußische System und es ist leicht zu errathen, worin das Geheimniß der preußischen Erfolge besteht.

C'est l'intelligence personnelle et la responsabilité individuelle. Chaque officier et chaque soldat aussi, depuis le grade le plus élevé jusqu'aux derniers rangs, a sa place et ses devoirs qui lui sont assignés, et l'on s'attend à ce qu'il s'en acquitte habilement et avec intelligence.

Une vérité encore: « L'intelligence et l'habileté seules ouvrent, dans l'armée prussienne, la porte à l'avancement. »

Le *Times* du 2 janvier 1871.

Es besteht allein in persönlicher Einsicht und in der Verantwortlichkeit des Einzelnen. Jedem Offizier und ebenso jedem Soldaten, vom höchsten Grade an bis zur untersten Stufe hinab, sind seine Stellung und seine besonderen Berufspflichten angewiesen, und es wird von einem Jeden verlangt, daß er denselben mit Verstand nachkömmt.

Wir fügen nur noch einen wahren Satz hinzu: „Umsicht und Geschicklichkeit allein führt im preußischen Heer zu Beförderung zu einem höheren Grade."

Die Times, vom 2. Jan. 1871.

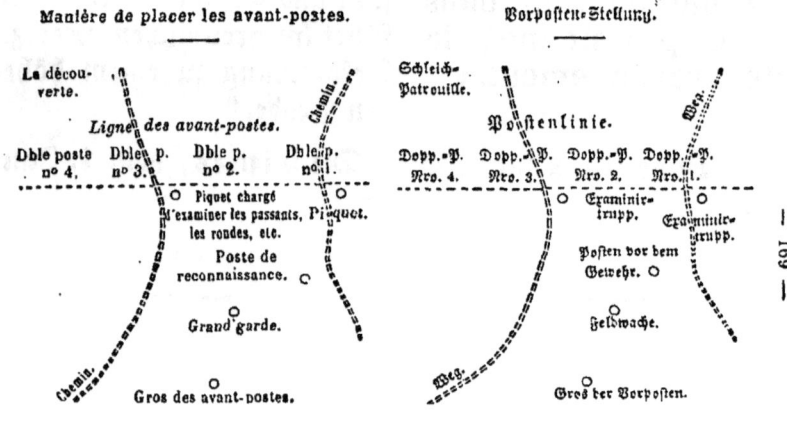

Connaissance du terrain.

En général, le soldat n'aura à s'occuper que de la surface de la terre; quand il examinera le terrain (terme par lequel on désigne la surface de la terre, avec tous les objets fixes qui s'y trouvent), il s'agira pour lui principalement de savoir si le terrain est praticable ou impraticable, ou bien s'il est favorable ou défavorable pour son arme et pour le but qu'il s'agit d'atteindre dans un cas donné.

En général, on dira qu'un terrain est avantageux pour l'infanterie, quand il est coupé et couvert, ce qui veut dire qu'il est coupé de marais, de fossés, et qu'il est couvert de bois et de cultures; tandis que le terrain ouvert et libre, c'est-à-dire la *plaine*, est avantageux pour la cavalerie.

Chaque terrain est divisé en *coupures*; par le terme de coupure d'un terrain, on comprend une partie du terrain délimitée par des hauteurs, des

Terrain-Kenntniß.

„Der Soldat hat es im Allgemeinen nur mit der Oberfläche der Erde zu thun; ihm kommt es bei Betrachtung des Terrains oder Geländes, worunter die Oberfläche der Erde mit allen darauf befindlichen unbeweglichen Gegenständen begriffen ist, hauptsächlich darauf an, ob dasselbe gangbar oder ungangbar, oder ob es für seine Waffe und den eben vorliegenden Zweck günstig oder ungünstig ist.

Für Infanterie ist im Allgemeinen ein durchschnittnes und bedecktes Gelände, worunter man eine Gegend versteht, welche durch Sümpfe, Gräben durchschnitten und von Waldungen und Anbau bedeckt ist, vortheilhaft; für Kavallerie hingegen das offne freie Gelände, die Ebene

Ein jedes Gelände wird durch Abschnitte gegliedert, und man versteht unter einem Abschnitt im Gelände einen Terraintheil, welcher durch Höhen, Flüsse, Moräste u. s. w.

rivières, des marais, etc.; par le terme de coupure, on désigne la ligne de démarcation elle-même.

Parmi les objets qui se trouvent sur un terrain et qui ont le plus d'importance dans la guerre, il faut compter les *défilés*. On comprend par là des passages étroits qu'on ne peut franchir qu'en faisant marcher peu d'hommes de front et qu'on ne peut pas facilement tourner. Tels sont surtout les ponts, les gués, les digues, les passages étroits au milieu des eaux et des marais (pas), les routes passant par des villages et des forêts épaisses, etc.

On appelle *défilé de montagne* un long passage dans des contrées montagneuses, passage qu'on ne peut franchir qu'avec de grandes difficultés.

Les issues d'un défilé s'appellent des *débouchés*; sortir d'un défilé pour entrer en rase campagne, s'appelle déboucher.

Les eaux se divisent

begrenzt wird; unter Terrainabschnitt aber dergleichen Begrenzungen selbst.

Zu den für die Kriegführung wichtigsten Terraingegenständen sind die Defileen zu rechnen.

Hierunter versteht man Engwege, welche nur in schmaler Front überschritten und nicht leicht umgangen werden können.

Es gehören hierzu vorzüglich Brücken, Furten, Dämme, Landengen zwischen Gewässern und Morästen, Straßen durch Dörfer und dichte Wälder u. s. f.

Ein längeres und große Schwierigkeiten darbietendes Defilee in Gebirgsgegenden wird Paß oder Gebirgspaß genannt.

Die Ausgänge eines Defilees heißen Debouchéen, und aus einem Defilee in das freie Terrain marschiren nennt man debouchiren.

Die Gewässer zerfallen in

en eaux *dormantes* (stagnantes) et eaux *courantes*. Les eaux dormantes s'appellent des *lacs*, quand elles se sont formées naturellement et *étangs* quand elles sont établies par la main de l'homme. On en désigne les rives en ajoutant les points cardinaux ou les mots: en deçà et au delà. Quand, au contraire, il s'agit d'eaux *courantes* (fleuves, rivières, ruisseaux), on appelle rive *droite* et rive *gauche*, celle qu'on a à sa droite ou à sa gauche, quand, en tournant le dos à la source, on regarde vers l'embouchure. La dépression du terrain, dans laquelle coule une rivière, s'appelle le *lit* de la rivière; ses délimitations s'appellent les *bords*, le prolongement des hauteurs qui en suivent le cours, s'appelle le *bord de la vallée*, et le terrain situé entre les deux bords de la vallée s'appelle la *vallée fluviale*.

Le passage des rivières s'opère soit par le moyen des *ponts* (ponts en bois,

stehende und fließende.

Die stehenden heißen Seen, sobald sie natürlich, und Teiche, sobald sie künstlich angelegt sind.

Die Ufer derselben werden durch die Himmelsgegend oder durch diesseit und jenseit näher bezeichnet.

Bei den fließenden Gewässern (Strömen, Flüssen, Bächen) hingegen bezeichnet man als das rechte und linke Ufer dasjenige, welches, wenn man von der Quelle nach der Mündung sieht, alsdann zur Rechten oder Linken liegt.

Die Vertiefung, in welcher unmittelbar der Fluß fließt, heißt das Bett, dessen Begrenzungen die Ufer, der den Fluß begleitende Höhenzug Thalrand und das zwischen den beiden Thalrändern befindliche Gelände das Flußthal.

Die Flußübergänge sind entweder Brücken (hölzerne, steinerne, Ketten- und Schiff-

ponts de pierres, ponts suspendus et ponts de bateaux), soit par des *bacs* ou par des *gués*.

Le *terrain mou* se subdivise, suivant le degré plus ou moins grand d'humidité qu'il contient, en marais, en marécages, bas-fonds couverts de broussailles et tourbières, prés humides et prés.

Dans les *hauteurs* (montagnes, monts, collines, côtes) on distingue la *cime* (sommet arrondi) le *pied* et le *versant* (pente). Une suite continue de montagnes et de collines s'appelle une *chaîne de montagnes* ou *de collines*; leur partie supérieure s'appelle la *crête*.

Le *bois* qui couvre un terrain (bois feuillu ou bois résineux), se divise, suivant son étendue, en *forêts* (forêts non cultivées, forêts aménagées, landes), *bois*, *taillis* et *remises* (petites parcelles clôturées dans un bois). On appelle de jeunes plantations dans les forêts: des *réserves*; des endroits découverts: des

brücken) oder Fähren oder Furten.

Das weiche Land zerfällt je nach seiner größern oder geringern Nässe in Sümpfe, Moräste, Brüche und Moore, nasse Wiesen und Wiesen.

An Höhen (Gebirge, Berge, Hügel, Anhöhen) unterscheidet man Kuppe (Gipfel), Fuß und Abhang.

Eine zusammenhängende Reihe von Bergen und Hügeln wird Berg- oder Hügelkette und der oberste Theil derselben Kamm genannt.

Die Beholzung des Bodens (Laub- oder Nadelholz) zerfällt seiner Ausdehnung nach in Wälder (Waldungen, Forsten, Haiden) Gehölz, Gebüsch und Remisen (kleine eingezäunte Waldparzellen).

Junge Waldanpflanzungen werden Schonungen, offene Stellen Waldblößen, der Waldrand oder Waldsaum

clairières; le bord ou la bordure des forêts : la lisière.

Les percées, qui divisent les forêts aménagées en carrés réguliers, s'appellent des clairières ou des laies. Suivant leur direction, on les désigne ordinairement par des lettres majuscules ou minuscules; elles se trouvent à 1,000 pas de distance les unes des autres.

Les *chemins* se divisent en routes d'art (chemins de fer et routes empierrées), chemins vicinaux, chemins de communication, chemins de cultures et sentiers. Ce qui importe surtout, c'est de connaître leur largeur et de savoir s'ils sont praticables. On appelle *route militaire* tout chemin destiné au passage des troupes, que ce soit une route empierrée ou non.

Quant aux *lieux d'habitation*, il importe surtout au soldat de savoir, si les murs en sont en maçonnerie solide ou non.

wird auch wohl Lisiere genannt.

Die Durchhaue, welche Forsten in regelmäßige Quadrate (Jagen) theilen, heißen Gestelle oder Wildbahnen. Sie sind in der Regel je nach ihrer Richtung durch kleine oder große Buchstaben bezeichnet und 1000 Schritt von einander entfernt.

Die Wege zerfallen in Kunststraßen (Eisenbahnen und Chausseen), in Landstraßen, Verbindungswege, Feldwege und Fußwege.

Wichtig ist bei ihnen Breite und Gangbarkeit.

Kolonnenweg nennt man jeden für Truppen bestimmten Weg, derselbe mag gebahnte Straße sein oder nicht.

Bei Wohnplätzen ist es für den Soldaten hauptsächlich wichtig, ob sie massiv oder nicht.

L'art de s'orienter.	Das Orientiren.

Afin de se retrouver dans une contrée étrangère, c'est-à-dire pour *s'orienter*, on a divers moyens qui complètent la faculté de s'orienter, faculté qui est plus ou moins développée chez chaque individu.

Le moyen le plus simple et le plus sûr est un guide qui connaît bien la contrée; des gardes forestiers, des chasseurs, des bergers et des curés de campagne pourront, à cet égard, rendre les services les plus signalés; cependant, on ne peut pas toujours se procurer de bons guides; jamais, on ne peut en avoir en nombre suffisant pour servir de guides à tous les détachements de troupes.

En second lieu viennent comme moyens de s'orienter les *cartes* et les plans, qui, pour le dire en passant, ont toujours le nord en haut, à moins qu'on n'indique une autre manière de s'orienter. Pour en tirer un profit

Um sich in einer fremden Gegend zurecht zu finden, zu orientiren, hat man verschiedene Hülfsmittel, welche das mehr oder minder ausgebildete Findungs- (Orientirungs-) Vermögen unterstützen.

Das einfachste und sicherste Mittel ist ein der Gegend kundiger Führer; Förster, Jäger, Hirten und Landgeistliche werden hierbei die vorzüglichsten Dienste leisten können; indessen sind nicht immer gute Führer zu erhalten und niemals der Zahl nach hinreichende, um allen Abtheilungen als Wegweiser dienen zu können.

Das zweitbeste Orientirungsmittel sind Karten und Pläne, bei denen, beiläufig gesagt, Norden stets oben ist, wenn nicht eine andre Orientirung angegeben wird.

Um von ihnen sichern Nu-

certain, on s'oriente d'abord en fixant un objet qui frappe la vue, en se plaçant sur un pont, sur un carrefour, etc., et en cherchant sur la carte le point précis où l'on se trouve à ce moment; puis, en s'avançant, surtout dans un terrain couvert et coupé, on regardera avec la même attention le terrain et la carte, afin de pouvoir toujours déterminer sur la carte le point exact où l'on se trouve. Très-souvent, le soldat sera obligé de s'orienter sans guide et sans carte dans une contrée qui lui est étrangère; il se servira alors d'autres moyens de repère, qui l'empêcheront de s'égarer complétement.

Avant tout, il est nécessaire de savoir exactement dans quelle direction se trouve le point qu'il s'agit d'atteindre. Pour y parvenir, il y a plusieurs moyens. Par exemple, le soleil se trouve à 6 heures du matin à l'est, à 9 heures au sud-est, à midi au sud, à 3 heures de l'après-

ßen zu ziehen, orientirt man sich zuvörderst an einem in die Augen fallenden Gegenstande, auf einer Brücke, einem Kreuzwege u. s. w., indem man auf der Karte den Punkt sucht, auf dem man sich augenblicklich befindet, und habe dann, beim weitern Vorgehen, namentlich beim bedeckten und durchschnittnen Gelände, gleiche Aufmerksamkeit auf Terrain und Karte, um stets auf der letztern den Punkt bestimmen zu können, auf welchem man sich befindet.

Sehr häufig wird der Soldat in der Lage sein, sich ohne Führer und ohne Karte in einer ihm fremden Gegend zurecht finden zu müssen; hierbei giebt es Hülfsmittel, um eine völlige Verirrung zu verhüten.

Vor allen Dingen ist nöthig, daß man genau wisse, nach welcher Himmelsgegend der zu erreichende Punkt liegt. Dazu giebt es mehrere Mittel. So steht die Sonne früh um 6 Uhr im Osten, um 9 Uhr im Süd-Osten, um 12 Uhr im Süden, um 3 Uhr im Süd-Westen und um 6 Uhr im Westen.

midi au sud-ouest et à 6 heures à l'ouest. Quand, par un ciel couvert, on ne peut pas voir le soleil, on s'oriente en consultant le côté des objets qui est exposé au mauvais temps : en effet, les arbres et les pierres sont couverts de mousse du côté qui regarde le nord-ouest ; les arbres ont de ce côté des sillons plus profonds dans leur écorce rugueuse ; cependant, ce phénomène n'est pas le même dans tous les pays. Pendant la nuit, la lune et l'étoile polaire fournissent les moyens de s'orienter ; cette dernière donne toujours la direction du nord. Pour trouver cette étoile, on cherche d'abord la constellation de la grande Ourse ; on prolonge la ligne, qui passe par les roues de derrière du Chariot, jusqu'à ce que cette ligne rencontre l'étoile polaire qui fait partie de la constellation de la petite Ourse.

La pleine lune se trouve à minuit au sud, à 6 heures du soir à l'est,

Kann man bei trübem Wetter die Sonne nicht sehen, so orientirt man sich nach der Wetterseite: die Bäume und Steine sind nämlich auf der Nordwestseite mit Moos bedeckt und erstere haben hier tiefere Furchen in ihrer Rinde; jedoch ist dies nicht in allen Gegenden gleich.

Nachts giebt der Mond, sowie der Polarstern die Mittel an die Hand, sich zu orientiren; letzterer zeigt stets die Richtung nach Norden.

Um ihn zu finden, sucht man zuvörderst den großen Bären auf, verlängert seine Hinterachse und trifft dann durch die verlängerte Linie auf den Polarstern, welcher zum Sternbilde des kleinen Bären gehört.

Der Vollmond steht um 12 Uhr Nachts im Süden, um 6 Uhr Abends im Osten, um

à 6 heures du matin à l'ouest; quand elle est dans son 1er quartier, la lune est à 6 heures du soir au sud, à minuit à l'ouest; dans son dernier quartier, elle est à minuit à l'est et à 6 heures du matin au sud.

Dans la montagne, les cours d'eau fournissent le moyen le plus sûr de s'orienter; dans un terrain boisé, une boussole est presque indispensable.

Il faut faire remarquer encore que, dans les églises, les autels sont presque toujours placés à l'est, et que la base des moulins posés sur des tréteaux reproduit exactement les points cardinaux de la rose des vents.

6 Uhr Morgens im Westen.; als 1stes Viertel steht der Mond um 6 Uhr Abends im Süden, um 12 Uhr Nachts im Westen; als letztes Viertel um 12 Uhr Nachts im Osten, und um 6 Uhr früh im Süden.

Im Gebirge giebt der Lauf der Gewässer das sicherste Mittel, sich in einer Gegend zurecht zu finden; im waldigen Gelände aber ist hierzu ein Kompaß fast unentbehrlich.

Noch ist zu bemerken, daß bei den Kirchen die Altäre meistens nach Osten liegen, und daß der Fuß der Bockwindmühlen genau die Windrose, Norden, Süden, Westen, Osten, angiebt."

Von Witzleben, Heerwesen und Infanteriedienst. Berlin 1875.

Légende des signes conventionnels pour des plans et des cartes.

Lieux d'habitation, chemins et eaux. Ville. Bourg. Village avec église. Village. Fermes isolées avec dépendances.

Erklärung der Signaturen für Pläne und Karten.

Wohnplätze, Wege und Gewässer. Stadt. Marktflecken. Kirchdorf. Dorf. Einzelne Gehöfte.

Églises avec clocher, sans clocher, en bois, en pierre. Chapelles en bois, en pierre. Maisons d'habitation en bois, en pierre. Châteaux. Bailliage. Petite métairie. Grande métairie. Parc. Château seigneurial avec ses terres (R. G.). Domaine de la couronne. Mur. Clôture en planches. Clôture en lattes. Haie. Levée de terre surmontée d'une haie. Claie (à mouton). — Sentiers. Chemins de culture variables. Chemins de culture permanents. Grandes routes. Routes pavées. Routes macadamisées (avec indication du point où il faut enrayer). Chaussée de pierres. Chaussée de terre. Chaussée de rondins. Petit chemin creux (ayant moins de douze pieds de profondeur). Grand chemin creux (ayant plus de douze pieds de profondeur). Chemin sur un sol peu solide. Chemin de fer (en exploitation, en construction, projeté). Percée (déblai); remblai	Kirchen mit Thurm, ohne Thurm, hölzerne, steinerne. Kapellen, hölzerne, steinerne. Wohnhäuser, hölzerne, steinerne. Schlösser. Amt. Vorwerk. Meierei. Park. Rittergut (R. G.). Dominium. Mauer. Bretterzaun. Lattenzaun. Hecke. Wallhecke. Hürde. — Fußwege. Veränderliche Feldwege. Bleibende Feldwege. Landstraßen. Steinchausseen. Kieschausseen (mit Hemmstelle). Steindamm. Erddamm. Knüppeldamm. Kleiner Hohlweg (unter 12 [Fuß] tief). Großer Hohlweg (über 12' tief). Weg auf unsicherm Boden. Eisenbahn (im Betrieb, im Bau begriffen, projectirt). Durchstich; Damm (bei einer

(d'une ligne de chemin de fer); viaduc; tramway. —

Ruisseau. Sources. Rivière (lit desséché d'une rivière). Fossés remplis d'eau. Fossés secs. Canal (à berge en fascines, en pierres, en boiserie; canal de jonction; écluses en bois, en pierres). Aqueducs, grands et petits. Bourbier. Mare. Étang d'un moulin. Étang ordinaire. Des roseaux. Lac. Ile. Presqu'ile. Langue de terre. Isthme.

Ponts et passages de fleuve : Passage à sec. Gué très-peu profond. Gué. Passage à barque. Bac à voiture. Bac à traille. Passerelle. Pont couvert. Pont en bois; *idem* à piliers en pierres; *idem* à trape. Pont de pierres. Pont de bateaux. Pont de chemin de fer. Pont volant. Pont à chevalets. Brise-glaces. Batardeau. Péage fluvial. Écluse en pierre. Signal indiquant que la rivière devient navigable. Mouillage. Bouée. Signal (indiquant que la navigation est dangereuse).

Eisenbahn); Viadukt; Pferdebahn. —

Bach. Quellen. Fluß (trocknes Flußbett).
Nasse Gräben.
Trockne Gräben.
Kanal (Flechtwerk, Steinwerk, Holzwerk; Verbindungskanal; hölzerne, steinerne Schleusen).
Große, kleine Wasserleitungen.
Pfuhl. Tümpel. Mühlteich. Gewöhnlicher Teich.
Schilf. See (Landsee). Insel. Halbinsel. Landzunge. Landenge.
Brücken und Flußübergänge: Durchgang. Durchschritt. Furt.
Kahnfähre. Wagenfähre. Seilfähre.
Laufbrücke. Gedeckte Brücke. Hölzerne Brücke; Dito mit steinernen Jochen; Dito mit Aufzug. Steinerne Brücke. Schiffbrücke. Eisenbahnbrücke. Fliegende Brücke. Bockbrücke.
Eisböcke. Wehr.
Zollbaum. Steinerne Schleuse. Zeichen der Schiffbarkeit.
Ankerplatz.
Tonne. Warnungszeichen für Schiffer.

Quais en pierre, en bois, en fascines. Phare. Signal indiquant les bas-fonds. Balise. Dune.	Bühnen von Stein, Holz, Flechtwerk. Leuchtthurm. Wahrzeichen für Untiefen. Bake. Düne.
Prairies, bois, etc. Terrain sablonneux. Terrain mou. Prés secs. Prés humides. Marais et marécages. Lande (bruyère). Marais couvert de mousse.	Wiesen, Wald u. s. w. Sandschelle. Weichland. Trockne Wiesen. Nasse Wiesen. Moräste und Sümpfe Haide. Moosbruch.
Pacage couvert de broussailles. Marais couvert d'arbrisseaux. Tourbière en exploitation. Jeunes plantations de bois feuillu. Bois feuillus de haute futaie. Aménagement. Broussailles. Jeunes plantations d'essences résineuses. Essences résineuses de haute futaie. Vigne.	Hütung mit Gestrüpp. Bruch. Torfstich. Junges Laubholz. Stamm (Laub)holz. Schonung. Gebüsch. Junges Nadelholz. Stamm (Nadel)holz Weinberg.
Forêt. Clairière.	Wald. Lichtung.
Moulins, fabriques, mines, etc. F. A. (Tribunal forestier). O. F. (Inspection des forêts). U. F. (Sous-inspection forestière). Ww. (Garde forestier). Zgl. (Tuilerie). Sp. H. (Salpêtrière). G. O. (Four à plâtre). K. O. (Four à chaux). B. O. (Four). T. O. (Four à goudron). H. O. (Haut-Fourneau). Sle. (Saline). Gdw. (Graduation	Mühlen, Fabriken, Bergwerke u. s. w. F. A. (Forstamt). O. F. (Oberförster). U. F. (Unterförster). Ww. (Waldwärter). Zgl. (Ziegelei). Sp. H. (Salpeterhütte). G. O. (Gipsofen). K. O. (Kalkofen). B. O. (Backofen). T. O. (Theerofen). H. O. (Hochofen). Sle. (Saline). Gbw. (Gradirwerk).

à fascines pour recueillir le sel). A. W. (Alunière). M. W. (Fonderie de laiton). Gl. H. (Verrerie). E. H. (Forge où l'on fond le fer). Vi. W. (Fabrique de vitriol). Bl. Hr. (Forge de tôle.) E. Hr. (Usine où l'on travaille le fer). K. Hr. (Forge de cuivre). P. Hr. (Bocard). Ermitage. Drzh. (Tréfilerie). B. A. (Etablissement de bains). Kl. (Couvent). Wh. (Corps de garde). F. P. M. (Magasin à poudre en temps de paix, K. P. M., en temps de guerre). Moulin à eau. L. M. (Moulin à tan). O. M. (Moulin à huile). Pv. M. (Moulin à poudre). P. M. (Papeterie). S. M. (Scierie mécanique). Schl. M. (Moulin à polir). St. M. (Moulin à pilons). W. M. (Foulerie). Sch. M. (Moulin flottant). D. M. (Moulin à vapeur). — Ancien rempart d'enceinte. Ligne de défense. W. T. (Echauguette). R. (Ruine). Télégraphe. Potence. Monument. Station trigonométrique. Station géométrique. Arbre se faisant aisément re-

A. W. (Alaunwerk). M. W. (Messingwerk). Gl. H. (Glashütte). E. H. (Eisenhütte). Vi. W. (Vitriolwerk). Bl. Hr. (Blechhammer). E. Hr. (Eisenhammer). K. Hr. (Kupferhammer). P. Hr. (Pochhammer). Einsiedelei. Drzh. (Drahtzieherei). B. A. (Badeanstalt). Kl. (Kloster). Wh. (Wachthaus). F. P. M. (Friedenspulvermagazin). K. P. M. (Kriegspulvermagazin). Wassermühle. L. M. (Lohmühle). O. M. (Ölmühle). Pv. M. (Pulvermühle). P. M. (Papiermühle). S. M. (Sägemühle). Schl. M. (Schleifmühle). St. M. (Stampfmühle). W. M. (Walkmühle). Sch. M. (Schiffsmühle). D. M. (Dampfmühle). — Alter Ringwall. Landwehr. W. T. (Wartthurm). R. (Ruine). Telegraph. Hochgericht. Monument. Trigonometrisches Signal. Geometrischer Punkt. Ausgezeichneter Baum.

marquer. Puits. Moulin à vent hollandais (à base de maçonnerie et à calotte mobile). Moulin à pivot (en bois et monté sur pilotis). Poteau indicateur.	Brunnen. Holländische Windmühle. Bockwindmühle. Wegweiser.
Tir. Carrière à gravier. Sablière. Glaisière. Marnière. Fosse à argile. Carrière.	Schießstand. Kiesgrube. Sandgrube. Lehmgrube. Mergelgrube. Thongrube. Steinbruch.
Mines de: alun, arsenic, plomb, charbon brun et bitumineux, fer, zinc, cuivre, cobalt, sel gemme, salpêtre, or, argent, cinabre, mercure, étain, charbon de terre.	Bergwerke: Alaun, Arsenik, Blei, Braunkohlen, Eisen, Zink, Kupfer, Kobalt, (Stein)Salz, Salpeter, Gold, Silber, Zinnober, Quecksilber, Zinn, Steinkohlen.
Ch. H. (Maison de garde-barrière). Ch. W. (Cantonnier). Bornes miliaires. Frontière de l'État. Limite de la province. Reg. Bez. Gr. (Limite de l'arrondissement). Limite du canton. Colline marquant une limite. Borne frontière. Poteau indiquant une limite. Barrière formant la limite.	Ch. H. (Chausseehaus). Ch. W. (Chausseewärter). Meilensteine. Landesgrenze. Provinzgrenze. Reg. Bez. Gr. (Regierungsbezirksgrenze). Kreisgrenze. Grenzhügel. Grenzstein. Grenzpfahl. Grenzbaum.

Ordre.	Befehl.
Quartier général de Hanau.	Hauptquartier Hanau,
Le 21 sept. 1871.	Den 21. Sept. 1871.

Le lieutenant de Marwitz est commandé pour faire une reconnaissance. Il partira dès les trois heures du matin avec 25 dragons du 2ᵉ escadron du 1ᵉʳ régiment. On marchera avec les plus grandes précautions et sans que la moindre circonstance annonce l'approche du piquet.

L'état-major a été informé que ce soir plusieurs escadrons de cavalerie ont traversé le village de Rappersweiler et sont entrés dans les bois qui couronnent les hauteurs environnantes. Le lieutenant commandant le piquet s'assurera: 1º si le passage de la rivière est libre; 2º si le pont au-dessus du moulin est gardé; 3º si les ennemis se trouvent réellement sur les hauteurs d'Illbrück, et quel en est le nombre; 4º s'il y a de l'infanterie et de l'artillerie avec le détachement

Es wird hiermit dem Lieutenant von Marwitz Befehl ertheilt, eine Rekognoszirung auszuführen. Er hat um 3 Uhr Morgens mit 25 Dragonern von der 2. Schwadron des 1. Regiments aufzubrechen. Die Truppe muß mit der größten Vorsicht marschiren, ohne daß der geringste Umstand die Annäherung des Pikets verräth.

Dem Generalstabe ist angezeigt worden, daß mehrere Schwadronen Reiterei diesen Abend durch das Dorf Rappersweiler gezogen sind und das auf den umliegenden Anhöhen stehende Gehölz besetzt haben. Der das Piket befehligende Lieutenant hat sich zu vergewissern: 1) ob der Fluß ungehindert passirt werden kann; 2) ob die Brücke oberhalb der Mühle besetzt ist; 3) ob der Feind sich wirklich auf den Anhöhen bei Illbrück befindet, und in welcher Anzahl; 4) ob die erwähnte Kavallerie-Abtheilung Fußvolk und Geschütze bei sich hat, und 5) ob die Landstraße einzu-

de cavalerie annoncé, et 5° s'il faut prendre la grande route, ou bien si l'infanterie peut monter les hauteurs facilement et sans être vue. Aussitôt les informations nécessaires prises, le piquet rentrera au cantonnement et le lieutenant commandant le piquet fera un rapport détaillé.

Schneider, colonel.

schlagen ist, ober ob die Anhöhen leicht und ungesehen von Infanterie erstiegen werden können. Sowie das Piket die nöthigen Erkundigungen eingezogen hat, kehrt es zum Standquartier zurück und der befehlshabende Lieutenant erstattet ausführlichen Bericht.

Oberst Schneider.

Dialogues militaires.

Pendant une reconnaissance.

Où conduit cette grande route?

C'est la route royale, qui conduit de Mühlau à Witzenhausen.

Où cette route se termine-t-elle?

Aux portes d'Illbrück.

Combien y a-t-il d'ici à Illbrück?

Il y a 3 lieues d'ici à Illbrück. Pour arriver à cette ville, il vous faudra suivre la grande route jusqu'au premier po-

Beim Rekognosziren.

Wohin führt diese Landstraße?

Es ist der Heerweg, welcher von Mühlau nach Witzenhausen führt.

Wo hört die Straße auf?

Am Thore von Illbrück.

Wie weit ist es von hier nach Illbrück?

Illbrück ist 3 Stunden von hier. Um zu dieser Stadt zu gelangen, müssen Sie der Landstraße bis zum ersten Wegweiser folgen und dann der

teau indicateur et prendre ensuite la route à main gauche, qui mène au village de Rappersweiler.

Y a-t-il des arbres ou des haies le long de la route?

Vous trouverez alternativement des peupliers et des ormes, et plus loin des haies d'épine, hautes de six pieds environ.

Y a-t-il des fossés tout le long de la route?

Oui, il y a partout, des deux côtés de la route, des fossés de décharge, dont la profondeur n'est pas toujours la même; tantôt ils ont une profondeur de deux pieds et tantôt de six.

Cette route, qui a dû être nouvellement construite, ne se trouve pas sur ma carte; il faudra me conduire avec mes hommes jusqu'au village de Rappersweiler, où je vais prendre un guide.

Je connais les environs et je vous conduirai par un sentier plus court jusqu'au village que vous venez de mentionner.

Weg linker Hand einschlagen der nach dem Dorfe Rappersweiler führt.

Stehen Bäume oder Hecken an den Seiten der Landstraße?

Sie finden abwechselnd Pappeln und Ulmbäume und weiterhin etwa sechs Fuß hohe Dornhecken.

Laufen Gräben an der ganzen Straße hin?

Ja, es sind allenthalben auf beiden Seiten der Landstraße Abzugsgräben, deren Tiefe aber verschieden ist; an einigen Orten sind sie zwei, an andern sechs Fuß tief.

Dieser Weg, der neu angelegt worden sein muß, steht nicht auf meiner Landkarte; Sie müssen mich und meine Leute bis zum Dorfe Rappersweiler bringen, wo ich einen Führer nehmen will.

Ich kenne die Nachbarschaft und werde Sie auf einem näheren Pfade zum bezeichneten Dorfe bringen.

Peut-on encore librement passer l'eau qui alimente le moulin?	Kann man noch ungehindert über den Mühlenbach kommen?
Hier au soir, on a vu quelques escadrons de hussards, mais ils ne sont pas descendus jusqu'au fond de la vallée. Le pont au-dessus du moulin n'est pas occupé; en outre, vous trouverez un gué un peu en aval du moulin.	Gestern Abend haben sich einige Schwadronen Husaren blicken lassen, aber sie sind nicht in's Thal heruntergekommen. Die Brücke oberhalb der Mühle ist nicht besetzt; außerdem finden Sie etwas unterhalb derselben eine Furt.
A quelle arme appartiennent les soldats qui ont occupé les hauteurs boisées au-dessus d'Illbrück?	Was für Soldaten haben die bewaldeten Anhöhen über Illbrück besetzt?
Plusieurs batteries de pièces de campagne ont été établies sur le point le plus élevé, la butte aux moulins, où les artilleurs ont bivouaqué. Deux régiments d'infanterie sont cantonnés dans les villages environnants et plusieurs escadrons de hussards ont occupé la forêt voisine; la force du détachement tout entier doit s'élever à peu près à 4000 hommes.	Mehrere Batterieen Feldgeschütze sind auf dem höchsten Punkte, dem Windmühlenberge, aufgepflanzt, wo die Kanoniere biwakirt haben. Zwei Infanterie-Regimenter liegen in den benachbarten Dörfern und mehrere Schwadronen Husaren haben den danebenliegenden Wald besetzt; die Stärke der ganzen Abtheilung wird nahe an 4000 Mann betragen.
Quel est le chemin le plus proche qui conduit du moulin dans la vallée jusqu'à la butte aux moulins à vent?	Welches ist der nächste Weg um von der Thalmühle zum Windmühlenberge zu gelangen?

Vous pourrez suivre la grande route qui monte le coteau en serpentant et qui, par conséquent, fait un très-grand détour; en outre, vous trouverez un chemin vicinal où la cavalerie pourra passer, et un sentier qui est praticable pour l'infanterie.	Sie können der Landstraße folgen, welche sich am Berge hinaufschlängelt und deßhalb einen weiten Umweg macht; außerdem finden Sie einen Landweg, auf dem Reiterei fortkommen kann, und einen Fußweg, welcher für Infanterie gangbar ist.
Le sol est-il sablonneux?	Ist der Boden sandig?
Non, il est presque partout argileux, de sorte qu'après de fortes averses les routes deviennent souvent impraticables pour l'artillerie et pour les caissons.	Nein, er ist meistens lehmig, so daß die Wege nach starken Regengüssen für Geschütze und Munitionsfahrzeuge leicht ungangbar werden.
N'y a-t-il pas, dans les bas-fonds, des endroits où le passage des troupes serait difficile?	Finden sich in den Niederungen feine Stellen, die den Durchmarsch erschweren?
Quand les ruisseaux débordent, il se forme souvent, dans la vallée, des bourbiers; mais vous n'aurez qu'à faire établir une chaussée de rondins, pour que les troupes passent facilement dans ces endroits.	Wenn die Bäche austreten, so bilden sich oft kothige Stellen im Grunde; aber Sie können leicht einen Knüppeldamm anlegen lassen, auf dem die Truppen leicht über diese Stellen wegkommen können
Ces chemins traversent-ils une campagne découverte ou bien un terrain boisé?	Führen diese Wege über offnes Feld oder durch bewaldetes Gelände?

D'abord vous passerez par des taillis peu élevés, ensuite vous rencontrerez un bois de haute futaie et, après une marche d'une heure et demie, vous déboucherez sur le plateau où vous apercevrez la butte aux moulins, dès que vous sortirez du bois.

Peut-on facilement s'égarer dans la forêt?

Non, il n'y a qu'un seul sentier qui la traverse.

Ces renseignements me suffiront complétement.

Zuerst kommen Sie durch niedriges Buschholz; dann treffen Sie hochstämmige Waldung, und nach anderthalbstündigem Marsche kommen Sie auf die Hochebene, wo Sie den Mühlenberg erblicken, sowie Sie aus dem Holze kommen.

Kann man sich im Walde leicht verirren?

Nein, es führt nur ein einziger Pfad durch denselben.

Diese Angaben genügen mir vollkommen.

Conversation
avec un garde forestier.

D'où venez-vous et qui êtes-vous?

Je suis le garde forestier de la forêt de Niederbronn, et je suis en train de me rendre avec mes gardes-bois à la clairière de Schœndorf, pour y inspecter les aménagements.

Donnez-moi des renseignements sur les environs que vous devez connaître en détail. Où se trouve la maison forestière que vous habitez?

Gespräch
mit einem Förster.

Woher kommen Sie und wer sind Sie?

Ich bin der Förster vom Niederbronner Walde und bin im Begriff mit meinen Forstknechten nach der Schönborfer Lichtung zu gehen, um die Schonungen dort zu besichtigen.

Geben Sie mir Auskunft über die Umgegend, die Sie genau kennen müssen. Wo liegt das Forsthaus, welches Sie bewohnen?

De l'autre côté de la crête que vous voyez devant vous, à environ trois quarts d'heure de marche d'ici, ma maison se trouve au fond de la vallée, à peu près à deux portées de fusil du village de Wahlheim.

Quelle espèce de route conduit de Reichshofen à Niederbronn, endroit qui, d'après ma carte, doit être éloigné d'un mille et demi environ du point où nous nous trouvons en ce moment?

Ces deux localités communiquent par une route de commerce large et commode, sur laquelle dix hommes peuvent aisément marcher de front. A partir de Niederbronn, on trouve plusieurs chaussées qui s'embranchent; une route de poste conduit à Wendel, une chaussée en briques dures conduit à Mühlheim, et plusieurs routes macadamisées ou pavées mènent aux localités les plus importantes des environs.

Ces routes sont-elles toutes en bon état?

Jenſeits des Bergrückens, den Sie vor ſich ſehen, ungefähr drei Viertelſtunden von hier, liegt meine Wohnung im Thalgrunde, ungefähr zwei Flintenſchüſſe weit vom Dorfe Wahlheim.

Was für eine Straße führt von Reichshofen nach Niederbronn, welches meiner Karte zufolge ungefähr anderthalb Meilen von unſerm jetzigen Standpunkte entfernt ſein muß?

Die beiden Ortſchaften ſind durch eine breite und bequeme Handelsſtraße verbunden, auf der zehn Mann bequem Front marſchiren können. Von Niederbronn aus zweigen ſich mehrere Kunſtſtraßen ab; eine Poſtſtraße führt nach Wendel, eine Backſtein- (Klinker-) Chauſſee geht nach Mühlheim und mehrere Schlagſtein-Chauſſeen, oder gepflaſterte Straßen führen zu den bedeutendſten Orten in der Umgegend.

Sind dieſe Straßen alle in gutem Zuſtande?

Les chaussées sont toutes en bon état de conservation; elles sont praticables pour des canons et des caissons; les chemins vicinaux aussi sont rarement boueux, puisque le sol dans les environs est presque partout sablonneux et n'est argileux que dans quelques rares endroits. Mais, aussitôt que vous entrerez dans la montagne, vous trouverez beaucoup de montées assez rapides où il faudra des chevaux de renfort pour transporter des fourgons pesants. Si vous voulez pénétrer davantage dans la montagne, il vous faudra prendre des chemins de muletiers, qui ne sont praticables que pour l'infanterie ou pour la cavalerie légère; la plupart de ces chemins sont escarpés et difficiles, mais n'offrent aucune espèce de danger pour le passage.

Peut-on facilement défendre les grandes routes?

Elles sont toutes pourvues de fossés de décharge assez profonds et plantées de peupliers, de

Die Kunstſtraßen ſind alle gut erhalten und für Geſchütze und Munitionsfahrzeuge gangbar; auch die Landwege ſind ſelten kothig, da der Boden hier herum meiſtens ſandig und nur an einigen wenigen Stellen lehmig iſt. Sowie Sie in das Gebirge kommen, finden Sie aber viele ziemlich ſteile Abhänge, bei denen Sie Vorſpannpferde haben müſſen, um ſchwere Fahrzeuge fortzuſchaffen. Wollen Sie weiter in's Gebirge vordringen, ſo müſſen Sie Saumpfade einſchlagen, die nur für Infanterie oder leichte Reiterei gangbar ſind; die meiſten ſind ſteile und beſchwerliche Steige, die aber keinerlei Gefahren für den Durchzug darbieten.

Können die Heerſtraßen leicht vertheidigt werden?

Dieſe ſind alle auf beiden Seiten mit ziemlich tiefen Abzugsgräben verſehen und mit Pappeln beſetzt, ſo daß

sorte qu'on pourrait facilement y établir des abatis d'arbres, d'autant plus que les grandes routes traversent presque toujours un pays de collines et qu'on y trouve beaucoup de tranchées et de chemins creux qui peuvent facilement être mis en état de défense. Les chemins vicinaux sont presque tous bordés de levées de terre ou de haies, derrière lesquelles des tireurs habilement placés pourraient facilement barrer le chemin à un corps de troupes qui voudrait passer. Sur la grande route de Reichshofen, il y a plusieurs défilés qui, défendus par une batterie de pièces de campagne, pourraient arrêter, pendant plusieurs jours, toute une division; en effet, les pentes rapides qui les longent des deux côtés et l'épaisse forêt qui couronne les hauteurs font qu'il est impossible de les tourner.

Quelle est la longueur de cette chaîne et quelle en est la largeur?

La montagne s'étend

es leicht sein würde, Verhacke anzulegen, um so mehr als die Landstraßen meist durch Hügelland laufen und viele Durchschnitte und Hohlwege haben, die leicht in Vertheidigungszustand gesetzt werden können. Die Landwege sind fast alle mit Erdwällen oder Hecken eingefaßt, hinter welchen geschickt aufgestellte Schützen einem durchziehenden Truppenkorps leicht den Weg verlegen könnten. Auf der Heerstraße, die nach Reichshofen führt, gibt es mehrere Engpässe, die, durch eine Batterie Feldgeschütze vertheidigt, eine ganze Heeresabtheilung mehrere Tage lang aufhalten können, da die auf beiden Seiten hinlaufenden steilen Bergabhänge und der dichte Wald auf den Höhen das Umgehen derselben unmöglich machen.

Wie lang und wie breit ist dieser Gebirgszug?

Das Gebirge läuft in der

du nord-est au sud-ouest et a environ dix milles en longueur, mais sa plus grande largeur n'est que de trois milles; ses contre-forts, qui se perdent peu à peu dans la plaine, sont en partie nus et seulement couverts de bruyère, en partie garnis d'arbres de haute futaie ou de broussailles rabougries. Une chaine de jonction unit ces hauteurs à la montagne de Mittelwald, dont vous voyez devant vous les sommets les plus élevés.	Richtung von N. O. nach S. W. und ist ungefähr zehn Meilen lang, aber die größte Breite beträgt nur drei Meilen; die Ausläufer desselben, welche sich unmerklich in die Ebene verlieren, sind theils nackt und nur mit Haide bewachsen, theils mit hochstämmiger Waldung oder mit niedrigem Gestrüpp bedeckt. Ein Gebirgsjoch verbindet diesen Höhenzug mit dem Mittelwalder Gebirge, dessen höchste Gipfel Sie vor sich sehen.
Comment peut-on parvenir jusqu'à cette montagne?	Wie kann man zu diesem Gebirge gelangen?
La route de poste de Niederbronn y conduit en ligne presque droite; elle longe d'abord la côte, puis elle monte graduellement; elle traverse plusieurs gorges, qui peuvent présenter des dangers aux passants à cause de leurs ravins et à cause du torrent qui y coule; puis, la route arrive au col de la montagne, d'où elle descend en pente douce en suivant le ver-	Die Niederbronner Poststraße führt in fast grader Linie zu demselben; sie läuft zuerst an der Berglehne hin, steigt allmälig höher und höher, führt durch mehrere Schluchten, welche des durchströmenden Gießbachs und der Schlünde wegen gefährlich für den Durchreisenden werden können, und erreicht dann den Gebirgssattel, von wo die Straße langsam am nördlichen Abhange hinunter in die Ebene niedersteigt.

13

sant septentrional jusque dans la plaine.

La route traverse-t-elle des bois touffus?

Au pied de la montagne, la forêt a été abattue, il y a plusieurs années, et il ne s'y trouve que de jeunes taillis, qui cependant empêcheraient complétement la cavalerie d'avancer. Sur les pentes plus élevées de la montagne, les vieux arbres cependant sont encore debout et forment une épaisse forêt qui, à cause des taillis et des broussailles, n'est accessible qu'à des tirailleurs connaissant parfaitement les sentiers et pouvant, en cas de besoin, se frayer un chemin à travers bois.

Quelle essence d'arbres trouve-t-on dans cette forêt?

Sur le versant méridional, il y a une grande forêt de chênes; plus haut on trouve des hêtres, des ormes et des bouleaux; la croupe même de la montagne est couverte de pins et de sapins. Cette partie de la forêt

Führt die Straße durch dichte Waldungen?

Am Fuße des Gebirges ist der Wald vor mehreren Jahren ausgereutet worden, und es finden sich dort nur junge Gebüsche, die aber das Vorrücken der Reiterei ganz unmöglich machen. An den höheren Bergabhängen sind indessen die alten Bäume noch stehen geblieben und bilden einen dichten Wald, der des Unterholzes und des Gestrüpps wegen nur für Schützen zugänglich ist, welche die Fußsteige genau kennen und sich im Nothfall einen Weg durch's Holz bahnen können.

Was für Holzarten finden sich in diesem Walde?

Am südlichen Abhange steht ein großer Eichenwald; höher hinauf wachsen Buchen, Ulmen und Birken, und der Bergrüken selbst ist mit Fichten und Tannen bewachsen. Dieser Theil des Waldes ist leichter zugänglich, da sich viele Lichtungen in demselben

est plus accessible, parce qu'il y a là beaucoup de clairières.

La forêt est-elle habitée?

Quant à des villages, il n'y en a point, mais il se trouve des maisons disséminées dans bien des endroits; la forêt est principalement habitée par les bûcherons et des charbonniers; ces derniers demeurent surtout sur le versant septentrional où ils s'occupent de la fabrication du charbon. Le charbon de bois, qui vient de cette partie de la montagne, est fort estimé. Nos charbonniers, dont on voit brûler les fourneaux en beaucoup d'endroits dans la forêt, s'occupent, pendant toute l'année, de la fabrication du charbon.

Comment pourrait-on rassembler les bûcherons et les charbonniers pour faire abattre par eux des arbres et pour leur faire faire des abatis?

Vous en trouverez aujourd'hui la meilleure occasion, la plupart des bûcherons et des char-

befinden.

Ist der Wald bewohnt?

Dörfer gibt es keine darin, aber zerstreute Wohnungen finden sich an vielen Orten. Holzhauer und Köhler bilden die hauptsächliche Bevölkerung des Waldes; letztere bewohnen namentlich den nördlichen Bergabhang, wo sie sich mit Kohlenbrennen beschäftigen. Die Holzkohlen, welche von diesem Theile des Gebirges kommen, werden sehr geschätzt. Unsre Köhler, deren Meiler man an vielen Stellen des Waldes brennen sieht, sind das ganze Jahr durch mit Kohlenbrennen beschäftigt.

Wie kann man die Holzhauer und Köhler versammeln, um von ihnen Bäume fällen und Verhaue machen zu lassen?

Dazu finden Sie heute die beste Gelegenheit, da die meisten Holzhauer und Köhler zum Kirchweihfeste in Grunb-

bonniers étant réunis à Grundweiler pour la fête du village (*kermesse*). Vous n'aurez donc qu'à envoyer dans ce village un exprès avec les ordres nécessaires, pour être sûr que tous ces gens se réuniront, à l'heure indiquée, dans un endroit désigné, afin de faire les travaux que vous désirez faire exécuter. S'il vous faut encore plus d'hommes, surtout pour diriger les travaux et pour surveiller les travailleurs, je vous conseillerais de vous adresser à l'inspecteur en chef des forêts, qui demeure à Wahlheim et qui, sur votre désir, mettra certainement à votre disposition les gardes forestiers, les aides-forestiers et les gardes-bois des districts environnants.

Ces bûcherons et ces charbonniers ont-ils les outils nécessaires?

Chacun des bûcherons a une hache, une scie et un petit traineau de schlitteur; les charbonniers ont, en outre, leur tisonneur, mais qui ne

weiler vereinigt sind. Sie brauchen also nur einen Eilboten mit den nöthigen Befehlen in dieses Dorf zu schicken, um sicher zu sein, daß alle diese Leute sich zu einer bestimmten Zeit an einem gewissen Orte versammeln, um die Arbeiten zu verrichten, die Sie ausgeführt zu sehen wünschen. Brauchen Sie noch mehr Leute, besonders um die Arbeiten zu leiten und die Arbeiter zu beaufsichtigen, so würde ich Ihnen rathen, sich an den Oberforstmeister zu wenden, der in Wahlheim wohnt, und der gewiß auf Ihren Wunsch die Revierförster, die Forstgehülfen und die Forstknechte aus den umliegenden Revieren zu Ihrer Verfügung stellen wird.

Haben diese Holzhauer und Köhler die nöthigen Werkzeuge?

Erstere haben jeder eine Art, eine Säge und einen kleinen Holzschlitten; letztere haben außerdem ihr Schüreisen, welches aber nur zum Kohlenbrennen gebraucht

peut servir qu'à la fabrication du charbon.

A quoi sert le traineau de schlitteur?

Quand on a abattu un arbre, on en coupe les gros rameaux et les petites branches, de sorte qu'il n'en reste que le tronc tout nu; si ce dernier doit servir de bois de construction, de bois de charpente, ou si l'on veut en faire des mâts de navire ou des arbres de couche pour des moulins, on le descend dans la vallée sur ce qu'on appelle les schlittes, c'està-dire sur deux poutres, placées parallèlement l'une à côté de l'autre. Si l'on ne veut pas se servir des grosses et des petites branches pour en faire du charbon sur les lieux, on les place sur les petits traineaux où on les attache; puis, les schlitteurs les transportent par les mêmes schlittes jusqu'au ruisseau le plus proche et ils les expédient comme bois de flottage, c'est-à-dire ils laissent descendre le bois au courant du ruisseau

werden kann.

Wozu wird der Schlitten gebraucht?

Wenn ein Baum gefällt ist, so werden die dicken Äste und die dünneren Zweige abgeschlagen, so daß der nackte Stamm allein übrig bleibt; dieser wird dann, wenn er als Bauholz, Zimmerholz oder zu Schiffsmasten und Mühlenachsen verbraucht werden soll, auf so genannten (s. g.) Schlittwegen, d. h. auf zwei parallel neben einander liegenden Balken, den Berg hinuntergeschafft.

Die abgehauenen Äste und Zweige, wenn sie nicht zum Kohlenbrennen an Ort und Stelle verbraucht werden sollen, werden auf die Handschlitten gepackt, festgebunden und von den Holzhauern auf denselben Schlittpfaden an den nächsten Bach geschafft und als Treibholz verflößt, d. h. man läßt das Holz den Bach oder den Fluß hinuntertreiben, bis es an dem Orte, wo ein Theil davon aufgestapelt werden soll, durch quer über das Wasser gelegte Balken

ou du fleuve; puis, quand il arrive à l'endroit où une partie en doit être empilée, on l'arrête au moyen de poutres placées en travers du cours d'eau. Quand, dans une localité, on a recueilli et mis à terre la quantité de bois requise, on retire les poutres qui interceptent le passage et le reste du bois suit le fil de l'eau. Les troncs d'arbre équarris, on les lie, au contraire, solidement avec des gaules souples, et alors ils forment les grands radeaux qui ont leur équipage comme un navire et qui peuvent être dirigés à l'aide du gouvernail.

Les bûcherons sont-ils bons ouvriers?

Ils savent leur métier à fond; ce sont des hommes laborieux et sobres, qui peuvent abattre une grosse besogne en une journée. Sous la direction de gardes forestiers, ils seront facilement à même d'ouvrir des clairières dans la forêt, de barrer des chemins, d'établir des abatis en règle, d'entre-

aufgefangen wird.

Ist die erforderliche Menge Holz an einem Orte aufgefangen und gelandet, so werden die Fangebalken weggezogen, und das übrige Holz treibt weiter.

Die grade gehauenen Baumstämme werden im Gegentheil mit geschmeidigen Gerten fest zusammengebunden, und bilden dann die großen Flöße, welche, wie ein Schiff, ihre Mannschaft haben und gesteuert werden können.

Sind die Holzhauer tüchtige Arbeiter?

Sie verstehen ihr Handwerk aus dem Grunde und sind fleißige und nüchterne Leute, die in Einem Tage viel beschaffen können. Unter der Leitung von Revierförstern werden sie leicht im Stande sein, Durchhaue durch den Wald zu machen, Wege zu versperren, regelmäßige Verhaue anzulegen, die Zweige der abgehauenen Bäume zu

cer les branches des arbres coupés et d'attacher les troncs d'arbre avec du fil de fer. Bref, ils pourront faire tout ce qui sera nécessaire pour faciliter le passage de vos troupes et pour empêcher d'une manière absolue que l'armée ennemie ne s'avance.

Avez-vous jamais été employé à établir des abatis d'arbres?

Oui, je m'entends à leur construction et je pourrais vous donner peut-être, à ce sujet, des renseignements utiles.

Il s'agit, en effet, comme vous le disiez, de faciliter à nos troupes le passage de la forêt jusqu'à Wahlheim. Comme nous aurons à faire passer également de l'artillerie, il sera nécessaire de faire ouvrir, en ligne droite, une trouée qui, dans toute sa longueur, puisse être battue par l'artillerie, pour que les troupes qui passeront soient à l'abri de toute attaque.

Quelle devra être à peu près la longueur de cette trouée?

verflechten und die Stämme mit Eisendraht an einander zu befestigen Kurz, sie können Alles thun was nöthig ist, um Ihren Truppen den Durchmarsch zu erleichtern und dem feindlichen Heere das Vordringen unmöglich zu machen.

Sind Sie jemals beim Anlegen von Verhauen beschäftigt gewesen?

Ja, ich verstehe das Anlegen derselben, und kann Ihnen vielleicht in Bezug darauf nützliche Winke geben.

Es handelt sich allerdings darum, wie Sie eben sagten, unsern Truppen den Durchmarsch durch den Wald nach Wahlheim zu erleichtern. Da wir auch Artillerie durchbringen müssen, so ist es nothwendig, eine ziemlich breite Lichtung in grader Linie durchzuhauen, die der ganzen Länge nach von Geschützen bestrichen werden kann, damit die durchziehenden Mannschaften vor Angriffen gedeckt sind.

Wie lang wird diese Linie wohl werden müssen?

De Laubach à Wahlheim il y a trois quarts de mille en ligne droite. Il vous faudra donc faire abattre un grand nombre d'arbres de haute futaie; de cette manière, vous aurez, non-seulement une clairière considérable, mais encore le nombre de troncs d'arbre nécessaire pour établir des blockhaus de défense, des batteries et des abatis d'arbres inaccessibles. On scie les troncs d'arbre à la même hauteur; on coupe avec des haches des pointes à l'un des bouts, puis, avec le mouton, on les enfonce aussi serrés que possible les uns à côté des autres.

Si vous voulez construire des blockhaus ou des abris à l'épreuve de la bombe, vous ferez faire deux rangées de troncs d'arbre, éloignées de vingt pieds environ l'une de l'autre; ensuite, vous y ferez poser un toit avec d'autres troncs d'arbre et des rails, que l'on couvrira encore de terre et de mottes de gazon, de sorte que les bombes ne

Von Laubach nach Wahlheim ist es dreiviertel Meilen in grader Richtung. Sie werden also eine große Anzahl hochstämmiger Bäume abschlagen lassen müssen, und auf diese Weise bekommen Sie nicht allein eine beträchtliche Lichtung, sondern Sie haben auch die nöthigen Baumstämme, um Vertheidigungs-Blockhäuser, Batterieen und unzugängliche Verhaue anzulegen. Die Baumstämme werden in gleicher Linie abgesägt, mit Beilen an Einem Ende zugespitzt und dann so dicht als möglich neben einander eingerammt.

Wollen Sie Blockhäuser oder bombenfeste Schutzdächer anlegen, so lassen Sie zwei etwa zwanzig Fuß von einander entfernte Reihen von Baumstämmen machen und legen ein Dach von andern Baumstämmen und Eisenbahnschienen darüber, die dann noch mit Erde und Rasenstücken belegt werden, so daß keine Bombe durchdringen kann.

pourront pas percer le toit. On établira de la même manière des batteries avec des troncs d'arbre, que l'on enfoncera en terre avec le mouton ; en avant de cette muraille d'arbres, on établira comme revêtement une levée de terre, tandis que la plate-forme, sur laquelle reposeront les roues des canons, sera faite avec des terres entassées et fortement consolidées. Pour former les embrasures, les hommes mettront un tronc d'arbre un peu plus court aux endroits destinés à recevoir les pièces.

Maintenant il s'agit encore des dispositions à prendre pour empêcher l'ennemi d'avancer, si, par hasard, il réussissait à s'établir sur la lisière de la forêt.

Afin d'atteindre ce but, il vous faudra faire établir un abatis naturel sur toute la pente septentrionale de cette montagne et sur une largeur convenable. Quand les hommes commandés pour ce travail, c'est-à-dire les

Batterieen werden auf dieselbe Weise von eingerammten Baumstämmen gebildet, vor welchen ein Erdwall als Bekleidung aufgeworfen wird, während die Geschützbank, auf welcher die Kanonenräder ruhen, von aufgehäufter und festgestampfter Erde gemacht werden muß.

Um die Schießscharten zu bilden, nehmen die Leute an den für die Geschütze bestimmten Stellen einen etwas kürzeren Baumstamm.

Nun handelt es sich noch um die nöthigen Vorrichtungen, um das Vordringen des Feindes zu verhindern, wenn es diesem etwa gelingen sollte, sich am Waldsaum festzusetzen.

Um diesen Zweck zu erreichen, müssen Sie am ganzen nördlichen Abhange dieses Berges hin, und in gehöriger Breite, einen natürlichen Verhau anlegen lassen. Wenn die dazu befehligten Leute, Soldaten oder Holzhauer, die Bäume fällen, so müssen sie

soldats ou les bûcherons, abattront les arbres, ils devront les scier de façon que la partie supérieure du tronc reste attachée au chicot par les fibres ligneuses, ce qui rend l'enlèvement de l'abatis extrêmement difficile. La cime des arbres abattus devra être placée dans la direction de l'ennemi ; il faudra, en outre, que les travailleurs coupent les menues branches et effilent en pointe les branches plus fortes.

Mais il s'agit encore de barrer la route qui traverse la forêt et qui conduit à Wahlheim et d'y établir un abatis avec des arbres traînés jusque-là.

On ne pourra le faire avec succès que dans un seul endroit, près du défilé ; en effet, partout ailleurs, on pourrait très-facilement tourner l'endroit où l'on aurait détruit la route, et le travail demeurerait inutile. Au contraire, près du chemin creux, un abatis serait avantageux. Vous trouverez dans le voisinage

dieselben so durchsägen, daß der obere Theil mit den Holzfasern am Wurzelende hängen bleibt, wodurch das Aufräumen des Verhaues ungemein schwierig wird.

Die Krone muß nach dem Feinde hin zu liegen kommen, und die Arbeiter müssen die dünnen Zweige abhauen und die stärkeren zuspitzen.

Es handelt sich aber auch darum, die durch den Wald nach Wahlheim führende Straße durch einen geschleppten Verhau zu versperren.

Dies kann nur an Einer Stelle, bei dem Engwege, von Erfolg sein, da an allen andern Orten die zerstörte Stelle sehr leicht umgangen werden kann und die Arbeit umsonst sein würde.

Aber bei dem Hohlwege würde ein Verhau zweckmäßig anzulegen sein.

Sie finden ganz in der Nähe des Engpasses bis auf 1000

immédiat du défilé et à la distance de 1000 ou 1200 pas, un nombre suffisant d'arbres qu'il faudra trainer jusqu'au chemin creux. Pour rendre plus difficile le déblai de l'abatis, il faudra poser en croix les gros bouts des arbres et les attacher les uns aux autres ainsi qu'au sol par des pieux en croix qu'on fichera dans la terre. Les arbres qui seront les plus utiles à former l'abatis devront avoir environ un pied d'épaisseur et une longueur de 15 à 20 pieds et il faudra leur laisser leurs branches.

Y a-t-il ici assez de broussailles, pour qu'on puisse en faire des fascines?

Vous pourrez vous servir des branches coupées; mais, en outre, vous trouverez assez de broussailles pour les faire servir à ce but.

Les troupes ne trouveront-elles pas d'obstacles naturels de l'autre côté de la forêt?

Si fait! déjà dans la forêt même, le chemin

oder 1200 Schritt Bäume genug, die an den Hohlweg herangeschleppt werden müssen.

Um das Aufräumen des Verhaues zu erschweren, werden die Stammenden kreuzweise über einander gelegt und unter einander, sowie mit dem Erdboden, durch kreuzweis eingeschlagene Pfähle verbunden.

Die zum Verhau dienlichsten Bäume müssen ungefähr einen Fuß stark und 15 bis 20 Fuß lang sein und ihre Zweige behalten.

Giebt es Gesträuche genug, um Faschinen daraus zu machen?

Sie können dazu die abgehauenen Baumzweige gebrauchen; aber außerdem finden Sie Gesträuche genug, die dazu dienen können.

Finden die Truppen auf der andern Seite des Waldes keine natürlichen Hindernisse?

Doch! im Walde selbst schon führt der Weg, den sie einzu-

que les troupes auront à prendre traverso plusieurs torrents; mais il sera très-facile d'y faire jeter des ponts en bois; en effet, l'eau coule presque partout par des ravins encaissés et formés par des parois de rocher escarpées, de sorte qu'on n'aura qu'à jeter d'un bord à l'autre des troncs d'arbre coupés, pour établir des communications d'une rive à l'autre.

De quel côté ces torrents se dirigent-ils?

Ils se réunissent déjà dans la forêt, mais plus vers le nord; puis, ils se jettent dans la Lenta qui, un peu en aval de Wahlheim, devient navigable et qui, à partir de cette localité, peut porter déjà des bateaux d'un assez fort tonnage.

Comment se fait-il que ces barques ne puissent pas remonter la rivière plus haut?

Il y a, dans beaucoup d'endroits, des batardeaux qui laissent passer, à la vérité, le bois de flottage et les radeaux par les écluses latérales,

schlagen haben, über mehrere Gießbäche; es wird aber sehr leicht sein, Holzbrücken über dieselben schlagen zu lassen, da das Wasser meistens durch enge, von steilen Felswänden gebildete Schluchten stürzt, so daß man nur abgehauene Baumstämme vom diesseitigen auf's jenseitige Ufer zu werfen braucht, um die Verbindung zwischen beiden Seiten herzustellen.

Wohin laufen diese Gießbäche?

Sie vereinigen sich schon im Walde, aber weiter nach Norden zu, und münden dann in die Leuta ein, die etwas unterhalb Wahlheim schiffbar wird und von letzterem Orte an ziemlich große Kähne tragen kann.

Woher kommt es, daß diese Fahrzeuge den Fluß nicht weiter hinauffahren können?

Es befinden sich an vielen Stellen Mühlenwehre (Dämme), die wohl Treibholz und Flöße durch an den Seiten angebrachte Schleusen durchlassen, welche aber die Schiff-

mais qui rendent impossible toute navigation.

N'y a-t-il donc pas de communications par eau entre Wahlheim et Leutamünde ?

Si ! ces deux localités communiquent par un canal qui sert de canal de flottage et de canal de navigation. Comme Wahlheim se trouve situé à une hauteur considérable au-dessus de Leutamünde et que la différence de niveau est très-grande, on a dû établir un grand nombre d'écluses en pierre et en bois, qui maintiennent l'eau du canal toujours à la même hauteur; chaque écluse est munie de portes doubles, de sorte que la perte d'eau causée par le passage des barques est fort peu considérable.

Tout le canal est-il un ouvrage d'art ?

Non, on a mis à profit l'ancien lit de la Gahre, de sorte que le canal n'est à proprement parler qu'une rivière canalisée.

Qui est-ce qui surveille la navigation de ce canal?

fahrt unmöglich machen

Giebt es denn keine Wasserverbindungen zwischen Wahlheim und Leutamünde?

Doch! die beiden Orte sind durch einen Kanal verbunden, der als Floßgraben und als Schiffskanal dient. Da Wahlheim bedeutend höher liegt als Leutamünde und das Gefäll des Wassers sehr stark ist, so haben viele steinerne und hölzerne Schleusen angelegt werden müssen, die das Wasser im Kanal immer auf gleicher Höhe erhalten; jede Schleuse hat doppelte Thüren, so daß der Wasserverlust beim Durchlassen der Fahrzeuge ein sehr geringer ist.

Ist der ganze Kanal künstlich angelegt?

Nein, das frühere Bett der Gahre ist dazu benutzt worden, so daß der Kanal eigentlich nur ein kanalisirter Fluß ist.

Wer überwacht die Schifffahrt auf dem Kanal?

Près de chaque écluse, il y a une maison de garde, habitée par les éclusiers, qui sont chargés d'ouvrir et de fermer les battants ; en outre, ils sont obligés de faire le service des ponts tournants qui passent sur le canal et qu'il faut ouvrir quand un bâtiment doit traverser.

Où la Leuta prend-elle sa source ?

A environ dix milles d'ici, au pied de la haute cime que vous apercevez là-bas à droite à l'horizon dans le lointain vaporeux, on voit jaillir plusieurs sources qui se réunissent bientôt avec différents ruisseaux et forment la rivière de la Leuta.

Quelle est la profondeur de cette rivière ?

Elle diffère beaucoup, suivant qu'on remonte ou qu'on descend la rivière ; puis, le sol du lit de la rivière dépend absolument des contrées que traverse ce cours d'eau. Dans la haute montagne, les petites sources, qui ensuite for-

Bei jeder Schleuse steht ein Schleusenhaus, in dem die Schleusenwärter wohnen, deren Geschäft es ist, die Schleusenthüren zu öffnen und zu schließen; außerdem müssen sie auch den Dienst bei den Drehbrücken versehen, die über den Kanal führen und geöffnet werden müssen, wenn ein Schiff durchfahren will.

Wo entspringt die Leuta?

Ungefähr zehn Meilen von hier, am Fuße der hohen Kuppe, die Sie dort rechts in blauer Ferne am Horizont erblicken, entspringen mehrere Quellen, die sich bald mit verschiedenen Bächen vereinigen und den Fluß Leuta bilden.

Wie tief ist dieser Fluß?

Die Tiefe ist sehr verschieden, je nachdem man den Fluß aufwärts oder thalabwärts fährt: auch hängt der Boden des Flußbettes durchaus von den Gegenden ab, welche dieses Wasser durchströmt. Oben im Gebirge sind die kleinen Quellen, welche den Fluß bilden, meistens Forellenbäche

ment la rivière, sont pour la plupart des ruisseaux nourrissant des truites; l'eau y coule sur un terrain sablonneux et couvert de gravier fin; au printemps, il s'y ajoute encore des pierres roulées plus fortes, quand les neiges se fondent dans la montagne et occasionnent des crues plus fortes, de sorte que l'eau entraîne, dans son cours, toute sorte de pierres et de débris de rocher.

D'où vient l'eau qui alimente ces ruisseaux?

Quelques-uns d'entre eux prennent naissance au pied même des montagnes; d'autres sont formés par l'eau qui ruisselle des glaciers; d'autres encore sortent des lacs dans les montagnes ainsi que des étangs-viviers formés par des digues transversales, derrière lesquelles l'eau s'accumule, jusqu'à ce qu'elle passe par le trop-plein et descende dans la vallée.

Où sont les premiers moulins?

Dans la haute montagne, il y a beaucoup de

und fließen über sandiges, mit feinem Kiese bedecktes Erdreich; im Frühling kommt dann noch gröberes Geröll hinzu, wenn der Schnee im Gebirge schmilzt und die Gewässer anschwellen, welche dann vielerlei Steine und Felstrümmer in ihrem Laufe mit sich fortreißen.

Woher bekommen diese Bäche ihren Zufluß?

Einige entspringen unmittelbar am Fuße der Berge, andre werden durch das aus den Gletschern rieselnde Wasser gebildet, andre wieder kommen aus den Bergseen und aus den Fischteichen (Weihern), welche durch Querdämme gebildet werden, hinter welchen sich das Wasser aufstaut (ansammelt), bis es überfließt und in's Thal herunterläuft.

Wo sind die ersten Mühlen?

Hoch oben im Gebirge befinden sich viele oberschlächtige

moulins à auges, qui sont employés ou bien comme moulins à blé ou comme scieries mécaniques ; les premiers de ces moulins se trouvent à une demi-heure de marche en aval des sources de la Leuta. Plus loin dans la plaine, où le volume d'eau de la rivière est devenu plus considérable, on a établi beaucoup de moulins à vanne, placés sur des bateaux amarrés dans la rivière ; d'autres sont placés sur la rive, non loin de la berge ; le barrage, placé en amont du moulin, empêche l'eau de s'écouler trop rapidement ; cette eau est amenée par le ruisseau jusqu'aux roues du moulin que le courant fait tourner ; au contraire, dans les moulins à auges, des rigoles amènent l'eau au-dessus des moulins, puis l'eau tombe sur les palettes de la roue et fait tourner cette dernière par son poids.

Est-ce que le lit du fleuve dans la plaine est également formé de sable et de gravier ?

Mühlen, die entweder als Kornmühlen oder als Sägemühlen gebraucht werden; die ersten stehn eine halbe Stunde unterhalb der Leutaquellen.

Weiter unten in der Ebene, wo die Wassermenge des Flusses bedeutender geworden ist, sind viele unterschlächtige Mühlen angelegt, welche auf Böten auf dem Flusse angebracht sind; andre liegen auf dem Ufer nicht weit vom Flußrande; der oberhalb derselben gelegene Mühlendamm verhindert das zu schnelle Ablaufen des Wassers, welches durch den Mühlenbach den Rädern der Mühle zugeführt wird und diese durch den Wasserstrom in Bewegung setzt, während bei den oberschlächtigen Mühlen das Wasser durch Rinnen oberhalb des Mühlrades herangeführt wird, dann auf die Schaufeln desselben herabfällt und das Rad durch seine Schwere herumtreibt.

Hat das Flußbett in der Ebene auch Sand- und Riesgrund?

Non, le sol y est argileux et le lit de la rivière est couvert de vase, qui n'est remplacée que vers l'embouchure par du sable; ce dernier y forme des bancs longs et étroits, qui peuvent rendre la navigation fort dangereuse. En outre, le fond du chenal y est semé de torpilles qui peuvent faire sauter ou faire couler tout bâtiment qui voudrait passer. En ce qui concerne les différentes profondeurs du lit de la rivière, la plus grande profondeur dans la montagne est de six pieds; seulement, devant les batardeaux et devant les vannes des moulins, il se forme toujours un creux beaucoup plus considérable. Dans la plaine, on trouve beaucoup d'endroits où l'eau a plus de vingt pieds de profondeur; qui plus est, dans le voisinage du tournant (remous) d'Erchingen, le plomb à sonder ne trouve pas de fond à 80 pieds de profondeur. Près de l'embouchure, la profondeur dépend naturelle-	Nein, hier ist der Boden lehmig und das Bett des Flusses ist mit Schlamm bedeckt, an dessen Stelle erst gegen die Mündung zu wieder Sand tritt, der hier lange und schmale Sandbänke bildet, welche der Schifffahrt sehr gefährlich werden können. Auch ist der Boden des Fahrwassers dort mit Torpillen belegt, die jedes Schiff im Vorbeifahren in die Luft sprengen oder in den Grund bohren würden. Was die verschiedenen Tiefen des Flußbettes anbetrifft, so ist die größte Tiefe im Gebirge sechs Fuß; nur vor den Mühlwehren und vor den Mühlenschleusen bildet sich immer eine viel beträchtlichere Vertiefung. In der Ebene findet man viele Stellen, an denen das Wasser mehr als zwanzig Fuß tief ist; ja, in der Nähe des Erchinger Strudels findet man mit dem Senkblei auf achtzig Fuß noch keinen Grund. An der Mündung hängt die Tiefe natürlich von Fluth und Ebbe ab; bei Spring-

14

ment de la marée montante et descendante ; dans les hautes marées de l'équinoxe, elle est très-considérable. La profondeur moyenne dans la plaine est de 20 pieds environ.

N'y a-t-il pas de gués dans la rivière ?

Là où il y a des batardeaux, ceux-ci forment des passages naturels ; en fait de gués proprement dits, il n'y en a que deux, l'un est en amont et l'autre en aval de Wahlheim; mais tous les deux ont été rendus impraticables, puisque, il y a quinze jours, les soldats ont coupé les gués par des tranchées de douze pieds de profondeur, au fond desquelles ils ont placé, en outre, des pieux taillés en pointe. Cette mesure n'était du reste guère nécessaire ; en effet, dans ces endroits, le sol est composé de sables mouvants, qui rendent très-dangereux le passage à gué. Par les hauteurs ordinaires, il y a rarement plus de trois pieds d'eau dans ces endroits.

fluthen ist dieselbe ganz bedeutend.

Die mittlere Tiefe ist in der Ebene etwa 20 Fuß.

Giebt es keine Furten im Flusse?

Wo es Mühlenwehre giebt, bilden diese natürliche Übergänge; eigentliche Furten giebt es nur zweie, eine oberhalb und die andre unterhalb Wahlheim; beide sind aber ungangbar gemacht worden, da die Soldaten vor vierzehn Tagen zwölf Fuß tiefe Gräben durch die Furten gegraben und außerdem zugespitzte Pfähle darin angebracht haben.

Dies wäre übrigens kaum nöthig gewesen, da der Boden an diesen Stellen aus Triebsand (Saugsand) besteht, der das Durchwaten des Flusses äußerst gefährlich macht.

Beim gewöhnlichen Wasserstande ist selten mehr als drei Fuß Wasser an diesen seichten Stellen; nur wenn

droits peu profonds; seulement lorsque, par suite d'averses violentes, il y a de fortes crues, le niveau de l'eau s'élève parfois, dans ces endroits, jusqu'à six pieds.

Quels moyens y a-t-il donc pour passer de l'autre côté ou pour traverser la rivière?

Vous trouverez tous les moyens possibles que je vous énumérerai successivement. D'abord il y a, dans cette partie de la rivière, une foule de bateaux et de barques, qui peuvent être employés, soit isolément pour passer les hommes, soit encore pour former un ou plusieurs ponts de bateaux dans le cas où vous voudrez les faire jeter à des endroits déterminés d'avance. En outre, vous pourrez facilement vous procurer les tonneaux et les madriers nécessaires pour faire établir un pont de tonneaux.

Quelle espèce de pont y a-t-il près de Wahlheim?

Dans la ville même il y a un pont de pierre.

der Fluß in Folge heftiger Regengüsse stark anschwillt, so steigt der Wasserspiegel an diesen Orten wohl bis auf 6 Fuß.

Welche Mittel giebt es denn, über den Fluß zu setzen oder über denselben zu gehen?

Dazu finden Sie alle möglichen Mittel, die ich Ihnen der Reihe nach aufzählen will. Zuerst giebt es auf diesem Theile des Flusses eine Menge Böte und Kähne, die entweder einzeln zum Übersetzen der Leute, dann aber auch dazu gebraucht werden können, um eine oder mehrere Schiffbrücken zu bilden, wenn Sie diese an bestimmten Orten schlagen lassen wollen.

Sie können sich außerdem leicht die nöthigen Fässer und Bohlen verschaffen, um eine Tonnenbrücke herstellen zu lassen.

Was für eine Brücke führt bei Wahlheim über den Fluß?

In der Stadt selbst ist eine steinerne aus fünf Bögen beste-

composé de cinq arches, dout on a fait cependant sauter une de chaque côté, il y a quelques jours. Néanmoins, vous pourrez facilement faire rétablir les communications en y faisant poser des poutres et des madriers placés en travers.

Le pont tournant est-il encore en bon état?

Il est encore complétement intact, puisque, pour interrompre complétement les communications entre les deux rives, on n'a qu'à ouvrir le pont et enlever ensuite quelques vis du mouvement qui sert à faire tourner le pont.

Qu'est devenu le pont en bois en aval de Mühlheim?

On l'a détruit, il y a de cela plusieurs jours. D'abord, on a enlevé le tablier composé de forts madriers en chêne; puis, on a enduit de goudron tous les bois, pour y mettre ensuite le feu, de sorte qu'on ne voit sortir de l'eau que les pilotis, sur lesquels reposaient les travées du pont.

hende Brücke, von denen aber die beiden äußersten an jedem Ufer befindlichen vor einigen Tagen gesprengt worden sind; indessen können Sie durch übergelegte Balken und Querbohlen die Verbindung leicht wiederherstellen lassen.

Ist die Drehbrücke noch in gutem Zustande?

Sie ist noch ganz unverletzt, da man im letzten Augenblicke, nachdem die Brücke aufgedreht ist, nur einige Schrauben aus dem Drehwerke herauszunehmen braucht, um die Verbindung zwischen beiden Ufern vollständig zu unterbrechen.

Was ist aus der hölzernen Brücke unterhalb Mühlheim geworden?

Sie ist schon vor mehreren Tagen zerstört worden. Zuerst hat man die aus starken Eichenbohlen bestehende Brückendecke abgetragen und dann alles Holzwerk mit Theer bestrichen und es darauf in Brand gesetzt; so daß nur noch die Pfahlroste, auf denen die Brückenjoche ruhten, aus dem Wasser hervorragen.

Ne pourrait-on pas mettre ces dernières à profit pour rétablir les communications?	Könnte man diese nicht noch benutzen, um die Verbindung wieder herzustellen?
La distance entre les différents pilotis est trop grande, pour que vous puissiez placer des poutres de l'un à l'autre; mais, comme les pieux sont brûlés presque jusqu'au niveau de l'eau, vous n'aurez qu'à faire solidement ancrer entre eux quelques chalands, pour être à même d'établir un excellent pont qui satisfasse à tous les besoins et qui soit praticable même pour de l'artillerie et pour des caissons.	Die Entfernung zwischen den einzelnen Pfahlrosten ist zu groß, als daß Sie Balken von einem zum andern legen könnten; aber da die Pfähle fast bis zum Wasserspiegel niedergebrannt sind, so brauchen Sie nur einige flache Böte dazwischen festankern zu lassen, um eine vortreffliche Brücke anlegen zu können, die allen Anforderungen entspricht und sogar für Geschütze und Munitionswagen fahrbar ist.
N'y a-t-il pas d'autres communications entre les deux rives?	Giebt es weiter keine Verbindungen zwischen dem linken und rechten Ufer?
Si fait! A deux lieues en aval de Wahlheim, il y a, en outre, un pont suspendu; mais il est en mauvais état et ne peut guère servir au passage de troupes; en tout cas, on ne peut le faire franchir que par de petits détachements à la fois, et les hommes sont obligés de rompre le pas, parce	O doch! Zwei Stunden unterhalb Wahlheim befindet sich noch eine Ketten- oder Hängebrücke; diese ist jedoch in schlechtem Zustande und kaum zu Truppenübergängen geeignet, jedenfalls dürfen immer nur kleine Truppenabtheilungen auf einmal hinübergehn und diese dürfen nicht im Schritt marschiren, weil sonst die Brücke in's Schwanken ge-

que autrement le pont se mettrait à osciller et les chaines se rompraient infailliblement.

A quoi sert le pont tubulaire en fer?

Le chemin de fer y passe; mais, à côté de la double voie, il y a encore un chemin pour les voitures; d'un côté, ce dernier est séparé de la voie par un treillage en fil de fer, et du côté de la rivière un garde-fou fort élevé en fer donne la sécurité nécessaire et empêche les chevaux et les voitures de tomber dans la rivière.

Pour quel motif a-t-on donc établi ici une construction aussi coûteuse?

Parce que, dans cet endroit, la rivière est encaissée entre des rochers élevés et escarpés, qui auraient rendu impossible l'établissement de tout autre genre de pont. Le niveau de l'eau est au moins à 120 pieds au-dessous du sommet des rochers; la construction de piles aurait donc occasionné une forte dépense et aurait rencontré

rathen würde, worauf die Ketten unfehlbar zerreißen müßten.

Wozu dient die eiserne Röhrenbrücke?

Die Eisenbahn läuft über dieselbe, aber neben dem Doppelgleise ist auch ein Fahrweg, der auf der einen Seite durch ein Drahtgitter von der Eisenbahn getrennt ist, während auf der Flußseite ein hohes eisernes Geländer den nöthigen Schutz darbietet und Pferde und Wagen am Herunterfallen hindert.

Aus welchem Grunde ist denn hier ein so kostspieliges Bauwerk angelegt worden?

Weil der Fluß an dieser Stelle zwischen hohen und steilen Felsenufern fließt, welche die Anlegung jeder andern Brücke unmöglich gemacht haben würden. Der Wasserspiegel ist wenigstens 120 Fuß tiefer als die Spitze der Felsen, und da wäre die Errichtung von Brückenpfeilern sehr theuer zu stehn gekommen, und ihre Anlegung wäre mit sehr großen Schwierigkeiten verbunden gewesen, weil an

de très-grandes difficultés; en effet, le courant de la rivière, resserrée par les rochers des deux rives, est extrêmement violent dans cet endroit.

Mais les bords ne sont pas partout aussi escarpés?

Oh non! Plus bas en aval, les bords deviennent tout à fait plats; alors, on ne trouve plus de ponts, parce que la rivière devient trop large; on passe les voyageurs avec des bacs. La plupart de ces bacs ou bachots sont assez grands pour pouvoir embarquer des chevaux et des voitures. Quelques-uns flottent librement et il faut les gouverner; mais d'autres sont attachés avec des câbles, soit sur l'une des rives, soit à un pieu placé au milieu de la rivière, et le courant les pousse d'une rive à l'autre. D'autres encore sont attachés avec une corde et une poulie à un câble tendu au travers de la rivière; ils obéissent également à l'impulsion donnée par le courant.

dieser Stelle die Strömung des zwischen den Felsenufern eingeengten Flusses sehr heftig ist.

Die Ufer sind doch nicht allenthalben so steil?

O nein! Weiter stromabwärts werden sie ganz flach; hier giebt es dann keine Brücken mehr, weil der Fluß zu breit wird, und die Reisenden werden auf Fähren übergesetzt. Die meisten dieser Prahme oder Fähren sind groß genug, um Wagen und Pferde einnehmen zu können; einige schwimmen ganz frei und müssen gesteuert werden; andre aber sind mit Kabeln entweder an einem Ufer des Flusses oder an einem mitten im Flusse befindlichen Pfahle befestigt und werden durch die Strömung von einem Ufer zum andern getrieben; noch andre sind mit einem Taue und einer Rolle an einem über den Fluß gespannten Kabel befestigt und werden ebenfalls durch den Strom getrieben.

Les environs de Wahlheim sont-ils fortement peuplés ?

Plus on descend dans la plaine, et plus les terres sont cultivées et plus on trouve des villages, des bourgs et des villes avec de fortes populations. Même là où les villages ne sont pas très-nombreux, on voit cependant beaucoup de fermes et de hameaux.

Les cimetières sont-ils fermés ou entourés de clôtures ?

Quelques-uns ne sont entourés que de haies ou de levées de terre ; cependant, la plupart sont clos de murs, et l'on n'aura qu'à les créneler pour changer facilement chaque cimetière en une petite forteresse. Les églises des villages sont presque toutes construites en pierres de taille et offrent des points d'appui solides pour un combat de village.

Comment les toits sont-ils couverts dans les villages ?

La plupart des fermes ou du moins les granges,

Ist die Umgegend von Wahlheim stark bevölkert?

Je weiter man in die Ebene hinabsteigt, desto mehr ist das Land angebaut und desto mehr wohlbevölkerte Dörfer, Marktflecken und Städte findet man. Auch wo die Kirchdörfer nicht so zahlreich sind, giebt es doch viele Gehöfte und Weiler.

Sind die Kirchhöfe eingeschlossen oder eingehegt?

Einige sind nur mit Hecken oder Erdwällen umgeben; die meisten sind aber mit Kirchhofsmauern umschlossen, und wenn diese mit Schießlöchern versehen werden, so kann man jeden Kirchhof mit leichter Mühe in eine kleine Festung verwandeln. Die Dorfkirchen selbst sind meistens aus Quadersteinen gebaut und bieten feste Haltpunkte für ein Dorfgefecht.

Womit sind die Dächer in den Dörfern gedeckt?

Die meisten Bauernhäuser, oder wenigstens die Scheunen,

sont couvertes de chaume ou de roseaux; mais les maisons d'habitation sont ordinairement couvertes de tuiles ou d'ardoises; cependant, dans la montagne, il n'y a que des toits de bardeaux, parce que les montagnards font eux-mêmes les bardeaux.

Les fermes sont-elles disséminées au milieu des champs?

Oui; c'est le cas de la plupart; beaucoup d'entre elles sont entourées de bois et se trouvent placées au milieu de jardins potagers et de vergers, de sorte que les troupes trouveront partout des points d'appui pour leur défense.

Le terrain est-il partout praticable pour la cavalerie?

Non; dans bien des endroits, il est coupé par les fossés et par des haies; en outre, il y a ici beaucoup de houblonnières qui empêcheraient complétement la cavalerie de pousser en avant.

Les pentes de la montagne sont-elles cultivées?

haben Stroh- oder Rohrdächer, die Wohnhäuser sind gemeiniglich mit Ziegeln oder mit Schiefer gedeckt; im Gebirg aber hat man nur Schindeldächer, da die Bergbewohner die Schindeln selbst verfertigen.

Liegen die Bauernhöfe vereinzelt mitten im Felde?

Ja, dies ist der Fall mit der Mehrzahl; viele von ihnen sind mit Büschen umgeben und liegen mitten in Gemüse- und Obstgärten, so daß die Truppen überall Stützpunkte zur Vertheidigung im Dorfgefecht finden.

Ist das Gelände überall für Reiterei gangbar?

Nein, an vielen Stellen ist es von Gräben und Hecken durchschnitten; auch giebt es in dieser Gegend viele Hopfengärten, die jedes Vordringen der Reiterei unmöglich machen.

Sind die Bergabhänge angebaut?

Oui, sur ce versant de la montagne demeurent beaucoup de vignerons qui ont planté de vignes la partie basse de la montagne, de sorte que la côte ne forme qu'un seul vignoble ; chaque vigne est entourée de murs, de façon que cette partie du terrain n'est accessible qu'à des tireurs destinés à se déployer en tirailleurs ; derrière les échalas mis en tas, ils trouveront d'excellents réduits, d'où ils pourront aisément viser l'ennemi.

Quel est ce bâtiment là-bas à gauche, à l'entrée du ravin ?

C'est un couvent de Franciscains ; non loin de là, vous voyez encore plusieurs bâtiments, dont l'un est un couvent d'hommes et l'autre un couvent de femmes. Le grand bâtiment, un peu plus à droite avec le toit d'ardoises de couleur foncée est le château du comte de Löwenheim ; les toits avec tuiles rouges que vous voyez au milieu des arbres, ce sont

Ja, an dieser Seite des Gebirges wohnen viele Weinbauern (Winzer), welche den unteren Theil des Berges mit Reben bepflanzt haben, so daß die Berglehne nur Einen Weinberg bildet; jeder Weingarten ist mit einer Mauer umschlossen, so daß dieser Theil des Geländes nur für Schützen zugänglich ist, die zum zerstreuten Gefecht bestimmt sind; hinter den aufgestapelten Weinstockpfählen finden sie vortreffliche Zufluchtsörter und können leicht den Feind auf's Korn nehmen.

Was ist das für ein Gebäude dort links am Eingang der Thalschlucht?

Dies ist ein Franziskanerkloster, und nicht weit davon sehen Sie noch mehrere Gebäude, von denen das eine ein Mönchskloster und das andre ein Nonnenkloster ist. Weiter rechts, das große Gebäude mit dem dunkeln Schieferdache ist das Schloß des Grafen Löwenheim, und die rothen Ziegeldächer, welche aus den Bäumen hervorsehen, sind die Schuppen, Scheunen und Ställe, welche zu diesem Schlosse, sowie zu dem ganz

les hangars, les granges et les écuries qui dépendent de ce château, de même que du manoir situé dans le voisinage.

Les clochers dont les sommets dépassent les arbres de la forêt à gauche de ce château, sont sans doute à une assez grande distance d'ici?

Ce sont les deux tours de la cathédrale de Gernsburg, qui est appelée aussi quelquefois le *münster* de Gernsburg.

Quel est ce clocher qui se trouve là-bas au fond de la vallée et qui semble appartenir à une église considérable?

C'est l'église de Geroldsheim, qui est, en effet, très-importante, car c'est d'elle que dépendent plusieurs annexes; mais, ces succursales n'ont pas d'églises proprement dites; il n'y a là que des chapelles où le service divin ne se célèbre que tous les deux dimanches.

Est-il vrai que les habitants de Gernsheim aient essayé de mettre leur ville en état de dé-

in der Nähe liegenden Rittergute gehören.

Die Thurmspitzen, welche links von diesem Schlosse über dem Walde hervorragen, liegen wohl ziemlich weit von hier?

Es sind die beide Thürme der Gernsburger Domkirche, welche auch wohl der Gernsburger Münster genannt wird.

Was ist das für ein Kirchthurm, der hier unten im Thale liegt und der zu einer bedeutenden Kirche zu gehören scheint?

Dies ist die Geroldsheimer Kirche, welche allerdings sehr bedeutend ist, da mehrere Filiale zu ihr gehören; die letzteren haben aber keine eigentlichen Kirchen, sondern nur Kapellen, in denen einen Sonntag um den andern Gottesdienst gehalten wird.

Ist es wahr, daß die Bürger von Gernsheim versucht haben, ihre Stadt in Vertheidigungszustand zu setzen, wie

fense, comme me l'a assuré hier un déserteur ?	mir ein Deserteur (Ausreißer) gestern gesagt hat?
En effet, ils ont fait une tentative dans ce sens; on a réparé le vieux mur d'enceinte, qui autrefois entourait la ville ; de plus, on a fait entrer l'eau dans les fossés intérieurs de la ville; mais, on n'aura qu'à percer le rempart extérieur, pour mettre aussitôt à sec les fossés de la ville. En outre, ce serait la chose du monde la plus facile de faire écrouler les vieilles murailles avec quelques pièces rayées de douze, et de forcer l'entrée de la ville.	Sie haben allerdings einen Versuch dazu gemacht; die alte Ringmauer, welche früher die Stadt umgab, ist ausgebessert worden, und die inneren Stadtgräben sind auch unter Wasser gesetzt worden; aber man braucht den äußeren Wall nur zu durchstechen, um augenblicklich die Stadtgräben trocken zu legen. Außerdem würde es ein Kinderspiel sein, mit einigen gezogenen 12 Pfündern die alten Mauern zusammenzuschießen und den Eingang in die Stadt zu erzwingen.
Le vieux château n'est-il pas fortifié ?	Ist das alte Schloß nicht befestigt?
Les murs sont assez élevés, et on ne pourrait pas les escalader avec des échelles d'assaut; mais, avec quelques coups de canon, on fera facilement sauter les chaines du pont-levis; bien que la voûte de la porte d'entrée soit barricadée, la petite garnison ne pourra pas tenir longtemps: elle sera obligée de se rendre à discrétion dès la première sommation.	Die Mauern sind ziemlich hoch und nicht mit Sturmleitern zu ersteigen; aber mit einigen Kanonenschüssen kann man leicht die Ketten der Zugbrücke sprengen; und obgleich der Thorweg verrammelt worden ist, so kann sich die kleine Besatzung doch nicht lange halten, sondern wird sich gleich nach der ersten Aufforderung auf Gnade und Ungnade ergeben.

Conversation entre un officier chargé des logements et un fonctionnaire municipal.	Gespräch zwischen einem Fourieroffizier und einem städtischen Beamten.
Êtes-vous le maire de cette ville?	Sind Sie der Bürgermeister dieser Stadt?
Non, je ne suis que le second fonctionnaire de l'autorité municipale, je suis l'adjoint; le maire est mort, il y a quelques jours, et n'a pas encore été remplacé.	Nein, ich bin nur der zweite Beamte der städtischen Behörde, der Bürgermeisterei-Adjunkt; der Bürgermeister ist vor einigen Tagen gestorben und ist noch nicht wieder ersetzt worden.
Alors, il faut que je m'en tienne à vous, et je vous prie d'exécuter rapidement et de la manière la plus exacte, les ordres que je pourrais avoir à donner.	Da muß ich mich denn an Sie halten und Sie bitten, die etwaigen Befehle, die ich zu geben habe, schleunigst und auf's pünktlichste auszuführen.
Je m'efforcerai de m'y conformer de mon mieux, et de sauvegarder, en même temps, les intérêts de la ville.	Ich werde mich bemühen, denselben auf's Beste nachzukommen und zu gleicher Zeit die Interessen der Stadt zu wahren.
Combien votre ville compte-t-elle d'habitants et de feux?	Wie viele Einwohner und wie viele Feuerstellen zählt Ihre Stadt?
D'après le dernier recensement, la ville renferme environ 3500 habitants et près de 600 feux, ou logements.	Nach der letzten Zählung hat die Stadt etwa 3500 Seelen und circa 600 Feuerstellen oder Wohnungen.
Avez-vous une caserne ou d'autres bâtiments spacieux où l'on puisse loger des soldats?	Haben Sie eine Kaserne oder sonst große Räume, in denen Soldaten untergebracht werden können?

Il y a ici, à la vérité, une petite caserne, mais elle peut contenir tout au plus cent hommes.	Es ist allerdings eine kleine Kaserne hier, es können aber höchstens 100 Mann darin wohnen.
Il faut vous arranger de manière qu'un détachement de 2200 hommes puisse trouver des logements et des vivres pour deux jours.	Sie müssen sich so einrichten, daß eine Truppenabtheilung von 2200 Mann auf zwei Tage Unterkommen und Verköstigung findet.
Quand attendez-vous vos hommes?	Wann erwarten Sie Ihre Leute (Mannschaften)?
Les fourriers seront ici avec leurs aides dans deux heures environ, afin de prendre les dispositions nécessaires pour loger les troupes qui n'arriveront que ce soir à six heures et demie.	Die Fouriere werden mit ihren Fourierschützen in etwa zwei Stunden hier sein, um die nöthigen Anordnungen wegen der Einquartierung der Truppen zu treffen, welche erst diesen Abend um halb sieben eintreffen werden.
Les habitants devront-ils loger et nourrir les soldats?	Haben die Bürger die Soldaten zu beherbergen und zu beköstigen?
Il faudra prendre vos dispositions pour que les hommes aient un lit, de la lumière et du feu; les hommes qui logeront dans la caserne, seront nourris aux frais de la ville.	Sie müssen Ihre Anstalten so treffen, daß die Leute Bett, Licht und Feuer bekommen; die Soldaten, welche in der Kaserne wohnen sollen, müssen von der Stadt verpflegt werden.
Avez-vous les vivres nécessaires?	Haben Sie die nöthigen Lebensmittel?
Non, c'est à la ville d'y pourvoir; les subsistances nécessaires devront être sur les lieux avant	Nein, dafür muß die Stadt sorgen, und vor der Ankunft der Soldaten muß die nöthige Verpflegung an Ort und

l'arrivée des troupes. Prenez donc vos mesures, pour que les hommes trouvent ici 2200 pains de deux livres, 1800 livres de viande de bœuf et les légumes nécessaires, c'est-à-dire des choux, des carottes et des pommes de terre, pour faire la soupe.

Toutes ces provisions seront à midi à l'Hôtel-de-ville, où les fourriers en prendront réception, afin de pouvoir les distribuer dans la soirée. Les billets de logement devront être prêts, au plus tard, à quatre heures du soir.

Stelle sein. Treffen Sie also Ihre Maßregeln so, daß die Leute 2200 zweipfündige Brobe, 1800 Pfund Rindfleisch und das nöthige Gemüse d. h. Kohl, Mohrrüben und Kartoffeln, um Suppe zu kochen, vorfinden.

Alle diese Vorräthe müssen um zwölf Uhr auf dem Rathhause sein, wo die Fouriere dieselben in Empfang nehmen werden, um sie am Abend vertheilen zu können. Die Quartierzettel müssen spätestens um vier Uhr Nachmittags fertig sein.

Conversation
avec un maire de village.

Combien y a-t-il d'habitants dans ce village?

L'année dernière, nous avions environ 2300 habitants dans cette paroisse, y compris les fermes et les hameaux disséminés.

De quelle branche d'industrie les habitants

Gespräch
mit einem Schultheißen (Schulzen).

Wie viele Einwohner sind in diesem Dorfe?

Im letzten Jahre hatten wir ungefähr 2300 Einwohner in diesem Kirchdorfe (Kirchspiel), die zerstreuten Bauernhöfe und Weiler mit eingerechnet.

Welches ist der Erwerbzweig, mit dem die Bewohner

s'occupent-ils principalement?	sich hauptsächlich beschäftigen?
La plupart des habitants sont des paysans, qui s'occupent d'agriculture; la plus petite moitié des habitants du village s'occupe de l'élevage des bestiaux; un petit nombre élève des abeilles.	Die meisten Einwohner sind Bauern, die sich mit Ackerbau abgeben; die kleinere Hälfte der Dorfbewohner beschäftigt sich mit Viehzucht und einige wenige sind Bienenzüchter.
Combien de chevaux y a-t-il dans ce village et combien de bêtes à cornes les habitants possèdent-ils?	Wie viel Pferde sind in diesem Dorfe und wie viel Stück Hornvieh besitzen die Einwohner?
Je ne saurais vous en indiquer le chiffre d'une manière très-exacte; mais, si je ne me trompe, nous possédons environ 500 chevaux, qui, pour la plupart, servent à la culture des champs et qui sont tous forts et sains. En ce qui concerne les bêtes à cornes, nous avons environ 800 veaux, bœufs et vaches; parmi ces dernières, près de 150 sont vaches laitières.	Ich kann Ihnen die Zahl nicht ganz genau angeben; aber, wenn ich mich nicht irre, so haben wir ungefähr 500 Pferde, die meistens zum Ackerbau gebraucht werden und alle stark und gesund sind. Was das Hornvieh anbelangt, so besitzen wir ungefähr 800 Kälber, Ochsen und Kühe, von welchen letzteren nahe an 150 Milchkühe sind.
Élève-t-on des moutons dans cette partie du pays?	Wird Schafzucht in dieser Gegend getrieben?
La plupart des terres appartenant à cette commune, sont des terres	Das meiste Land, welches zu dieser Gemeinde gehört, ist Ackerland; in den Thälern

labourables; dans les vallées nous avons quelques bons pâturages où les paysans engraissent les bœufs qu'ils achètent à cette fin dans les villages voisins; sur le plateau au-dessus du village il y a des landes (bruyères) assez étendues, dont les habitants se servent pour y élever des moutons et des abeilles.

Combien avez-vous ici de bouchers?

Il n'y en a qu'un seul qui soit réellement boucher de son métier; la plupart des paysans tuent eux-mêmes leurs bestiaux quand ils font leur provision de viande pour l'hiver.

Faites venir ce boucher, sur les deux heures de l'après-midi, à la mairie, pour qu'il s'entende avec les fourriers au sujet des bestiaux qu'il s'agira d'abattre.

Avez-vous donc besoin de bêtes de boucherie pour vos troupes?

J'attends aujourd'hui un détachement considérable de troupes qui devront être cantonnées

haben wir einige Fettweiden, auf denen die Ochsen gemästet werden, welche die Bauern zu diesem Zwecke auf den benachbarten Dörfern einkaufen; auf der Hochebene über dem Dorfe sind ziemlich große Haiden, welche von den Bewohnern zur Schaf- und Bienenzucht benutzt werden.

Wie viel Schlächter haben Sie hier?

Es giebt nur Einen, der wirklich seines Handwerks ein Schlächter (Fleischer) ist; die meisten Bauern tödten ihr Vieh selbst, wenn sie zum Winter einschlachten.

Lassen Sie diesen Schlächter heute Nachmittag um zwei Uhr zum Gemeindehause kommen, damit er sich mit den Fourieren über das zu schlachtende Vieh verständigen kann.

Brauchen Sie denn Schlachtvieh für Ihre Truppen?

Ich erwarte heute eine bedeutende Truppenabtheilung, die im Dorfe und in den zur Gemeinde gehörigen Bauer-

dans le village et dans les hameaux de la commune, où il faudra leur procurer les subsistances nécessaires. Les soldats auront ici demain un jour de repos, et il faudra leur fournir les vivres nécessaires pour deux jours.

Quelle sorte de provisions demandez-vous?

Vous aurez à me fournir cet après-midi mille pains, cinq cents livres de viande de bœuf, deux cents livres de lard, trois cents boisseaux de pommes de terre, quatre cents pommes de chou, cent bottes de carottes et trois cents litres de pois verts.

Quels vivres faudra-t-il procurer pour demain?

Demain vous ferez apporter à la mairie les mêmes articles, mais en double quantité.

Demandez-vous encore autre chose?

De quelle espèce de véhicules pouvez-vous disposer?

En fait de calèches, il n'y en a que deux, qui appartiennent au propriétaire du manoir et qui se trouvent dans la

schaften untergebracht und verpflegt werden muß. Die Soldaten sollen hier morgen Ruhetag haben und müssen auf zwei Tage mit den nöthigen Lebensmitteln versorgt werden.

Was für Vorräthe verlangen Sie?

Sie müssen mir diesen Nachmittag tausend Brode, fünfhundert Pfund Rindfleisch, zweihundert Pfund Speck, dreihundert Scheffel Kartoffeln, vierhundert Kohlköpfe, hundert Bündel Möhrrüben und dreihundert Kannen grüne Erbsen verschaffen.

Was muß für morgen beschafft werden?

Morgen werden Sie dieselben Artikel, aber in doppelter Menge, zum Gemeindehause bringen lassen.

Befehlen Sie außerdem noch etwas?

Über was für Fuhrwerke können Sie verfügen?

Kutschen giebt es nur zwei, welche dem Besitzer des Rittergutes gehören und die auf letzterem im Kutschenhause stehen. Vierrädrige Leiterwa-

remise. Mais il y a ici un grand nombre de chariots à ridelles et à quatre roues, au moins deux ou trois cents, dont les villageois se servent pour rentrer le blé, la paille et les foins, ainsi que les autres fruits des champs, et qui tous ont des attelages de deux chevaux.

Préparez l'une des deux calèches pour faire conduire le général à la station la plus voisine du chemin de fer; de plus, il faudra faire apprêter cent cinquante charrettes à quatre roues, pour le transport des bagages et des vivres nécessaires.

N'avez-vous pas de voitures à un cheval, de voitures de boucher, de cabriolets ou d'autres voitures suspendues de ce genre, qui pourraient être employées pour le transport des malades et des blessés?

Quelques-uns des paysans aisés ont de ces voitures à un cheval; mais leur nombre n'est pas considérable, il s'élève tout au plus au chiffre de vingt-cinq.

gen giebt es aber viele, wenigstens zwei- bis dreihundert, die von den Landleuten zum Einbringen (Einheimsen) des Korns, des Strohs und des Heus, sowie der andern Feldfrüchte gebraucht, und die alle mit zwei Pferden bespannt werden.

Halten Sie Eine Kutsche bereit, worin der General bis zur nächsten Eisenbahnstation gefahren werden kann; ferner müssen hundert und fünfzig vierrädrige Leiterwagen bereit stehen, um das Gepäck und die nöthigen Lebensmittel weiterzuschaffen.

Haben Sie gar keine Einspänner, Fleischerwagen, Kabriolette oder dergleichen Wagen, die in Federn hängen und die zum Transport der Kranken und Verwundeten benützt werden könnten?

Einige von den wohlhabenderen Bauern haben solche Einspänner; aber ihre Zahl ist nicht groß, sie belaufen sich höchstens auf fünf und zwanzig.

Tenez toutes ces voitures prêtes pour cet après-midi, pour que le médecin militaire puisse en requérir autant qu'il jugera nécessaire.

Quelles autres voitures possédez-vous encore dans votre commune?

Il y a encore ici quelques charrettes à deux roues, mais qui sont toutes montées sur essieu et n'ont pas de ressorts; en outre, il est arrivé ici hier six voitures de roulage vides, qui sont remisées à l'auberge du Bœuf Rouge; les rouliers seront probablement assez disposés à charger des transports militaires jusqu'à la station voisine.

Donnez à ces rouliers l'ordre de se présenter, aujourd'hui à deux heures du soir, à la mairie. — Quels renseignements pouvez-vous me donner sur les granges et sur les écuries dans votre village? Combien de chevaux pouvez-vous caser?

Chaque ferme possède une grande écurie, dans laquelle on pourra placer 10 chevaux en moyenne;

Halten Sie dieselben alle für diesen Nachmittag bereit, damit der Regimentsarzt so viele davon requiriren kann, als er für nöthig erachtet.

Was haben Sie sonst noch für Fuhrwerke in der Gemeinde?

Es giebt hier noch einige zweiräbrige Karren, die aber alle auf der Achse fahren und keine Federn haben; außerdem sind gestern sechs leere Frachtwagen angekommen, die im Rothen Ochsen stehen und deren Fuhrleute wahrscheinlich nicht abgeneigt sind, Militärfracht bis zur nächsten Station zu laden.

Bestellen Sie diese Frachtfuhrleute diesen Nachmittag um zwei Uhr auf's Gemeindehaus. — Wie sieht es mit Scheunen und Ställen in Ihrem Dorfe aus? Wie viele Pferde können Sie unterbringen?

Jeder Bauernhof hat einen großen Stall, in welchem durchschnittlich 10 Pferde stehen können, aber außerdem

mais, en outre, les métairies importantes renferment des granges spacieuses, où, en cas de besoin, on pourra placer des chevaux. Au manoir seul, vous pourrez mettre à l'abri environ 80 chevaux, dans des écuries généralement bien installées, qui toutes sont pourvues de mangeoires et de râteliers et qui conviendraient particulièrement pour y placer des chevaux d'officiers.

Parlons maintenant des fourrages nécessaires pour les chevaux. Avez-vous les provisions requises de foin, de paille, d'avoine et de son?

La récolte des foins n'a pas été très-abondante cette année; cependant, je crois que nous pourrons suffire à tous les besoins et à toutes les demandes.

Il arrivera aujourd'hui 850 chevaux en tout, et je dois vous prier de tenir prêts tous les fourrages nécessaires pour ce nombre. Pour la litière dans les écuries et dans les granges, il nous fau-

haben die größeren Pachthöfe geräumige Scheunen, in die man im Nothfall Pferde stellen kann. Im Rittergute allein können Sie etwa 80 Pferde unter Dach und Fach bringen, und das meistens in gut eingerichteten Ställen, die alle mit Krippen und Raufen versehen sind und sich besonders gut zum Aufstellen der Offiziersspferde eignen würden.

Nun müssen wir von der nöthigen Fütterung für die Pferde sprechen. Haben Sie die nöthigen Vorräthe an Heu, Stroh, Hafer und Kleie?

Die Heuernte ist in diesem Jahre nicht sehr ergiebig gewesen; doch, glaube ich, können wir allen Bedürfnissen und allen Anforderungen Genüge leisten.

Es werden heute im Ganzen 850 Pferde ankommen und ich muß Sie bitten, das für dieselben nöthige Futter in Bereitschaft zu halten. Für die Streu in den Ställen und Scheunen brauchen wir 1000 Bündel Stroh; ferner für

dra 1000 bottes de paille ; de plus, comme fourrages, 150 boisseaux d'avoine, 850 bottes de foin, 200 miches de pain d'avoine ou de seigle et 400 mesures de son.

Je ferai tout mon possible pour satisfaire à toutes ces demandes.

Quels sont les artisans qui demeurent dans ce village ?

La plupart des gens de la classe pauvre qui ne s'occupent pas de la culture des terres sont des journaliers et des terrassiers, qui se louent chez les paysans ou qui trouvent de l'ouvrage au chemin de fer ; mais des artisans proprement dits ne se trouvent ici qu'en très-petit nombre. Nous avons deux cordonniers, un tailleur, trois forgerons, qui fabriquent surtout des socs de charrue, un maréchal ferrant, deux menuisiers et deux charpentiers, trois boulangers et, comme je vous le disais tout à l'heure, un seul boucher.

Fütterung 150 Scheffel Hafer, 850 Bündel Heu, 200 Laib Hafer- oder Rockenbrod und 400 Maß Kleie.

Ich werde mein Möglichstes thun, um allen diesen Forderungen nachzukommen.

Was für Handwerker wohnen in diesem Dorfe?

Die meisten Leute der ärmeren Klasse, die sich nicht mit Ackerbau beschäftigen, sind Tagelöhner und Erdarbeiter, die sich bei den Bauern verdingen oder bei der Eisenbahn Arbeit finden; aber eigentliche Handwerker giebt es nur sehr wenige Wir haben hier zwei Schuster, einen Schneider, drei Schmiede, die besonders Pflugscharen machen, einen Hufschmied, zwei Tischler und zwei Zimmerleute, drei Bäcker und, wie ich Ihnen vorhin schon sagte, einen einzigen Schlächter.

Conversation avec un chef de gare.	Gespräch mit einem Bahnhofsinspektor.
Où conduit cette ligne?	Wohin führt diese Bahn?
C'est le chemin de fer de la rive gauche, conduisant de Ahnweiler à Neuburg.	Es ist die linke Uferbahn, welche von Ahnweiler nach Neuburg führt.
Où se trouve l'embranchement le plus voisin sur cette ligne?	Wo ist die nächste Zweigbahn auf dieser Linie?
A deux minutes d'ici, il y a l'embranchement conduisant à Oberstadt; mais il n'y a là qu'une seule voie, tandis que la ligne principale a partout deux voies.	Zwei Minuten von hier zweigt sich die Bahn nach Oferstadt ab; diese hat aber nur ein einfaches Gleis, während die Hauptbahn überall doppelgleisig ist.
Les trains marchent-ils encore régulièrement?	Laufen die Züge noch regelmäßig?
Ce matin, nous avons vu passer plusieurs trains allant à Neuburg; le train-express n'a pas arrêté, mais le train de poste et le train de marchandises, qui ont passé, l'un, il y a une heure et demie et l'autre, il y a deux heures et demie, se sont arrêtés un instant, pour prendre du charbon et de l'eau.	Diesen Morgen sind mehrere Züge nach Neuburg vorbeigefahren; der Schnellzug hat nicht angehalten, aber der Postzug und der Güterzug, die vor drittehalb und vor anderthalb Stunden vorbeigefahren sind, haben einen Augenblick Halt gemacht, um Kohlen und Wasser einzunehmen.
Combien d'employés subalternes avez-vous ici?	Wie viele Unterbeamte haben Sie hier?
A la station même, il y a, outre moi, encore	Auf der Station selbst ist außer mir noch ein anderer

un autre chef de gare; de plus, nous avons deux mécaniciens pour conduire les locomotives, huit hommes d'équipe, un receveur qui est occupé au guichet; douze aiguilleurs et travailleurs qui s'occupent des aiguilles et des plaques tournantes; deux gardes-voie surveillent les passages à niveau près de la gare et deux employés font le service du télégraphe nécessaire pour l'exploitation de la ligne.

A quoi servent les bâtiments à gauche de la station?

Le bâtiment à côté du hangar aux marchandises sert à remiser les wagons et les voitures à marchandises, et le plus petit sert de dépôt pour y serrer les rails, les traverses et le reste du matériel.

N'y a-t-il pas de locomotives?

Si, il est arrivé, ce matin, deux machines à roues couplées et j'attends encore aujourd'hui une locomotive non couplée.

Bahnhofsinspektor (Stationsvorstand); ferner haben wir zwei Maschinenführer, acht Schaffner, einen Einnehmer, der am Schalter beschäftigt ist; zwölf Weichensteller und Arbeiter haben die Weichen und die Drehscheiben zu besorgen; zwei Bahnwärter überwachen die Wegübergänge beim Bahnhofe und zwei Beamte versehen den für den Betrieb nöthigen Telegraphendienst.

Wozu dienen die Gebäude links von der Station?

Das Gebäude neben dem Güterschoppen dient zum Unterbringen der Personen- und Güterwagen, und das kleinere zum Aufbewahren der Schienen, der Schwellen und des sonstigen Materials.

Sind keine Maschinen da?

Doch, es sind diesen Morgen zwei gekuppelte Maschinen angekommen, und ich erwarte heute noch eine ungekuppelte Lokomotive.

Quelle est la force de traction des premières?	Welches ist die Zugkraft der ersteren?
Une machine couplée peut transporter de cent à cent cinquante essieux chargés, c'est-à-dire 1 bataillon de 1000 hommes, ou 1 escadron de 150 chevaux, ou 1 batterie de 6 pièces.	Eine gekuppelte Maschine kann hundert bis hundert und fünfzig beladene Achsen, d. h. 1 Bataillon zu 1000 Mann, oder 1 Eskadron zu 150 Pferden, oder 1 Batterie zu 6 Geschützen fortschaffen.
Commandez par le télégraphe quinze voitures de 1re et de 2e classe, soixante voitures du 3e classe pour les hommes, vingt voitures à marchandises couvertes, trente wagons à bestiaux et quelques voitures à marchandises ouvertes; tous ces moyens de transport devront être ici à 3½ heures de l'après-midi. Si les wagons de 3e classe ne suffisaient pas, il faudrait garnir les wagons à voyageurs debout de siéges faits avec des planches rabotées.	Bestellen Sie durch den Telegraphen fünfzehn Coupés 1. und 2 Klasse, sechzig Wagen 3. Klasse für die Mannschaften, zwanzig bedeckte Güterwagen, dreißig Viehwagen und einige offne Güterwagen; alle diese Fahrzeuge müssen um halb vier Uhr Nachmittag hier sein. Sollten die Wagen 3. Klasse nicht genügen, so müssen Sie die Stehwagen mit Sitzbänken aus gehobelten Brettern versehen lassen.
Dans quel ordre faudra-t-il composer le train du soir?	In welcher Ordnung soll der Abendzug zusammengesetzt werden?
Derrière la locomotive et le tender, vous mettrez un fourgon aux bagages pour les petits paquets, ensuite les wagons	Hinter der Lokomotive und dem Tender folgen: ein Packwagen für loses Gepäck, dann die Personenwagen für Offiziere und Mannschaften, da-

pour les officiers et pour les hommes, puis les fourgons pour les selles, les voitures pour les chevaux, et enfin celles pour les caissons et les pièces.

Je ferai parvenir vos ordres au directeur du mouvement et, de mon côté, je prendrai les dispositions qui me concernent. Combien vous faudra-t-il de travailleurs pour embarquer les chevaux et le matériel roulant?

Sur les 2 heures, il vous faudra pouvoir disposer de quatre-vingts travailleurs, et j'attends que, vers midi, vous ayez élaboré en détail un tableau d'embarquement et de route, pour que je puisse le faire connaître aux troupes comme ordre de route.

Les hommes apporteront-ils de la paille, ou faudra-t-il que je m'en occupe?

Je vous prierai de faire apporter quelques centaines de bottes de paille, pour en couvrir le plancher des wagons, à

rauf die Wagen für die Sättel, die für die Pferde, und endlich die Wagen mit Munitionsfahrzeugen und Geschützen.

Ich werde Ihre Befehle dem Betriebsdirigenten zukommen lassen und meinerseits die mich angehenden Anordnungen treffen. Wie viele Arbeiter brauchen Sie zum Verladen der Pferde und Fahrzeuge?

Sie müssen gegen 2 Uhr über 80 Arbeiter verfügen können, und gegen Mittag erwarte ich, daß Sie die Einladungs- und Fahrtordnung auf's Genaueste ausgearbeitet haben, damit ich dieselbe der Truppe als Fahrtbefehl bekannt machen kann.

Haben die Soldaten Stroh bei sich, oder muß ich dafür sorgen?

Ich muß Sie bitten, einige hundert Pfund Stroh herbeischaffen zu lassen, um die Fußböden der Wagen der Kälte wegen damit zu belegen, und

cause du froid; comme il a fait du verglas aujourd'hui, il faudra faire jeter de la paille et de la cendre aussi sur le quai et sur les ponts d'embarquement.

Concertons-nous encore au sujet de l'embarquement des chevaux et des hommes.

On placera les compagnies sur deux rangs, et on les divisera en autant de détachements qu'il y aura de wagons destinés à chaque compagnie. Chaque détachement se subdivisera en autant de sections que chaque wagon aura de compartiments. Ensuite, on fera conversion par sections et l'on s'approchera des wagons. Chaque section se placera devant son compartiment et s'y formera sur un seul rang. Puis, on donnera l'ordre de retourner les baïonnettes, d'ôter les sacs, de les prendre à la main et de se coiffer du bonnet de police. — Le signal pour monter en voiture est le commandement: Appel! Sous au-

ba es heute geglatteist hat, müssen Sie auch die Rampe und die Ladebrücken mit Stroh und Asche bestreuen lassen.

Wir müssen uns noch über das Verladen der Pferde und Mannschaften besprechen.

Die Kompagnieen werden in zwei Gliedern aufgestellt und in soviel Abtheilungen getheilt, als Wagen für die Kompagnie bestimmt sind. Jede Abtheilung zerfällt in so viele Sektionen, als jeder Wagen Coupés hat. Hierauf wird mit Sektionen abgeschwenkt und an die Wagen marschirt. Eine jede Sektion tritt an ihr Coupé und formirt sich dort in Einem Gliede. Demnächst wird der Befehl ertheilt, die Bajonette umzukehren, die Tornister ab- und in die Hand zu nehmen und die Mützen aufzusetzen. — Das Signal zum Einsteigen ist: Ruf! Die Thüren dürfen unter keiner Bedingung früher geschlossen werden, als bis der betreffende Offizier es befohlen hat. Das Schließen und Öffnen der Thüren geschieht durch die Schaffner.

cune condition, les portières ne devront être fermées avant l'ordre donné par l'officier que cela regarde. Les conducteurs seuls fermeront et ouvriront les portières.

Quelles mesures de précaution faudra-t-il prendre pour mettre le train à l'abri de tout danger d'incendie?

Il ne faudra pas mettre de paille dans les voitures à chevaux, et pour y donner la lumière nécessaire, vous ne pourrez placer dans ces voitures que des lanternes fermées. En outre, les hommes qui accompagnent les caissons, se muniront d'un seau rempli d'eau et garni d'un torchon de paille; ils mouilleront ce dernier et s'en serviront pour éteindre immédiatement les étincelles qui pourraient tomber sur la voiture. Pour être prêt en cas de besoin, on s'entendra sur un signal, par lequel les hommes, placés dans les voitures à chevaux ou dans celles qui sont chargées de

Welche Vorsichtsmaßregeln sollen getroffen werden, um den Zug vor Feuersgefahr zu sichern?

In die Pferdewagen darf kein Stroh gebracht werden, und um das nöthige Licht zu geben, dürfen Sie nur verschlossene Laternen in den Wagen anbringen. Ferner müssen die bei den Munitions-Fahrzeugen befindlichen Leute einen mit Wasser gefüllten und mit einem Strohbündel versehenen Eimer bei sich haben und etwa auf den Wagen fallende Funken sofort mittelst des nassen Strohbündels löschen. Für den Nothfall muß ein Zeichen verabredet werden, durch welches die Mannschaften in den Pferdewagen und auf den mit Munitionsfahrzeugen beladenen Wagen die Schaffner auf ein außerordentliches Vorkommniß, welches ein Anhalten des Zuges bedingt, aufmerksam machen können.

caissons, pourront attirer l'attention des conducteurs et leur faire connaitre tout incident extraordinaire qui pourrait nécessiter l'arrêt du train.

Comment les hommes pourront-ils se procurer ici de l'eau?

Vous voyez là-bas, à côté de la grande grue, un vaste réservoir, dont le flotteur indique qu'il est rempli jusqu'au bord; en outre, nous avons encore quatre pompes pouvant fournir un volume d'eau considérable.

A quoi sert la grue dont vous parlez?

La grue fixe sert à décharger et à embarquer les marchandises; mais nous avons en outre, au hangar aux marchandises, une grande grue mobile, qui marche sur des roues et qu'on peut faire avancer sur les rails, le long du quai; vous pourriez vous en servir pour embarquer les pièces d'artillerie.

Le perron n'est pas assez long pour permettre qu'on embarque à la

Wie können die Truppen sich hier Wasser verschaffen?

Sie sehen dort neben dem großen Krahne einen geräumigen Wasserbehälter, dessen Schwimmer anzeigt, daß er bis zum Rande voll ist; außerdem haben wir noch vier Pumpen, die eine bedeutende Wassermenge liefern können.

Wozu dient der Krahn, von dem Sie sprechen?

Der feststehende Krahn wird zum Aus- und Einladen der Güter gebraucht; wir haben aber außerdem im Güterschoppen einen großen beweglichen Krahn, der auf Rädern ruht und auf Schienen den Kai entlang geschoben werden kann; Sie könnten ihn zum Einladen der Geschütze gebrauchen.

Der Perron ist nicht lang genug, um viele Geschütze und Pferde auf einmal verladen

fois beaucoup de canons et de chevaux; faites apporter par vos gens un nombre suffisant de rails et les entasser les uns sur les autres, de façon qu'on puisse y poser les ponts mobiles et faire entrer directement dans les voitures du train les pièces qu'il s'agira d'embarquer.

Nous avons des rails en quantité suffisante pour pouvoir considérablement prolonger le quai.

Avez-vous des approvisionnements suffisants de charbon?

Dans notre magasin, il y a plusieurs milliers de quintaux du meilleur charbon de terre anglais; en outre, nous avons d'assez grandes provisions de tourbe également susceptible d'être brûlée sur les grilles des locomotives, de plus du bois à brûler.

Où conduit cette ligne secondaire qui s'embranche ici à la station même sur la ligne principale?

Elle ne sert qu'à conduire les wagons et les locomotives, dont on ne

zu können; laſſen Sie durch Ihre Leute eine genügende Anzahl Schienen heranbringen und dieſelben in der nöthigen Geſtalt aufbauen, damit die Vorlege- (Lade-) Brücken auf dieſelben gelegt und die zu verladenden Geſchütze unmittelbar auf die Eiſenbahnwagen gefahren werden können.

Wir haben Schienen in genügender Menge, um den Kai bedeutend verlängern zu können.

Haben Sie genügenden Kohlenvorrath?

In unſerm Vorrathshauſe liegen mehrere tauſend Centner beſter engliſcher Steinkohlen; außerdem haben wir einen ziemlichen Vorrath an Torf, der auch auf den Roſten der Lokomotiven brennen kann. und an Brennholz.

Wohin führt dieſe Nebenbahn, die hier auf dem Bahnhofe ſelbſt von der Hauptlinie abzweigt?

Sie dient nur dazu, die Wagen und Lokomotiven, welche nicht gebraucht werden,

se sert pas, vers le hangar destiné à les remiser.

La ligne conduit-elle d'ici à travers un pays plat, ou y a-t-il, dans le voisinage, des vallées et des ravins?

Du côté d'Ahnweiler, il y a, sur une longue étendue de terrain, uniquement des plaines; mais, dans la direction de Neuburg, la voie passe sur des viaducs élevés et franchit des vallées profondes, jusqu'à ce qu'elle arrive à cette chaîne de collines que vous apercevez là-bas dans le lointain; un long tunnel traverse la montagne dans le sens de la largeur et, pour que le trafic sur la voie se fasse sans obstacle, il est absolument nécessaire de faire occuper les deux issues du tunnel par de forts détachements de troupes, pour empêcher qu'on ne le fasse sauter par la mine.

Pourra-t-on rendre impraticable l'embranchement aussi?

Rien ne serait plus fa-

in die zum Aufstellen derselben bestimmten Schoppen zu führen.

Geht die Bahn von hier aus durch ebenes Land, oder sind Thäler und Schluchten in der Nähe?

Nach Ahnweiler zu ist auf eine lange Strecke hin nur flaches Land; aber in der Richtung nach Neuburg läuft die Bahn auf hohen Viadukten über tiefe Thäler, bis sie zum Höhenzuge gelangt, welchen Sie dort in der Ferne erblicken; ein langer Tunnel durchschneidet den Berg der Breite nach, und es ist für den ungehinderten Verkehr auf der Bahn unumgänglich nöthig, die beiden Ausgänge des Tunnels mit starken Truppenabtheilungen zu besetzen, um das Sprengen desselben durch Minen zu verhindern

Kann die Zweigbahn auch unbrauchbar gemacht werden?

Nichts wäre leichter, da

cile ; en effet, à deux lieues d'ici, il y a un long viaduc en pierre, dont on n'a qu'à faire sauter quelques arches pour interrompre le trafic d'une manière complète. En outre, un peu au-dessus du pont de chemin de fer, dont je viens de parler, la voie entre dans un tunnel en maçonnerie, construit dans un terrain sablonneux et peu compacte, de sorte qu'on n'aura qu'à faire sauter, dans le tunnel, quelques barils de poudre, pour l'encombrer complétement et pour rendre impossible l'exploitation de la ligne.

J'enverrai aussitôt un détachement suffisant d'artilleurs avec leurs pièces vers le tunnel, pour prévenir un pareil désastre, qui pourrait avoir des conséquences très-facheuses.

Questionnaire médico-chirurgical.

Y a-t-il, dans ce village, un château ou une grande maison convena-

sich eine Meile von hier ein langer steinerner Viaduct befindet, von dem man nur einige Bögen zu sprengen braucht, um den Verkehr vollständig zu unterbrechen. Außerdem führt auch diese Bahn etwas oberhalb der genannten Eisenbahnbrücke in einen Tunnel hinein, der in sandigem, lockerem Erdreich gemauert ist, so daß man nur einige Pulverfässer im Tunnel auffliegen zu lassen braucht, um ihn vollständig zu verschütten und den Betrieb der Bahn unmöglich zu machen.

Ich werde sogleich eine genügende Abtheilung Kanoniere mit Geschützen zum Tunnel schicken, um einem solchen Unfalle, der sehr schlimme Folgen haben könnte, vorzubeugen.

Fragen eines Militärarztes oder Wundarztes.

Gibt es in diesem Dorfe ein Schloß oder ein großes Gebäude, welches dazu geeignet

ble pour y établir une ambulance?

Il y a ici un couvent de femmes, qui est resté vide depuis quelques mois et où l'on trouverait un grand nombre de salles spacieuses et bien aérées; on pourrait y placer beaucoup de malades.

Pourrait-on trouver quelques lits, beaucoup de matelas et des couvertures?

Nous avons ici une institution de jeunes gens dont le directeur peut disposer d'un certain nombre de lits de fer et de la literie nécessaire pour ces lits; si cela ne suffisait pas, on trouverait au château les draps de lit, les matelas et les couvertures qu'il faudrait pour établir une ambulance de cent lits au moins.

Trouvera-t-on facilement du linge et de la charpie pour les pansements?

Les fermières seront très-disposées à donner des draps de lit et du vieux linge pour en faire des bandes; depuis plu-

ist, ein Feldlazareth darin aufzuschlagen?

Es befindet sich hier ein Frauenkloster, welches schon seit mehreren Monaten leer steht und worin es viele geräumige und luftige Säle gibt; eine große Anzahl Kranke könnten darin untergebracht werden.

Könnte man hier einige Betten, eine hinreichende Anzahl Matratzen und wollene Decken finden?

Wir besitzen hier eine Knabenschule, deren Direktor über eine gewisse Anzahl eiserne Bettstellen und über das dazu erforderliche Bettzeug verfügen kann; sollte dies nicht hinreichen, so würde man im Schlosse die nöthigen Betttücher, Matratzen und Bettdecken finden, um ein Feldlazareth von wenigstens hundert Betten aufzuschlagen.

Ist es leicht, Leinen und Charpie zu finden, um die Wunden damit zu verbinden?

Die Bauersfrauen geben gewiß gern Betttücher und altes Linnen her, um Verbandbinten daraus zu machen; seit mehreren Wochen haben

sieurs semaines, elles ont été occupées à faire de la charpie; je pourrai mettre à votre disposition plusieurs ballots de charpie ordinaire et même une certaine quantité de compresses fenêtrées.

Y a-t-il ici une pharmacie qui puisse fournir des médicaments?

Dans notre village, il n'y a que la petite pharmacie du château, qui cependant pourrait suffire aux besoins les plus pressants; il y a, entre autres, une certaine quantité de perchlorure de fer et d'autres médicaments hémostatiques, du sous-nitrate de bismuth et du laudanum; une véritable pharmacie ne se trouve que dans la petite ville de Sesenheim, à une lieue et demie d'ici.

Y a-t-il ici un menuisier qui puisse faire des attelles pour des appareils?

Au presbytère, il y a déjà plusieurs appareils tout préparés; mais nous

sie es sich angelegen sein lassen, Charpie zu zupfen; ich kann Ihnen mehrere Ballen gewöhnliche Charpie und sogar eine gewisse Menge Gittercharpie zur Verfügung stellen

Ist hier im Orte eine Apotheke, aus der man die nöthigen Medikamente beziehen kann?

In unserm Dorfe gibt es nur die kleine Hausapotheke im Schlosse, die jedoch für die dringendsten Bedürfnisse hinreichend ist; es befindet sich in derselben unter Anderm ein ziemlicher Vorrath an Eisenchlorid und andern blutstillenden Mitteln, sowie an Wismuthoxyd und Opiumtinctur; eine wirkliche Apotheke gibt es aber nur in dem anderthalb Stunden von hier gelegenen Städtchen Sesenheim.

Finde ich hier einen Tischler (Schreiner), der Verbandschienen machen kann?

Im Pfarrhause sind schon mehrere ganz fertige Verbandschienen; aber wir haben

avons, en outre, un menuisier très-adroit, qui, sur vos indications, ferait tous les appareils dont vous pourriez avoir besoin.

N'y aurait-il pas ici un petit hospice ou un asile avec des sœurs de charité?

Sur la colline, au-dessus du village, il y a un hospice pour des vieillards qui est dirigé par des sœurs protestantes; il y a, de plus, un asile appelé «jardin d'enfants», mais il n'y a pas de sœurs de charité catholiques.

Y a-t-il un médecin civil?

Non, nous n'en avons pas ici; en cas de maladie, nous sommes obligés de faire venir un des médecins de la ville voisine; il y a là un médecin nommé par l'État et chargé de la médecine légale, un médecin civil et, en temps de paix, deux chirurgiens militaires attachés au régiment de cavalerie qui y tient garnison.

Y a-t-il des ressources

hier auch außerdem einen sehr geschickten Tischler, der nach Ihren Angaben alle erforderlichen Schreinerarbeiten machen kann.

Gibt es hier nicht ein kleines Spital oder eine Kinderbewahranstalt, die von barmherzigen Schwestern geleitet werden?

Auf dem Hügel oberhalb des Dorfes liegt ein Spital für alte Leute, welches von Diakonissinnen geleitet wird; wir haben außerdem einen Kindergarten, aber es befinden sich hier keine katholischen barmherzigen Schwestern.

Ist ein bürgerlicher Arzt im Dorfe?

Nein, wir haben hier keinen; in Krankheitsfällen müssen wir einen der Ärzte aus der nächsten Stadt rufen lassen; dort wohnt ein Physikus, ein bürgerlicher Arzt und, in Friedenszeiten, zwei Stabswundärzte, die bei dem daselbst liegenden Kavallerieregimente stehen.

Finde ich hier Hülfsmittel

suffisantes pour nourrir et pour entretenir cent malades ou blessés pendant une huitaine de jours?

Notre village a déjà beaucoup souffert de la guerre ; mais, on trouverait de quoi subvenir, pendant plusieurs semaines, aux besoins de cent cinquante à deux cents malades.

Dans un hôpital.

Êtes-vous un des médecins de l'hôpital?

Je suis le directeur de l'hôpital civil ; je dirige les services dans les différentes salles ; je suis assisté de plusieurs médecins et d'internes.

Votre hôpital est-il assez considérable pour avoir des services séparés de médecine et de chirurgie?

Dans l'aile Est du bâtiment, il y a deux salles pour le service de chirurgie, tandis que toutes les autres salles de l'aile Est et Ouest, de même

in genügender Menge, um hundert Kranke und Verwundete ungefähr 8 Tage lang verpflegen zu können?

Unser Dorf hat schon viel vom Kriege gelitten; es gibt hier aber doch noch genug Lebensmittel, um hundert und fünfzig bis zweihundert Kranke mehrere Wochen lang verpflegen zu können.

In einem Hospital.

Sind Sie einer der Ärzte des Hospitals?

Ich bin der Direktor des bürgerlichen Hospitals, und leite den Dienst in den verschiedenen Krankensälen, wobei ich von mehreren Ärzten und Assistenzärzten unterstützt werde.

Ist Ihr Hospital so bedeutend, daß Sie den Kranken- und Wundarztdienst getrennt haben?

Im östlichen Flügel des Gebäudes sind zwei Säle für den wundärztlichen Dienst, während alle anderen Krankenzimmer des östlichen und westlichen Flügels sowie des

que celles du principal corps de bâtiment sont consacrées au service de médecine ordinaire.

Vos services de médecine, outre les salles de fiévreux, ont-ils des salles à part pour les affections contagieuses ?

Les fiévreux se trouvent tous, comme je viens de vous le dire, dans l'hôpital même; mais nous avons, dans le jardin de l'hôpital, deux bâtiments isolés, dont l'un est destiné aux varioleux, tandis que l'autre est affecté à des personnes qui ont des maladies de peau ou d'autres maladies contagieuses ; en ce moment, ce dernier pavillon est complétement vide.

Vos salles de chirurgie ont-elles des lits suffisamment espacés? Peut-on y mettre des blessés sans avoir à craindre quand même la pourriture d'hôpital?

Dans ces salles, il y a une distance de dix pieds entre tous les lits; nous avons eu ici quelques malades avec un commencement de pourri-

Hauptgebäudes für den gewöhnlichen Krankendienst bestimmt sind.

Haben Sie außer den Zimmern für die Fieberkranken noch besondere getrennte Zimmer für ansteckende Krankheiten?

Die Fieberkranken liegen, wie gesagt, alle im Hospital selbst; aber wir besitzen im Hospitalgarten zwei abgesonderte Gebäude, von denen das eine für Blatterkranke und das andere für Kranke bestimmt ist, die an Hautübeln oder an anderen ansteckenden Krankheiten leiden; in diesem Augenblicke steht das letztere ganz leer.

Sind die Betten in den Chirurgiesälen weit genug von einander entfernt? Können wir Verwundete hineinbringen, ohne im schlimmsten Falle Spitalbrand befürchten zu müssen?

In diesen Zimmern sind alle Betten zehn Fuß von einander entfernt; wir haben einige Verwundete hier gehabt, bei denen sich ein Anfang von Spitalfäulniß zeigte;

ture d'hôpital, mais nous avons aussitôt transporté ces malades dans des tentes dressées dans la grande avenue, et, par l'emploi de compresses imbibées d'acide phénique, nous avons empêché le mal de faire des progrès.

Avez-vous une salle d'opérations convenablement exposée, bien aérée et bien éclairée?

Comme salle d'opérations, nous avons l'ancienne chapelle de l'hôpital, qui ne communique que par un corridor avec le bâtiment principal. Le toit vitré de la coupole est muni d'un rideau, qu'on peut tirer ou retirer pour laisser entrer autant de lumière qu'il sera nécessaire dans chaque cas donné; dans ce toit il y a des carreaux mobiles qui permettent de renouveler l'air à volonté. Le soir nous éclairons cette salle au gaz; de longs tuyaux de caoutchouc nous permettent d'allumer le gaz dans les parties de la salle où l'on aura besoin de lumière.

diese Kranken sind aber gleich in Zelte gebracht worden, welche in der großen Allee aufgeschlagen sind, und durch Anwendung von Kompressen mit Karbolsäure haben wir dem Weitergreifen des Übels gesteuert.

Ist Ihr Operationsſaal gut gelegen, hinlänglich luftig und hell?

Wir gebrauchen als Operationslokal die alte Kapelle des Hospitals, welche nur durch einen Gang mit dem Hauptgebäude verbunden ist; im Glasdach der Kuppel, vor welches ein Vorhang gezogen werden kann, um so viel Licht als grade erforderlich hineinzulassen, sind bewegliche Fensterscheiben angebracht, so daß die Luft nach Belieben erneuert werden kann. Des Abends haben wir hier Gasbeleuchtung; lange Gummiröhren erlauben uns das Gas da anzuzünden, wo es eben nöthig ist.

Avez-vous des brancards convenables pour transporter les blessés?	Haben Sie gute Tragbahren, die zum Fortschaffen der Verwundeten dienlich sind?
A cet égard nous sommes bien organisés; nous avons des civières munies de sangles pour le transport des blessés depuis le lieu de pansement jusqu'à l'ambulance, puis des cacolets pour ceux qui peuvent rester assis, et, enfin, des voitures d'ambulance commodes, avec des lits suspendus, pour les malades et les blessés qui doivent être transportés de l'ambulance à l'hôpital. Nous avons également un nombre suffisant de brancardiers.	In dieser Beziehung sind wir gut versorgt; wir haben mit Gurten versehene Tragbahren, um die Verwundeten vom Verbandplatze in's Feldlazareth zu bringen; Tragsessel für die, welche aufrecht sitzen können, und bequeme Ambulanzwagen mit hängenden Betten für die Kranken und Verwundeten, welche aus dem Feldlazareth in's Hospital gebracht werden sollen. Wir haben ebenfalls eine hinreichende Anzahl Krankenträger.
Y a-t-il dans la pharmacie de l'hôpital un arsenal de chirurgie bien au courant des besoins de la chirurgie?	Haben Sie in der Hospitalapotheke die für chirurgische Operationen nöthigen und zweckmäßigen Instrumente?
Nous avons des *trousses de poche*, contenant des bistouris droits, convexes et mousses; des ciseaux droits et courbes; des rasoirs; des pinces à pansement; des pinces à disséquer; des spatules; des stylets mousses, aiguillés et	Wir besitzen kleine Verbandtaschen, enthaltend grade, gewölbte und abgestumpfte Schnittmesser; grade und gekrümmte Scheeren; Rasirmesser; Verbandzangen; Secirzangen; Spateln; abgestumpfte, nadelförmige und mechehaltende Senknadeln;

porte-mèches; des sondes cannelées; des sondes d'homme; des sondes de femme; des porte-nitrate; des aiguilles à suture; des lancettes; du fil à ligature (ciré); du sparadrap agglutinatif.

Des *boîtes à amputation* avec aiguilles à suture; bistouris; brosses plates; ciseaux à branches serrées; couteaux à désarticulation; couteaux interosseux; couteaux à un tranchant; élévatoires avec rugine à un bout; épingles à suture; pelote compressive; pinces à torsion; pinces tire-balle; scies à manche; sondes en gomme élastique; tire-fond avec canule; tourniquets.

Des *trépans*: des tréphines; des couronnes; etc.

Résections: scies à molettes; ciseau-burin; gouges.

Instruments divers: aiguilles de Deschamps; *idem* de Cooper pour ligature d'artères; amygdalotome; entérotome; érignes simples ou doubles; gorgeret;

Hohlſonden; Blaſenſonden für Männer, für Frauen; Höllenſteinhalter; Heftnadeln; Lanzetten; gewichsten Verbandfaden; Heftpflaſter.

Amputationsſkaſten: mit Heftnadeln; Bittouris; platten Bürſten; Scheeren mit enganliegenden Blättern; Exarticulationsmeſſern; Zwiſchenknochenmeſſern; einſchneidigen Meſſern; Hebeeiſen mit Feinfeile an einem Ende; Punktirnadeln; Druckpolſterchen; Torſionszangen; Kugelzangen; Knochenſägen mit Griff; Gummiſonden; Knochenzieher mit Röhrchen; Aberpreſſen.

Schädelbohrer: Handſchädelbohrer; Kronſchädelbohrer; u. ſ. f.
Reſectionsinſtrumente: Radſägen; Stichel; Hohlmeißel.
Verſchiedene Inſtrumente: Deschamps- und Cooper'ſche Nadeln zum Unterbinden der Pulsader; Mandelnſchnittmeſſer; Darmſchnittmeſſer; einfache und doppelte Häkchen; Steinzangenwegweiſer;

maillet de plomb; limes; pinces à polype; pinces à érigne; pinces à griffes (dents de souris); porte-ligature;

scies en crête de coq; scies de Larrey; scies à dos mobile;

serre-nœud; sondes de Bellocq (tamponnement des fosses nasales); spéculum; (des sétons)....

Fournitures d'ambulance: Des boîtes à plâtre; des boîtes de fer-blanc avec des bandes pour pansement; des attelles de toute grandeur; 12 gouttières de fil de fer; des feuilles de carton; de la ficelle; des matelas hydrauliques; 6 coussins à air; emplâtres agglutinatifs; 1 caisse d'eau de Cologne; de la glycérine; de l'acide phénique; du chlorure de chaux; du sulfate de fer; du bi-carbonate de soude; de l'huile d'olive; de petites seringues de gomme élastique; 2 clysopompes; de petites seringues en étain; 2 caisses à médicaments, contenant: de la morphine en poudre, de l'opium

bleierner Schlägel; Feilen; Polypzangen; Zangen mit Aufheber; gezähnte Greifzangen; Schlingenträger;

Rippensägen; Larreysche Sägen; Knochensägen mit trennbarem Rücken;

Knotenhalter; Bellocqsche Senknadeln (zum Ausstopfen der Nasengruben); Spiegel; (Haarseile)....

Lazarethgegenstände: Gypsbüchsen und Blechbüchsen mit Verbandbinden;

Schienen jeder Größe;

12 Drahtschienen;
Pappdeckel;
Bindfaden; wasserdichte Unterlagen; 6 Luftkissen;
Heftpflaster;
1 Kiste kölnisches Wasser;
Glycerin;
Karbolsäure;
Chlorkalk;
Eisenvitriol;
doppelkohlensaures Natron;
Olivenöl;
kleine Kautschukspritzen;
2 Klystierspritzen;

kleine zinnerne Spritzen;
2 Medizinkasten, enthaltend: Morphiumpulver, Opiumpulver,

en poudre, du sulfate de quinine, du chloroforme, de l'élixir de Hoffmann, du perchlorure de fer, de l'huile de ricin.	Chininpulver, Chloroform, Hoffmannsche Tropfen, Eisenchloridlösung, Ricinusöl.
Des bandes à sétons; des ventouses; des sangsues; des emplâtres à vésicatoires; bref, tout ce dont un chirurgien pourra avoir besoin.	Haarseile: Schröpfköpfe; Blutigel; Zugpflaster; kurz Alles was ein Wundarzt brauchen kann.
Y a-t-il un nombre suffisant d'appareils de fracture convenablement préparés?	Haben Sie sorgsam gearbeitete Apparate für Knochenbrüche und in genügender Anzahl?
Nous possédons environ trente appareils qui répondent à toutes les exigences de l'art chirurgical; en outre, un des internes sera capable de construire, en cas de besoin, de nouveaux appareils.	Wir besitzen ungefähr dreißig solcher Apparate, die alle den Anforderungen der Kunst entsprechen; einer der Assistenzärzte kann außerdem, wenn es nöthig ist, leicht neue Apparate anfertigen.
Avez-vous, en quantité convenable, des feuilles de carton, de caoutchouc et de gutta-percha; de la ouate; du silicate de potasse; du collodion; du chloroforme?	Haben Sie Pappdeckel, sowie Gummi- und Guttaperchabogen in hinreichender Menge; Watte; kieselsaures Kalioxyd; Collodium; Chloroform?
Nous possédons des provisions suffisantes de tous ces objets.	An allen diesen Gegenständen haben wir genügenden Vorrath.
La salle des morts, l'amphithéâtre, sont-ils situés de façon que tou-	Sind der Todtensaal und die Anatomie (der Zergliederungssaal) so gelegen, daß sie

tes les lois de l'hygiène soient bien observées?

Toutes ces installations ne laissent rien à désirer.

allen Anforderungen der Gesundheitspflege genügen?

Alle diese Räume lassen nichts zu wünschen übrig.

Conversation avec un prisonnier de guerre malade ou blessé.

Qu'avez-vous? De quoi souffrez-vous?

Depuis quelques jours je suis courbaturé dans tous les membres; en même temps, j'ai mal au cou et de fortes palpitations.

Vous êtes-vous enrhumé?

J'ai dû coucher, pendant plusieurs nuits, sur la terre humide et sur la neige, ce qui a fait revenir mes anciennes douleurs rhumatismales.

Avez-vous de l'appétit?

Non, j'ai toujours mal au cœur et j'ai un goût très-amer dans la bouche.

Votre sommeil est-il profond?

Non, je me réveille à tout instant; en même temps, j'ai constamment le cauchemar et des rêves qui m'oppressent.

Gespräch mit einem kranken oder verwundeten Kriegsgefangenen.

Was fehlt Ihnen? Woran leiden Sie?

Ich leide seit einigen Tagen an Steifheit in allen Gliedern; dabei habe ich Halsschmerzen und starkes Herzklopfen.

Haben Sie sich erkältet?

Ich habe seit mehreren Nächten auf feuchter Erde und auf dem Schnee schlafen müssen, was meine alten rheumatischen Schmerzen zurückgebracht hat.

Haben Sie guten Appetit?

Nein, es ist mir immer übel und ich habe einen sehr bittern Geschmack im Munde.

Haben Sie festen Schlaf?

Nein, ich wache jeden Augenblick wieder auf und habe dabei beständiges Alpdrücken und beängstigende Träume.

Vous ferez bien de prendre ce soir un bain de pied et de vous appliquer des sinapismes aux mollets; si l'oppression ne diminue pas, je vous conseille de vous faire mettre un vésicatoire sur la poitrine.

Êtes-vous altéré?

Je voudrais toujours boire, surtout quand l'accès de la fièvre revient; ce matin, j'ai eu 120 pulsations par minute.

Prenez de la tisane de tilleul ou de violettes, quand vous aurez soif.

Ne puis-je prendre autre chose?

Non, aujourd'hui il faudra faire diète complète; si la fièvre intermittente ne revient pas dans la journée de demain, qui est votre jour de l'accès, vous pourrez prendre un peu de bouillon.

Où avez-vous mal? A la tête? Au ventre? (Au bas-ventre?) Dans la poitrine? Au bras? A la jambe? Dans le dos? Aux reins?

Sie werden wohl daran thun, diesen Abend ein Fußbad zu nehmen und Senfpflaster an die Waden zu legen; wenn die Beängstigung nicht nachläßt, so rathe ich Ihnen, sich ein Zugpflaster auf die Brust legen zu lassen.

Sind Sie durstig? (Haben Sie Durst?)

Ich möchte immerfort trinken, besonders wenn der Fieberanfall kommt; diesen Morgen hatte ich 120 Pulsschläge in der Minute.

Trinken Sie Fliederthee oder Veilchenthee, wenn Sie dürstet.

Darf ich sonst nichts genießen?

Nein, heute müssen Sie vollständig strenge Diät halten; wenn das Wechselfieber morgen, wo Ihr Fiebertag ist, ausbleibt, so dürfen Sie etwas Fleischbrühe genießen.

Wo thut's Ihnen weh? Am Kopfe? Im Leib? (Im Unterleib?) In der Brust? Am Arme? Am Beine? Im Rücken? Im Kreuz?

Avez-vous eu du frisson? Pendant combien de temps le frisson a-t-il duré environ? Le frisson s'est-il répété plusieurs fois?

Avez-vous faim?

Avez-vous soif? Avez-vous dormi?

Avez-vous eu des vomissements?

Toussez-vous? Vous faut-il éternuer souvent?

Allez-vous à la selle?

Urinez-vous facilement ou est-ce douloureux?

La balle est-elle entrée d'avant en arrière? De haut en bas?

Avez-vous perdu beaucoup de sang?

La plaie a-t-elle saigné plusieurs fois?

Avez-vous des élancements ou une douleur sourde?

Asseyez-vous dans votre lit!

Couchez-vous!

Sur le dos! Sur le ventre! Sur le côté droit! Sur le côté gauche!

Respirez largement!

Haben Sie Fieberschauer gefühlt? Wie lange hat das Frösteln wohl gedauert? Ist der Schauer mehrere Male wiedergekommen?

Sind Sie hungrig? (Haben Sie Hunger, oder: hungert Sie?)

Sind Sie durstig? Haben Sie geschlafen?

Haben Sie sich erbrochen? (Sind Sie übel gewesen?)

Husten Sie? Müssen Sie oft niesen?

Haben Sie offnen Leib (Stuhlgang)?

Harnen Sie leicht, oder ist es schmerzhaft?

Ist die Kugel von vorn nach hinten in den Körper eingedrungen? Von oben nach unten?

Haben Sie viel Blut verloren?

Hat die Wunde mehrere Male geblutet?

Fühlen Sie stechende Schmerzen, oder sind die Schmerzen eher dumpf?

Setzen Sie sich aufrecht im Bette hin!

Legen Sie sich der Länge lang nieder!

Legen Sie sich auf den Rücken! Auf den Leib! Auf die rechte, auf die linke Seite!

Schöpfen Sie aus voller Brust Athem!

Ne bougez pas!	Rühren Sie sich nicht!
Voici une potion que vous boirez en trois fois dans la journée (que vous prendrez le soir).	Hier ist eine Mixtur (ein Trank), die Sie zu drei verschiedenen Malen im Laufe des Tages einnehmen müssen (welche Sie des Abends einzunehmen haben).
Il est nécessaire de vous amputer pour vous sauver la vie.	Es ist unumgänglich nöthig, daß ich Ihnen das Bein (den Arm) abnehme, wenn ich Ihnen das Leben retten soll.
Vous serez chloroformé; vous ne sentirez rien.	Ich will Sie mit Chloroform einschläfern und Sie sollen nichts von der Operation fühlen (merken).

A la barrière d'une ville ouverte, complétement dégarnie de troupes.	Am Thore einer offenen, gänzlich von Truppen entblößten Stadt.
Qui vive?	Wer da?
Parlementaire!	Ein Parlamentär!
Que voulez-vous?	Was wollen Sie?
Parler au maire de la ville.	Ich will den Bürgermeister sprechen.
Vous entrerez sans armes?	Kommen Sie ohne Waffen herein?
Oui.	Ja.
Vous consentez à vous laisser bander les yeux, si nous le désirons?	Willigen Sie ein, daß Ihre Augen verbunden werden, wenn wir es wünschen?
Oui.	Jawohl.
Nous vous conduirons à la mairie, et nous vous promettons de vous reconduire ici sain et sauf. Acceptez-vous?	Wir wollen Sie zum Rathhause führen lassen, und versprechen Ihnen, Sie ungefährdet wieder hierher zu bringen! Nehmen Sie dies an?

Oui ; mais je désire être accompagné par les deux hommes qui me suivent.

Sans armes également?
Oui.

Vous pouvez entrer tous les trois. (La barrière est ouverte. Les parlementaires sont conduits, sous une escorte protectrice, à la mairie.)

Ja; ich möchte aber die zwei Soldaten, die mir hierher gefolgt sind, mit mir nehmen.

Ebenfalls ohne Waffen?
Ja.

Sie können alle drei hereinkommen. (Das Thorgitter wird geöffnet. Die Parlamentäre werden unter Begleitung einer Schutzwache zum Rathhause geführt.)

L'éclaireur avec le maire.

Monsieur le Maire, nous précédons un corps considérable d'infanterie, de cavalerie et d'artillerie, qui veut entrer dans votre ville. Avez-vous ici des troupes régulières, et avez-vous l'intention de vous défendre?

Monsieur, je ne peux vous répondre, si je ne sais pas d'abord à quel chiffre s'élèvent les troupes du corps d'armée dont vous parlez.

Elles sont au nombre de quarante mille hommes.

Monsieur, la ville, quoiqu'elle ne renferme

Der Plänkler und der Bürgermeister.

Herr Bürgermeister, es folgt uns ein beträchtliches aus Infanterie, Kavallerie und Artillerie bestehendes Armeekorps, welches in Ihre Stadt einrücken will. Haben Sie hier regelmäßige Truppen und sind Sie Willens sich zu vertheidigen?

Ich kann nicht auf Ihre Frage antworten, wenn ich nicht vorher von der Stärke des Truppenkörpers, von welchem Sie sprechen, in Kenntniß gesetzt werde.

Er ist vierzigtausend Mann stark.

Obgleich sich keine regelmäßigen Truppen in der Stadt

aucune troupe régulière, quoiqu'elle n'ait aucun rempart, aucuns travaux de defense, à l'intention de se défendre énergiquement contre toute attaque dirigée par un corps isolé; elle n'ouvrirait ses portes qu'à un corps considérable, comme celui dont vous parlez et que nos éclaireurs m'ont déjà signalé. Mais je veux protéger, par une convention formelle, la population civile dont je suis le chef; avez-vous les pouvoirs nécessaires pour me donner les garanties que je réclamerai avant d'ouvrir les portes?

Non, je suis un simple éclaireur.

Retournez vers vos chefs ; demandez-leur d'envoyer ici un officier supérieur, avec lequel je puisse conférer et signer une convention; s'il m'accorde les garanties que je réclame, les portes de la ville seront ouvertes sans effusion de sang. Nous ne sommes pas en

befinden und letztere weder durch Wälle, noch durch irgendwelche Festungswerke geschützt ist, so beabsichtigen wir doch, uns aus allen Kräften gegen jeden Angriff zu vertheidigen, den eine vereinzelte Abtheilung gegen die Stadt ausführen möchte. Wir öffnen die Thore nur einem starken Armeekorps, wie z. B. dem, von welchem Sie sprechen, und dessen Annäherung unsre Späher mir schon angezeigt haben. Aber ich will durch eine regelmäßige Übereinkunft die bürgerliche Bevölkerung der Stadt, an deren Spitze ich stehe, beschützen; haben Sie die nöthige Vollmacht, um mir die Bürgschaften zu gewähren, die ich verlangen muß, ehe ich die Thore öffnen lasse?

Nein, ich bin nur ein Plänkler.

Kehren Sie zu Ihren befehlshabenden Offizieren zurück und bitten Sie dieselben, einen Stabsoffizier hierher zu schicken, damit ich mit ihm verhandeln und eine Übereinkunft mit ihm abschließen kann; gewährt er mir die Bürgschaften, die ich verlange, so sollen die Thore der Stadt ohne Blutvergießen geöffnet

état de résister avec succès à une attaque régulière, dirigée par votre corps d'armée; mais, nous pouvons vous tuer beaucoup de monde avant de nous rendre, si vous ne nous promettez pas ce que nous demandons, c'est-à-dire principalement le respect absolu des personnes et des propriétés, et l'assurance qu'aucune contribution de guerre ne sera levée.

Je crois que ces garanties vous seraient données. Le corps d'armée que je précède veut simplement loger dans la ville, et il la traitera avec toute l'humanité qui doit rester compatible avec les nécessités de la guerre.

Eh bien, Monsieur, j'attendrai un officier supérieur, muni des pouvoirs de votre commandant en chef, et je signerai avec lui une convention qui nous liera tous les deux.

Je vais retourner vers

werden. Wir sind nicht im Stande uns mit Erfolg einem regelmäßigen Angriffe zu widersetzen, den Ihr Armeekorps gegen uns ausführen möchte; aber wir können, ehe wir uns ergeben, viele von Ihren Leuten tödten, wenn Sie uns nicht bewilligen was wir verlangen, das heißt, in erster Linie, die vollständigste Schonung der Personen und des Eigenthums, sowie die Zusicherung, daß der Stadt keine Brandschatzung auferlegt werden soll.

Ich glaube, daß diese Bürgschaften Ihnen zugestanden werden dürften. Das Armeekorps, welches mir auf dem Fuße folgt, will nichts andres, als sich in der Stadt einquartieren, und die Soldaten werden die Bürger mit aller Menschlichkeit behandeln, welche immer mit den traurigen Anforderungen des Krieges vereinbar bleiben muß.

Gut! ich werde die Ankunft eines Stabsoffiziers mit der nöthigen Vollmacht von Ihrem Befehlshaber abwarten, und dann mit ihm eine Übereinkunft unterzeichnen, die für uns beide verbindlich sein soll.

Ich will jetzt zu meinem

mon commandant et lui faire part de vos intentions. S'il les trouve acceptables, un officier supérieur viendra conférer avec vous ce soir ou demain matin au plus tard.

Jusque-là, Monsieur, les portes de notre ville resteront fermées et nous en défendrons l'entrée.

Adieu, Monsieur le Maire!

Adieu, Monsieur le parlementaire!

Vorgeſetzten zurückkehren und ihm Ihre Abſichten mittheilen. Findet er, daß er darauf eingehen kann, ſo wird ein Stabsoffizier dieſen Abend oder ſpäteſtens morgen früh kommen, um mit Ihnen zu verhandeln.

Die Thore unſrer Stadt bleiben ſo lange geſchloſſen, und wir werden uns mit den Waffen in der Hand einem Einmarſch widerſetzen.

Leben Sie wohl, Herr Bürgermeiſter!

Ich empfehle mich Ihnen, Herr Parlamentär!

L'officier supérieur avec le maire.

Le colonel. Monsieur le Maire, je suis colonel et, au nom de mon général, commandant en chef le corps d'armée qui est tout près d'ici, je viens conférer avec vous des conditions que nous avons à adopter ensemble pour l'ouverture des portes de votre ville.

Le maire. Monsieur le Colonel, notre ville se trouve malheureusement hors d'état de repousser

Der Stabsoffizier und der Bürgermeiſter.

Der Oberſt. Herr Bürgermeiſter, ich bin ein Oberſt, und im Namen meines Generals, welcher das ganz in der Nähe befindliche Armeekorps befehligt, komme ich, um mit Ihnen über die Bedingungen zu verhandeln, über die wir uns wegen Eröffnung Ihrer Stadtthore zu verſtändigen haben.

Der Bürgermeiſter. Herr Oberſt, unſre Stadt iſt leider nicht im Stande das Armeekorps zurückzuſchlagen,

le corps d'armée dont je connais l'existence et les forces par nos éclaireurs que nous avions envoyés dans nos environs. Avant l'arrivée des cavaliers qui se sont présentés ici hier, nous savions que nous serions contraints, de gré ou de force, d'ouvrir nos portes, car vos troupes sont en nombre très-considérable et vous avez de l'artillerie qui nous manque totalement. Nous sommes une ville ouverte, sans travaux de défense et dégarnie par l'autorité militaire; il n'y a ici qu'une troupe de braves gens qui évidemment ne sont pas en état de lutter avec avantage contre votre corps d'armée; mais cependant, cette petite troupe peut vous faire du mal, vous tuer du monde. Je vous demande donc, si j'ouvre les portes de la ville sans résistance, que des promesses me soient faites par vous pour garantir la ville contre tout abus de la part de vos soldats.

dessen Nähe und Stärke mir durch unsre in die Umgegend ausgeschickten Späher angezeigt worden ist. Schon vor der Ankunft der Reiter, welche sich gestern hier gemeldet haben, mußten wir, daß wir gezwungen sind, Ihnen die Thore der Stadt zu öffnen, mögen wir es nun wollen oder nicht; in der That sind Ihre Truppen von beträchtlicher Stärke, und Sie haben Geschütze, die uns vollständig abgehen. Unsre Stadt ist eine offene Stadt; sie besitzt keine Vertheidigungswerke, und ist auf Befehl der Militärbehörden von Truppen entblößt worden; wir haben hier nur eine kleine Mannschaft von wackern Leuten, die offenbar nicht im Stande sind, mit Erfolg gegen Ihr Armeekorps zu kämpfen; dessen ungeachtet kann diese Handvoll Leute Ihnen Schaden zufügen und manche von Ihren Soldaten tödten. Ich verlange also von Ihnen, daß Sie mir, wenn ich Ihnen die Thore der Stadt ohne Widerstand zu leisten öffne, Ihrerseits gewisse Bürgschaften geben und mir versprechen, die Stadt vor jeder Mißhandlung von Seiten Ihrer Soldaten zu schützen.

Quelles sont les promesses que vous nous demandez de faire?

Je demande: 1° que la convention de Genève soit scrupuleusement respectée dans *tous* ses articles, qu'elle soit affichée dans la ville en deux langues, et signée des deux autorités, nationale et étrangère; 2° que les personnes soient respectées, ainsi que les propriétés privées; 3° que la justice civile et criminelle continue à garder ses moyens d'action et puisse agir avec sa pleine indépendance, dans un esprit de neutralité identique à l'esprit de neutralité qui préside à la convention de Genève; 4° que les contestations qui auront lieu entre les troupes d'occupation et la population civile ne soient pas jugées sans qu'un représentant de la ville ait pu prendre part à l'enquête et au jugement; 5° que les monuments publics restent consacrés à l'usage auquel ils sont affectés; 6° qu'aucune espèce de

Worin besteht denn das Versprechen, welches ich Ihnen geben soll?

Ich verlange: 1) daß alle Vorschriften der Genfer Übereinkunft auf's Genaueste befolgt werden, und daß der Text derselben in beiden Sprachen und mit der Unterschrift der fremden und der einheimischen Behörde versehen in der Stadt angeschlagen wird; 2) daß die persönliche Sicherheit und das Privateigenthum geschützt wird; 3) daß die bürgerliche und peinliche Rechtspflege im ungeschmälerten Besitz ihrer Rechtsmittel bleibt und mit vollständiger Unabhängigkeit, im Geiste der Neutralität, wie er in der Genfer Übereinkunft vorherrscht, wirken kann; 4) daß die Mißhelligkeiten, welche zwischen den Besatzungstruppen und den Bürgern entstehen mögen, nicht ohne Zuziehung eines Vertreters der Stadt untersucht und geschlichtet werden; 5) daß die öffentlichen Gebäude dem Gebrauche, zu dem sie bestimmt sind, vorbehalten bleiben; 6) daß keinerlei Brandschatzung an baarem Gelde in der Stadt erhoben wird, und 7) daß der Briefverkehr, wenigstens vermittelst offen

contribution de guerre en argent ne soit levée sur la ville; et, 7° que les correspondances, au moins par lettre ouverte, soient maintenues.

Je suis prêt à signer une convention renfermant tous ces articles, ils sont tous conformes aux principes généraux d'humanité et de droit international, auxquels l'armée d'occupation veut rester toujours fidèle; mais, je vous demanderai, en échange, que vous me promettiez que les vivres, requis par nos troupes, seront fournis sans résistance, et que nos soldats seront tous logés convenablement.

Il conviendrait alors de fixer dès à présent la quantité de vivres que vous jugerez nécessaire de requérir, pour vos troupes, pendant l'occupation de la ville.

Cette quantité variera suivant l'arrivée plus ou moins régulière de nos colonnes d'approvisionnement; mais elle sera

bleibender Briefe, ungestört bleibt.

Ich bin bereit, eine Übereinkunft, welche alle diese Paragraphen enthält, zu unterzeichnen; sie sind alle den allgemeinen Grundsätzen der Menschlichkeit und des Völkerrechts gemäß, welchen das Besatzungsheer immer treu bleiben wird; aber ich verlange meinerseits, daß Sie mir versprechen, die für unsre Truppen nöthigen Lebensmittel ohne Widerstand zu liefern und dafür zu sorgen, daß unsre Soldaten alle ein anständiges Quartier bekommen.

Es würde also zweckmäßig sein, schon jetzt das Quantum Lebensmittel festzusetzen, welches Ihres Erachtens nothwendigerweise für Ihre Truppen requirirt werden muß, während dieselben die Stadt besetzt halten.

Die erforderliche Menge wird davon abhängen, ob unsre Verproviantirungs-Kolonnen mehr oder weniger regelmäßig ankommen; sie wird

en moyenne de	sich aber durchschnittlich auf .... belaufen.
Avec les ressources dont elle dispose, la ville ne pourra satisfaire à cette réquisition que pendant ... jours. Ce temps écoulé, elle sera sans vivres. Voulez-vous la réduire à la famine?	Mit den Hülfsquellen, über die unsre Stadt verfügen kann, wird sie diesen Anforderungen nur auf ... Tage genügen können. Nach Ablauf dieser Zeit fehlen die Lebensmittel vollständig. Wollen Sie die Stadt aushungern?
Non, mais il faut que nous vivions sur le pays occupé, quand nos colonnes d'approvisionnement sont en retard. Je vous promets donc simplement de ne requérir que le nécessaire; mais, je ne puis aller au delà dans mes promesses. C'est à vous de faire en sorte que vos approvisionnements se renouvellent.	Nein, aber wir müssen von den Hülfsquellen des besetzten Landes leben, wenn unsre Verproviantirungs-Kolonnen nicht zu rechter Zeit anlangen. Ich verspreche Ihnen also einzig und allein nur die nothwendigen Gegenstände zu requiriren; aber auf weitere Versprechungen kann ich mich nicht einlassen. Ihnen liegt es ob, dafür zu sorgen, daß Ihre Vorräthe immer von Neuem vervollständigt werden.
Nous serions coupables envers notre patrie, si nous nous prêtions à un arrangement qui aurait pour résultat de fournir des vivres à une troupe ennemie. Vous ne pouvez pas nous engager à manquer aux lois de l'honneur et à nos devoirs envers notre pays.	Wir würden unsre Pflichten gegen unser Vaterland verletzen, wenn wir uns zu Maßregeln verstehen wollten, deren Zweck wäre, feindlichen Truppen Lebensmittel zu liefern. Sie können uns nicht dazu veranlassen wollen, die Gesetze der Ehre zu übertreten und unsern Pflichten gegen unser Vaterland untreu zu werden.

Ce n'est pas mon intention, et je respecte votre résistance; mais alors, la ville pourra souffrir de la disette.

Vous êtes les maîtres de réduire à la famine la population civile de cette ville; c'est à vous de juger si cette conduite ne serait pas contraire aux lois d'humanité auxquelles vous affirmez vouloir rester fidèle.

Nous ne chercherons pas à faire souffrir la population civile, en épuisant rapidement ou en gaspillant les vivres qu'elle possède; mais, nous ne laisserons pas manquer nos troupes. Voilà mon dernier mot. Quant aux logements militaires, j'entends que vous les supportiez également selon les nécessités qui se présenteront, et je ne fixerai pas le nombre de soldats, auxquels le logement devra être donné.

Nous avons ... casernes en ce moment vides.

Dies beabsichtige ich nicht, und ich zolle Ihrem Widerstande alle Achtung; aber bedenken Sie, daß Ihre Stadt an Brodmangel zu leiden haben mag.

Es steht in Ihrer Macht, die bürgerliche Bevölkerung dieser Stadt zum Verhungern zu bringen; Sie müssen also darüber urtheilen, ob ein solches Verhalten nicht den Gesetzen der Menschlichkeit zuwider ist, die Sie doch, wie Sie sagen, aufrecht erhalten wollen.

Wir wollen nichts thun, was darauf abzielen könnte, den Bürgern Ungemach zu bereiten, wie z. B. die Lebensmittel, welche die Stadt besitzt, schnell aufzuzehren oder thöricht zu verschleudern; aber unsere Truppen sollen keinen Mangel leiden. Weiter habe ich nichts hinzuzufügen. Was die Quartiere für die Soldaten anbelangt, so muß ich darauf bestehen, daß Sie auch dafür Sorge tragen, wie die Umstände es eben erfordern mögen; ich will die Zahl der Soldaten, die Sie einzuquartieren haben, nicht genauer festsetzen.

Es stehen hier in diesem Augenblick ... Kasernen leer.

Nous demandons que les soldats soient d'abord installés dans ces casernes, avant d'en loger chez les habitants.

J'y consens; mais combien d'hommes et de chevaux peuvent loger ces casernes?

Douze cents hommes e tdeux cents chevaux.

C'est insuffisant pour les corps qui sont destinés à occuper votre ville.

Nous avons aussi des établissements publics clos et couverts, où les troupes pourraient être casernées.

Quels sont ces établissements?

Nous avons une vaste fabrique ayant de très-grands hangars fermés; la gare du chemin de fer, qui a des magasins très-bien clos, une ancienne église aujourd'hui abandonnée et servant de magasin, une très-grande salle de brasserie fort saine, une salle de réunion où l'on donnait des concerts et qui est parquetée: voilà les espaces

Wir wünschen, daß die Soldaten erst in den Kasernen untergebracht werden, ehe Sie dieselben bei den Bürgern einquartieren.

Das will ich Ihnen bewilligen; aber wie viele Mannschaften und Pferde können in diesen Kasernen untergebracht werden?

Zwölfhundert Mann und zweihundert Pferde.

Das genügt nicht für die Truppenkörper, welche dazu bestimmt sind, Ihre Stadt zu besetzen.

Wir haben außerdem öffentliche Gebäude, in denen die Truppen unter Dach und Fach sind, und wie in einer Kaserne wohnen können.

Welches sind diese Gebäude?

Es befindet sich hier eine geräumige Fabrik mit sehr großen auf allen Seiten geschlossenen Waarenschoppen; außerdem haben wir den Bahnhof mit vollständig vor Wind und Regen geschützten Magazinen, ein früher als Kirche und jetzt als Waarenlager gebrauchtes Gebäude, einen sehr großen und allen Anforderungen der Gesundheitspflege entsprechenden Saal in einer Brauerei und

les plus commodes et qui seraient très-facilement appropriés.

Quel serait le coucher de mes hommes?

Il serait impossible de disposer de lits, mais on pourrait mettre des paillasses garnies de paille.

Je visiterai ces locaux, et, si je les accepte, j'exigerai un renouvellement fréquent de la paille. Je désire éviter autant que possible le logement chez l'habitant et j'entre, sur ce point, dans vos vues, Monsieur le Maire, mais je tiens à ce que nos hommes trouvent, dans leur cantonnement, le repos et le bien-être qui leur sont nécessaires. Si les locaux que vous m'offrez ne me paraissent pas convenables, les soldats logeront chez l'habitant.

Mais alors sur des

endlich einen mit einem Holzfußboden versehenen Saal für öffentliche Versammlungen, worin auch wohl Konzerte gegeben worden sind; dies sind die bequemsten Räume, die sehr leicht für Ihre Bedürfnisse in Stand gesetzt werden können.

Worauf sollen denn meine Leute schlafen?

Es würde unmöglich sein, die nöthigen Betten aufzuschlagen; aber wir könnten wohlgefüllte Strohsäcke auf den Fußboden hinlegen lassen.

Ich werde die genannten Räumlichkeiten untersuchen; aber, wenn ich dieselben annehme, so verlange ich, daß das Stroh oft erneuert wird. Ich möchte es so viel als möglich vermeiden, die Soldaten bei den Bürgern einzuquartieren und gehe in dieser Beziehung ganz auf Ihre Ansichten ein; aber ich verlange ausdrücklich, daß unsre Mannschaften in ihren Quartieren die Ruhe und die Bequemlichkeiten finden, deren sie bedürfen. Wenn die Räume, die Sie mir anbieten, mir nicht anständig und passend zu sein scheinen, so sollen die Soldaten bei den Bürgern wohnen.

Aber dann nur mit Quar-

billets de logement délivrés exclusivement par la mairie, et la mairie sera autorisée à ne les délivrer que sur un bon signé de vous.

C'est bien ainsi que je le comprends. Vous aurez le droit de refuser un billet de logement à tout soldat qui ne vous présentera pas, de notre part, une autorisation en règle pour loger chez l'habitant.

Nous avons, dans notre ville, beaucoup d'habitants dépourvus de ressources; ils ne pourraient fournir la nourriture aux soldats qu'ils auront à loger, sans être bien vite réduits à la misère. Je vous demande donc que le logement soit sans nourriture.

Autant que ce sera possible, je le promets. L'habitant n'aura comme obligation que de faire cuire les aliments qui seront fournis par notre intendance. Au cas où notre intendance serait au dépourvu et ne fournirait plus les aliments

tierzetteln, die ausschließlich von der Bürgermeisterei ausgegeben werden; außerdem soll letztere befugt sein, dieselben nur auf einen von Ihnen unterzeichneten Requisitionszettel hin zu verabreichen.

So meine ich es auch. Sie haben das Recht, den Einquartierungszettel einem jeden Soldaten zu verweigern, der Ihnen nicht eine von uns unterzeichnete förmliche Ermächtigung bringt, wonach er bei den Bürgern einquartiert werden soll.

In unsrer Stadt giebt es viele Bewohner, die ohne alle Mittel sind und den bei ihnen einquartierten Soldaten nicht die nöthige Nahrung liefern können, ohne sehr schnell in das größte Elend zu gerathen. Ich ersuche Sie also festzusetzen, daß die Verköstigung nicht in der Wohnung mit einbegriffen ist.

Dies verspreche ich, soweit es möglich ist. Die Bürger sollen blos verpflichtet sein, die Lebensmittel zu kochen, welche von unsrer Intendantur geliefert werden. Nur im Falle wenn letztere keinen Proviant mehr zur Verfügung hat und den bei den Bürgern einquartierten Soldaten

au soldat logé, alors seulement le soldat logé devra être nourri par l'habitant, mais après en avoir reçu l'autorisation par le renouvellement de son billet de logement, qui portera alors la mention expresse de l'obligation nouvelle imposée à l'habitant. Cette mention sera visée par nous et par vous.

En quoi consistera cette nourriture?

Une affiche rédigée dans les deux langues l'indiquera et enjoindra aux soldats de ne rien réclamer au delà. La même affiche indiquera que tout habitant, qui aurait à se plaindre du soldat qu'il loge, devra adresser une plainte écrite et signée au commandant de place, et que justice lui sera rendue.

Je demande qu'un conseiller municipal soit spécialement autorisé à soutenir auprès de vous les plaintes adressées à ce tribunal particulier qui aura pour but d'empêcher tout acte d'indis-

keine Lebensmittel mehr liefern kann, sollen die Mannschaften von den Bürgern verköstigt werden, und nur wenn sie dazu durch einen neuen Quartierzettel ermächtigt werden, auf dem besonders erwähnt sein muß, daß diese neue Verbindlichkeit den Bürgern auferlegt worden ist. Letztere Notiz muß dann von uns und von Ihnen unterzeichnet und gebilligt sein.

Worin soll diese Beköstigung bestehen?

Eine in beiden Sprachen verfaßte Bekanntmachung soll den Soldaten anzeigen und befehlen, daß sie nichts weiter begehren dürfen. Derselbe Anschlagzettel soll enthalten, daß jeder Bürger, der sich über bei ihm einquartierte Soldaten zu beklagen hat, bei der Platzkommandantur eine vom Kläger verfaßte und unterzeichnete Klage einzureichen hat, und daß er in seinen Rechten geschützt werden soll.

Ich möchte, daß einer von den HH. Stadträthen eigens ermächtigt würde, solchen Klagen bei Ihnen den gehörigen Nachdruck zu geben, und die Interessen der Kläger bei dem besondern Gerichtshofe zu wahren, dessen Zweck

cipline et de violence de la part des soldats.

J'y consens très-volontiers. Notre sincère désir est d'éviter, entre la population civile et les troupes d'occupation, toute querelle, toute rixe, et, pour ma part, je serai très-sévère pour mes troupes, je ne souffrirai aucun désordre; tout ce qui ressemblerait de près ou de loin à du pillage sera aussitôt rigoureusement puni; mais, j'entends que, de son côté, la population civile se résigne à sa situation de vaincue, et ne soit, en aucune façon, agressive. Toute plainte, qui me sera adressée par un habitant, vous sera communiquée et vous constaterez par vous-même que nous tenons à ce que l'ordre ne soit pas troublé de notre fait.

Je vous demanderai la nature et la quantité des aliments à fournir, chaque jour, à chaque homme, lorsque l'habitant sera obligé de fournir la

se.n soll, allen Handlungen des Ungehorsams und der Gewaltthätigkeit von Seiten der Soldaten vorzubeugen.

Damit bin ich sehr gern einverstanden. Unser aufrichtiger Wunsch ist, jede Mißhelligkeit und jeden Streit zwischen den Bürgern und den Besatzungstruppen zu vermeiden; meinestheils werde ich sehr strenge mit meinen Leuten verfahren und ihnen keinerlei Unordnung hingehen lassen; Alles, was irgendwie einer Plünderung gleich sieht, soll augenblicklich auf's Strengste bestraft werden; aber ich verlange auch, daß die Bürger ihrerseits sich in die Lage eines Besiegten fügen und in keinerlei Weise die Rolle eines Angreifers spielen. Jede Klage, die von einem Bürger an mich gerichtet wird, soll Ihnen mitgetheilt werden, so daß Sie mit eignen Augen sehen können, wie wir darauf halten, daß von unsrer Seite aus die Ordnung nicht gestört wird.

Ich muß Sie bitten, mir zu sagen, worin die Lebensmittel bestehen, die Sie verlangen, und welches Quantum jeden Tag jedem Soldaten geliefert werden muß, wenn

nourriture.

Ces aliments seront ceux que notre intendance elle-même fournit; nous ne demanderons pas plus à l'habitant. La nature et la quantité de ces vivres sont déterminées par nos règlements et nous n'irons pas au delà. Notre intendance fournit, chaque jour, à chaque soldat en campagne les aliments suivants: 1 ½ livre de pain ou 2 livres de biscuit; ¾ de livre de viande fraîche ou salée, ou ½ livre de viande de bœuf ou de mouton fumée, ou ⅓ de livre de lard, ¼ de livre de riz, ou ¼ de livre d'orge perlé, ou ½ livre de fruits légumineux (pois, lentilles, haricots) ou ½ livre de farine, ou 3 livres de pommes de terre; 2 ⅓ livres de navets; ¼ de fruits secs (pruneaux, etc.), ⅔ de livre de choucroute, 25 grammes de sel, 25 grammes de café torréfié ou 30 grammes de café en fèves non torréfiées.

Voilà ce que nous exi-

die Bürger die Truppen zu beköstigen haben.

Diese Nahrungsmittel müssen dieselben sein, wie unsre Intendantur sie liefert, weiter verlangen wir nichts von den Bürgern. Die Art und die Menge dieser Lebensmittel sind durch unsre Vorschriften genau bestimmt, und wir wollen nicht darüber hinausgehen. Unsre Intendantur liefert jeden Tag jedem Mann im Felde folgende Nahrungsmittel: 1 Pfund 15 Loth Brod oder 2 Pfund Zwieback; ¾ Pfund frisches oder gesalzenes Fleisch, oder ½ Pfund geräuchertes Rind- oder Hammelfleisch, oder ⅓ Pfund Speck, ¼ Pfund Reis, oder ¼ Pfund ordinärer Graupe, oder ½ Pfund Hülsenfrüchte (Erbsen, Linsen, Bohnen), oder ½ Pfund Mehl, oder 3 Pfund Kartoffeln, 2 ⅓ Pfund Rüben, ¼ Pfund Backobst, ⅔ Pfund Sauerkraut, 1 ½ Loth Salz, 1 ½ Loth gebrannte oder 1 ¾ Loth ungebrannte Kaffeebohnen.

Dies ist Alles, was wir von

ge ons de l'habitant : rien de plus.

. Et pour les sous-officiers et officiers?

Les sous-officiers sont assimilés aux soldats; quant aux officiers, y compris les enseignes, ils reçoivent les quantités suivantes :

. . . .

Ils devront les recevoir de même de l'habitant. Lorsque l'habitant le voudra, il pourra, au lieu de nourrir chez lui le soldat ou l'officier, racheter son obligation en payant une somme quotidienne qui sera de 2 francs par soldat et de 6 francs par officier. Nous laissons le choix libre à l'habitant, suivant la nature de ses ressources. Nous ne voulons pas le molester, nous tenons simplement à ce que notre armée reçoive régulièrement et complétement la nourriture qui lui est nécessaire.

den Bürgern verlangen und nichts weiter.

Und für die Unteroffiziere und Offiziere?

Die Unteroffiziere haben dieselben Ansprüche wie die Gemeinen; was die Offiziere, die Fähnriche mitgerechnet, anbelangt, so werden ihnen folgende Quantitäten geliefert:

. . . .

Die Offiziere bekommen diese Naturallieferungen ebenfalls von den Bürgern. Wenn ein Bürger es vorzieht, kann er, anstatt den Soldaten oder den Offizier in seiner Wohnung zu verköstigen, sich von dieser Verbindlichkeit loskaufen, indem er eine tägliche Geldsumme bezahlt, die sich auf 2 Franken für jeden Soldaten und auf 6 Franken für jeden Offizier beläuft. Wir lassen den Bürgern völlig freie Wahl; sie können in dieser Beziehung handeln, wie es ihnen ihren Mitteln nach am bequemsten ist. Wir wollen die Bewohner der Stadt nicht belästigen, sondern verlangen einzig und allein, daß unser Heer regelmäßig das vollständige Nahrungsquantum erhält, welches für den Unterhalt desselben nöthig ist.

J'accepte ces conditions, et je demande que le procès-verbal de notre conférence qui va être rédigé par un de messieurs les conseillers municipaux, qui a pris des notes dans ce but, soit signé et approuvé par nous tous, présents à cette convention. Elle va être, de plus, résumée en .. articles qui seront signés des deux autorités et affichés dans les deux langues, avant l'entrée des troupes.

Cette entrée aura lieu demain. Prenez vos mesures en conséquence. Je suis prêt à signer les conventions que je vous ai indiquées. Elles ont pour but de réduire les maux de la guerre à leur minimum et d'épargner à la population civile les souffrances. La guerre n'est pour nous qu'un duel entre deux armées et non un écrasement d'une nation par l'autre.

Nous subissons en silence les lois que vous

Ich nehme diese Bedingungen an, und wünsche, daß das Protokoll unsrer Unterredung, welches von einem der Herren Stadträthe aufgenommen werden soll, der deßhalb Notizen darüber aufgezeichnet hat, von uns Allen, die wir an diesen Verhandlungen Theil genommen haben, gutgeheißen und unterzeichnet werde. Diese Uebereinkunft muß außerdem in .. Artikeln zusammengefaßt werden, welche, in beiden Sprachen abgefaßt und von beiden Behörden unterschrieben, vor dem Einmarsch der Truppen an den Straßenecken angeschlagen werden müssen.

Dieser Einmarsch soll morgen Statt finden Treffen Sie danach Ihre Maßregeln. Ich bin bereit, die Artikel zu unterschreiben, welche ich Ihnen angegeben habe. Sie bezwecken, die Uebelstände des Krieges in die engsten Grenzen einzuschränken und den Bürgern etwaige Unbilden zu ersparen. Für uns ist der Krieg nur ein Zweikampf zwischen zwei Heeren, und nicht etwa eine Vernichtung eines Volkes durch ein andres.

Wir unterwerfen uns stillschweigend den Gesetzen, die

nous imposez comme vainqueurs : votre présence seule est pour nous une souffrance qui dépasse toutes les autres ; nous signerons cette convention telle que vous l'avez réglée.

Sie als Sieger uns auferlegen. Ihre Gegenwart hier erweckt allein schon so schmerzliche Gefühle in uns, daß alle andern Unbilden nichts dagegen sind; wir wollen die Uebereinkunft so unterschreiben, wie Sie dieselbe festgestellt haben.

Arrivée d'une avant-garde en face d'un village.

L'avant-garde arrive, vers la tombée de la nuit, après que les paysans sont rentrés des champs, en face d'un village qui peut être occupé par l'ennemi. L'officier commandant l'avant-garde s'assure si aucun signe extérieur, comme des effets militaires, une grande agitation ou des mouvements de lumières n'indiquent la présence de l'ennemi. Il dit à deux hommes hardis et intelligents de s'avancer jusqu'aux premières maisons et de guetter; ils se jettent sur la première personne qu'ils aperçoivent, et l'emmènent aussitôt devant le commandant de l'avant-garde qui la questionne:

Ankunft einer Avantgarde vor einem Dorfe.

Eine Avantgarde langt gegen Anbruch der Nacht, nachdem die Bauern schon vom Felde zurückgekommen sind, vor einem Dorfe an, welches vielleicht vom Feinde besetzt ist. Der die Avantgarde befehligende Offizier überzeugt sich, ob kein äußeres Zeichen, wie herumliegende Militäreffekten, große Aufregung oder Hin- und Herbewegen von Lichtern, die Anwesenheit des Feindes verräth. Er befiehlt zwei kühnen und gescheuten Soldaten, sich bis an die ersten Häuser vorzuwagen und dort auf der Lauer zu stehen; sie fallen über den ersten Vorbeigehenden her, den sie bemerken, und führen ihn sogleich vor den Befehlshaber der Avantgarde, der ihn dann verhört und ausfragt:

Quel est le nom de votre village? L'ennemi l'occupe-t-il? Combien y a-t-il de soldats? A quelle arme appartiennent-ils? Y a-t-il de l'infanterie? De la cavalerie? De l'artillerie? Des pontonniers? Des équipages du train? Ont-ils de l'artillerie de campagne avec eux? Combien de pièces? Sont-ce des pièces de quatre, de six? Les attelages sont-ils complets? Combien y a-t-il de fantassins, de cavaliers, d'artilleurs?	Wie heißt dieses Dorf? Ist es vom Feinde besetzt? Wie viel Soldaten liegen darin? Zu welcher Waffengattung gehören die feindlichen Truppen? Haben sie Infanterie? Kavallerie? Artillerie? Pontoniere? Trainkolonnen? Haben sie Feldgeschütze bei sich? Wie viele Geschütze? Sind es vierpfündige, sechspfündige Geschütze? Haben diese ihre vollständige Bespannung? Wie viele Infanteristen sind da? Wie viele Kavalleristen? Wie viele Kanoniere?
Y a-t-il des établissements publics? des ambulances? une église? est-elle en bois ou en pierre? Le cimetière est-il entouré de murs? Ces murs sont-ils crénelés? Y a-t-il une école? Quelque manufacture? un presbytère? Les maisons d'habitation ont-elles des murs en maçonnerie pleine ou en torchis? Sont-elles couvertes en tuiles, en chaume, en bardeaux?	Giebt es öffentliche Gebäude im Dorfe? Feldhospitäler? eine Kirche? Ist diese aus Holz oder aus Steinen? Ist der Kirchhof mit Mauern umschlossen? Sind diese Mauern mit Schießlöchern versehen? Ist eine Schule da? Irgend eine Fabrik? Ein Pfarrhaus? Sind die Mauern der Wohnhäuser massiv oder Lehmwände? Sind sie mit Ziegeln, Stroh oder Schindeln gedeckt?
Existe-t-il, dans votre village, des ateliers de	Sind in Ihrem Dorfe Ausbesserungs-Werkstätten einge-

18

réparation? Y a-t-il des cordonniers, des tailleurs, des charrons, des serruriers, des forgerons, des maréchaux-ferrants, des armuriers installés par l'ennemi?

Trouve-t-on ici des magasins contenant des munitions, de la poudre, des cartouches, des fusils rayés, à percussion, des pistolets?

Y a-t-il des approvisionnements de vivres, du pain blanc, du pain bis, des légumes secs, des pois, des haricots, des lentilles, du riz, du café, de la farine, du sel?

Trouverait-on des fourrages, de la paille d'avoine, du foin, du son, de l'avoine?

Y a-t-il des boulangers? Combien de fours banaux? Existe-t-il un four dans chaque maison? Les bouchers peuvent-ils facilement se procurer de la viande fraîche? Ont-ils de la viande salée, fumée, du lard? Les épiciers ont-ils des denrées coloniales? Du sucre, du poivre, des pruneaux? Ont-ils des conserves, des sardines?

richtet worden? Giebt es hier Schuster, Schneider, Stellmacher, Schlosser, Hufschmiede, oder Waffenschmiede, für welche der Feind Werkstätten eingerichtet hat?

Befinden sich hier Vorrathslager für Schießbedarf, Pulver, Patronen, gezogne Hinterlader, Perkussionsgewehre, Pistolen?

Giebt es hier Vorräthe an Lebensmitteln, Weißbrod, Schwarzbrod, Hülsenfrüchte, wie Erbsen, Bohnen, Linsen, Reis, Kaffee, Mehl oder Salz?

Könnte man sich hier Futter, Haferstroh, Heu, Kleie und Hafer verschaffen?

Wohnen hier Bäcker? Wie viele Gemeindeöfen haben Sie? Gibt es einen Backofen in jedem Hause? Können die Schlächter sich leicht frisches Fleisch verschaffen? Haben sie gesalzenes, geräuchertes Fleisch und Speck? Haben die Krämer Kolonialwaaren, wie Zucker, Pfeffer, gedörrte Pflaumen? Haben sie eingemachtes Fleisch oder Fische, wie Sardinen?

des allumettes? du tabac? des cigares?

Avez-vous une brasserie? Y a-t-il beaucoup de garçons brasseurs? combien de tonneaux de bière y a-t-il dans les caves et dans les grottes?

Quel est le nombre des puits, des fontaines courantes?

Depuis quand l'ennemi est-il dans le pays?

Y a-t-il des mouvements dans les troupes qui occupent le pays? Sont-ils journaliers? Sinon, à combien de jours d'intervalle? Quelle est leur importance? Quelles routes suivent les détachements qui partent ou arrivent? Y a-t-il quelque passage difficile près de ces routes et pas très-loin du village? Y a-t-il des ponts, des chemins creux ou d'autres défilés?

Comment l'ennemi se garde-t-il? Où sont placés ses postes, ses sentinelles, ses vedettes?

Quel est l'esprit de ces troupes? Sont-elles gaies, animées, bien pourvues,

Schwefelhölzer? Taback? Cigarren?

Ist eine Brauerei im Dorfe? Sind viele Brauknechte da? Wie viele Fäſſer Bier liegen in den Kellern und in den Felſenkellern?

Wie viele Zieh-Brunnen und laufende Brunnen befinden ſich im Dorfe?

Seit wann befindet ſich der Feind in der Gegend?

Haben die Beſatzungstruppen irgend welche Bewegungen ausgeführt? Finden dieſe jeden Tag Statt? Wo nicht, wie viele Tage vergehen, ehe eine neue Truppenbewegung Statt findet? Wie ſtark ſind die ſich bewegenden Truppentheile? Welche Straßen ſchlagen ſie ein, wenn ſie ab- oder einmarſchiren? Giebt es ſchwer gangbare Stellen in der Nähe dieſer Straßen und nicht zu weit vom Dorfe? Trifft man hier auf Brücken, Hohlwege oder andre Engwege?

Wie machen die Feinde über ihre Sicherheit? Wo ſind ihre Poſten, Schildwachen oder Reiterſchildwachen aufgeſtellt?

Was für ein Geiſt herrſcht unter dieſen Truppen? Sind ſie vergnügt, munter, mit

| ou découragées, abattues, exténuées de fatigues et de privations? | Allem versehen, oder entmuthigt, niedergeschlagen, durch Strapazen und Entbehrungen abgemattet? |

Ont-elles levé des contributions? Ont-elles fait des réquisitions? Ont-elles payé ce qu'elles ont pris?

Haben sie Brandschatzungen erhoben? Haben sie Naturallieferungen requirirt? Haben sie für die Sachen bezahlt, die sie den Leuten weggenommen haben?

Quels sont leurs rapports avec les habitants? s'ils sont mauvais, trouverait-on appui dans les habitants pour quelque entreprise sur le village?

Wie behandeln sie die Dorfbewohner? Stehen sie in gutem oder schlechtem Einvernehmen mit ihnen? Würden wir in letzterem Falle auf Unterstützung von Seiten der Bauern rechnen können, wenn wir einen Angriff auf das Dorf machten?

———

A portée d'un village favorable à la cause de l'ennemi, mais qui n'est pourtant pas rempli de ses troupes et où l'on veut lever des contributions. Quelques cavaliers s'embusquent et, après avoir pris quelqu'un, se font conduire aussitôt chez les autorités, le maire, le curé, le juge de paix, etc., et les enlèvent pour les amener au commandant du détachement qui les interroge:

In der Nähe eines feindlichen Dorfes, welches aber nicht von den Truppen des Feindes besetzt ist, und in welchem Kriegssteuern erhoben werden sollen. Einige Reiter legen sich in Hinterhalt, greifen einen der Dorfbewohner auf und lassen sich sogleich zu den Behörden, zum Schulzen, Pfarrer, Friedensrichter und Andern bringen, welche sie mit sich fort zum befehlshabenden Offizier der Abtheilung führen, der folgende Fragen an sie richtet:

Quel est le nombre des

Wie viele Einwohner zählt

habitants de ce village? Combien y a-t-il de feux? de chevaux, de bestiaux? Combien le pays paye-t-il annuellement de contributions? Quels sont ses principaux revenus? En blé, en vins, en fourrages (trèfle, luzerne, foin)?

Vous aurez à trouver ... (telle somme) en argent que l'on apportera avant midi aux avant-postes; alors je vous relâcherai et il n'y aura ni pillage, ni incendie. Dans le cas où vous ne pourrez pas réunir la somme d'argent indiquée, vous donnerez ordre qu'on amène ... bestiaux, ... pains, ... voies de bois à brûler, ... pièces de vin rouge ou blanc, ... bottes de paille et ... quintaux de fourrages, ... pelles, ... pioches. De plus, vous ferez venir cent travailleurs avec leurs outils pour mettre, en vingt-quatre heures, en bon état la route à travers la forêt, et pour réparer les ponts. Pour ma décharge personnelle, vous me donnerez un certificat

dieses Dorf? Wie viele Feuerstellen sind darin? Wie viele Pferde? Wie viel Stück Hornvieh? Wie viel zahlt die Gemeinde jährlich an Abgaben? Worin bestehen die hauptsächlichsten Erwerbszweige der Bauern? Wie viel Korn, Wein und Futterkräuter (Klee, Luzern, Heu) ernten sie ein?

Sie müssen die und die .. Geldsumme in baarem Geld herbeischaffen und vor Mittag an die Vorpostenlinie bringen lassen; dann werde ich Sie wieder loslassen, und das Dorf soll weder geplündert, noch in Brand gesteckt werden. Sollte es Ihnen nicht möglich sein, die angegebene Geldsumme zusammenzubringen, so müssen Sie Befehl geben, daß uns folgende Artikel geliefert werden: ... Stück Vieh, ... Brode, ... Fuder Brennholz, ... Faß Roth- oder Weißwein, ... Bund Stroh, und ... Centner Heu, ... Schaufeln, ... Kreuzhacken. Außerdem lassen Sie hundert Arbeiter mit ihren Werkzeugen zusammenrufen, damit Sie innerhalb vierundzwanzig Stunden den Weg durch den Wald gangbar machen und die Brücken wiederherstellen. Für meine

pour constater ce que j'aurai reçu et pris.

persönliche Entlastung stellen Sie mir einen Schein aus, damit ich ausweisen kann', was ich empfangen und weggenommen habe.

Un officier, chargé de préparer les logements dans un village en pays ami, va voir le maire, ou le curé (pasteur), ou le maître d'école, et s'entend avec lui pour faire porter à tel endroit central (mairie, halle aux blés, place du marché) des pains, de la viande, du vin, des fourrages, ou se fait indiquer l'endroit où ces provisions pourront se trouver facilement. On convient des prix que valent, dans le pays, les vivres ainsi que les objets d'un usage courant, pour porter ces prix à la connaissance des soldats quand ils arriveront. L'officier prend les noms et les adresses des ouvriers qui pourraient être utiles, tels que tailleurs, cordonniers, etc.; il en fait réunir un certain nombre en ateliers, si le besoin en est urgent;

Ein Fourieroffizier soll in einem Dorfe in Freundesland Quartier machen; er geht zum Schultheiß, zum Pfarrer (Pastor) oder zum Schullehrer und trifft mit ihm die nöthige Verabredung, um an irgend einen Centralpunkt (Gemeindehaus, Kornhalle, Marktplatz) Brod, Fleisch, Wein, Pferdefutter, u. s. w., bringen zu lassen, oder er läßt sich den Ort angeben, wo man sich diese Vorräthe leicht verschaffen kann. Man verständigt sich über die Preise, zu welchen man in der Gegend die Lebensmittel, sowie die gebräuchlichsten Gegenstände, haben kann, damit diese Preise den Soldaten, sowie sie ankommen, angegeben werden können. Der Offizier schreibt sich die Namen und Adressen der Handwerker auf, welche den Soldaten Dienste leisten könnten, wie Schneider, Schuster, u. s. w.; er läßt eine gewisse Anzahl von diesen Handwerkern in ge-

enfin, il fixe, de concert avec les autorités, le prix de ces journées d'après les habitudes du pays.

———

Le commandant d'une grand'garde, voyant revenir une troupe absente depuis plusieurs jours et qui lui inspire des doutes, la fait arrêter en avant de ses lignes, dans un endroit découvert autant que possible. Il fait venir seul à lui celui qui la commande, lui demande qui il est, à quel régiment, à quelle brigade, à quelle division, à quel corps d'armée il appartient; les noms des officiers qui les commandent; d'où et quand il est parti, par qui il a été envoyé et pourquoi; une partie au moins de l'itinéraire suivi; ce qu'il a pu juger de la position où il veut entrer en approchant. — Si, malgré les réponses, ses doutes ne sont pas complétement éclaircis, il fait avancer

meinsamen Werkstätten versammeln, wenn er derselben bringend bedarf; zuletzt setzt er, im Einverständniß mit den Behörden, den Tageslohn für diese Handwerker nach den landesüblichen Preisen fest.

———

Der die Feldwache befehligende Offizier sieht einen Soldatentrupp zurückkommen, der mehrere Tage lang abwesend war und ihm verdächtig vorkommt; er befiehlt ihm, vor der Postenlinie, an einem möglichst freien Punkte, still zu stehen. Er läßt den Befehligenden allein an sich herankommen, fragt ihn, wer er sei, zu welchem Regiment, zu welcher Brigade, zu welcher Division und zu welchem Armeekorps er gehöre; er läßt sich die Offiziere nennen, welche diese Truppenkörper befehligen; er fragt von wo und wann er abmarschirt sei, von wem und zu welchem Zweck er ausgesandt worden; er läßt sich wenigstens einen Theil der Marschroute angeben und sucht zu erfahren, was der Befragte von der Stellung denkt, der er sich genähert hat und durch die er ziehen will. — Wenn, trotz der Antworten,

cette garde homme par homme devant lui et questionne quelques-uns des soldats sur les fatigues qu'ils ont pu éprouver, sur les dangers qu'ils ont pu courir en venant de l'ennemi, sur le bon ou le mauvais état de leur santé, de leurs armes, habits et chaussures, etc.

seine Zweifel nicht völlig gehoben sind, so läßt er den Trupp, einen Mann nach dem andern, vor sich vorbeimarschiren und befragt einzelne von den Soldaten über die Strapazen, die sie vielleicht ausgestanden haben, über die Gefahren, denen sie beim Herübermarschiren von der feindlichen Stellung her ausgesetzt gewesen sein mögen, über den guten oder schlechten Gesundheitszustand der Mannschaft, sowie über den Zustand, in dem sich ihre Waffen, ihre Bekleidungsstücke, ihr Schuhzeug, u. s. w. befindet.

---

† —

Questions à adresser à un maire ou à celui qui remplit les fonctions municipales, à un maître de poste, à un curé ou pasteur, à un maître d'école ou aux hommes désignés pour avoir servi de guides à l'ennemi:

Où est l'ennemi? Que sait-on de sa marche, de ses dispositions militaires, de ses forces numériques, de ses dispositions morales? A-t-il de

Man richte folgende Fragen an einen Bürgermeister, oder den Beamten, welcher die städtische Behörde vertritt, oder an einen Postmeister, Pfarrer oder Pastor, an einen Schulmeister oder an diejenigen Bewohner, von denen man erfährt, daß sie dem Feinde als Wegweiser gedient haben:

Wo steht der Feind? Was wissen Sie von seiner Marschrichtung, von seinen militairischen Anordnungen, von seiner Truppenstärke und seinem inneren Halt? Hat er

de l'infanterie ? Quels numéros, quels uniformes portent l'infanterie, la cavalerie ? Les chevaux sont-ils maigres, les hommes fatigués ? Quelle langue parlent ces hommes ? D'où dit-on qu'ils viennent ? Appartiennent-ils à la Landwehr ou à la ligne ? Y a-t-il parmi eux beaucoup de soldats qui parlent français ? L'ennemi bivouaque-t-il ou couche-t-il dans les maisons ? Comment se garde-t-il ? Envoie-t-il des reconnaissances ? Ces reconnaissances ont-elles poussé jusqu'au village où l'on se trouve ? Comment s'y sont-elles présentées ? Étaient-elles nombreuses ? Qu'y ont-elles fait ? Qu'y ont-elles dit ? Pillent-elles ? Insultent-elles ? Comment étaient habillés les hommes qui les composaient ? Quelles informations ont-elles prises ? par où sont-elles arrivées, et par où se sont-elles retirées ? Où ont-elles été en quittant le village ? Y ont-elles passé la nuit,

Infanterie bei sich? Welche Nummern und was für Uniformen tragen die Infanteristen und die Kavalleristen? Sind die Pferde abgemagert und die Mannschaften abgemattet? Was für eine Sprache reden die Soldaten? Sagt man, woher sie kommen? Gehören sie zur Landwehr, oder zu Linienregimentern? Sprechen viele von den Soldaten französisch? Biwakiren die Feinde oder schlafen sie in den Häusern? Wie sorgen sie für ihre Sicherheit? Schicken sie Streifwachen aus? Haben diese Rekognoszirungspatrouillen sich schon bis zum Dorfe gewagt, in dem wir uns befinden? Wie haben sie sich hier gezeigt? Waren sie zahlreich? Was haben sie hier gemacht? Was haben sie gesagt? Plündern sie?

Behandeln sie die Leute gröblich? Was für eine Uniform trugen die Mannschaften? Wonach haben sie sich erkundigt? Von wo sind sie gekommen und in welcher Richtung sind sie abgezogen? Wohin sind sie nach dem Abzug aus dem Dorfe gegangen?
Haben sie die Nacht hier zu-

et comment se sont-elles établies? L'ennemi est-il proche, envoie-t-il des reconnaissances régulières? Arrivent-elles à la même heure, chaque jour, en même nombre et par les mêmes routes? Comment est la route qui conduit à l'ennemi? S'y trouve-t-il des bois, des ravins, des ponts, des villages? Où sont-ils situés? Peut-on arriver à ces défilés en faisant un détour, et sans passer par la route tenue par l'ennemi? Est-il sur le qui-vive? Comment se garde-t-il? L'ennemi a-t-il pris des chevaux au maître de poste? S'est-il servi de ses postillons ou de tout autre homme du village comme guides? Où s'est-il fait conduire? Quelles questions a-t-il faites à ses guides? Les a-t-il maltraités? Ses guides l'ont-ils vu inquiet et triste? Quelles précautions prenait-il dans sa marche?

Où sont situés telle ville, tel bourg, tel village? Quelles sont leur population et leurs res-

gebracht und wie haben sie sich hier eingerichtet? Ist der Feind in der Nähe? Schickt er regelmäßig seine Streifwachen aus? Kommen sie jeden Tag zu derselben Stunde, in derselben Anzahl und auf denselben Wegen an? Wie ist der Weg beschaffen, der zur feindlichen Stellung hinführt? Giebt es Gehölze, Schluchten, Brücken, Dörfer in der Nähe desselben? Wo liegen sie? Kann man auf Umwegen zu diesen Defileen gelangen und ohne den Weg einzuschlagen, welchen der Feind besetzt hält? Ist er immer auf einer Hut? Wie schützt er seine Stellung? Hat er dem Postmeister Pferde weggenommen? Haben die Feinde seine Postillons oder irgend einen Dorfbewohner als Wegweiser gebraucht? Wohin haben sie sich führen lassen? Welche Fragen haben sie an ihre Führer gerichtet? Haben sie dieselben mißhandelt? Schienen sie besorgt und niedergeschlagen zu sein? Welche Vorsichtsmaßregeln haben sie beim Marschiren getroffen?

Wo liegt die und die Stadt, der und der Flecken, das und das Dorf? Wie hoch beläuft sich ihre Bevölkerung? Welche

ources? A quelles distances se trouvent-ils entre eux, et du lieu où l'on est? Combien faut-il de temps pour y aller à pied? Les routes qui y conduisent, sont-elles bonnes, larges, ferrées, pavées? Y a-t-il des villages, des hameaux, des fermes intermédiaires? Sont-ils riches? Combien de feux? Pour s'y rendre, faut-il traverser des bois, des plaines, des rivières? Y a-t-il des gués, des ponts? Quelle est leur nature? Peut-on se tromper de chemin? Lequel faut-il prendre? Y a-t-il des montagnes? Quelle est la nature des routes qui les gravissent?

Hülfsquellen besitzen sie? Wie weit sind sie von einander entfernt, wie weit sind sie von dem Punkte, an dem wir uns befinden? Wie viel Zeit ist erforderlich, um zu Fuß dahin zu gehen? Sind die Straßen, die dahin führen, in gutem Zustande? Sind sie breit, sind es Schlagbahnen oder gepflasterte Straßen? Liegen Dörfer, Weiler und Pachthöfe dazwischen? Sind diese Oerter reich? Wie viele Feuerstellen sind in jedem? Muß man, um dahin zu gelangen, durch Wälder, über Ebenen oder über Flüsse gehen? Sind Furten oder Brücken da? Wie sind sie beschaffen? Ist es möglich, einen falschen Weg einzuschlagen? Welchen Weg muß man einschlagen? Befinden sich dort Berge? Wie sind die Wege beschaffen, welche auf die Berge hinaufführen?

Questions à adresser à un déserteur.

Le numéro ou le nom de son régiment, sa force. La brigade à laquelle il appartient, le nom du général qui la commande. De quelle division cette brigade fait partie,

Fragen an einen Ausreißer.

Die Nummer, der Name die numerische Stärke seines Regiments. Zu welcher Brigade es gehört, welcher General dieselbe befehligt. Zu welcher Division diese Brigade gehört, wie der die Division

le nom de celui qui commande cette division. A quel corps d'armée appartient cette division; le nom, le grade du général en chef et le siége de son quartier général. Si le régiment, la brigade ou la division cantonnent, campent ou bivouaquent. Si le corps est posté, on demandera s'il est couvert par beaucoup d'avant-postes, s'il se garde avec soin, enfin, s'il est retranché. Quels sont les corps d'armée ou divisions à la droite et à la gauche, leur éloignement. Où il a laissé son régiment, sa brigade; si ce corps a fait des détachements, s'il attend des renforts. S'il y avait des ordres pour faire un mouvement prochain, ou quelques-uns de ces préparatifs qui le dénotent d'avance. Que contenaient les derniers ordres du jour? Quels sont les bruits qui circulaient dans l'armée? Si les subsistances sont abondantes; où sont les magasins, les dépôts, entrepôts. S'il y a beaucoup de malades;

befehligende General heißt. Zu welchem Armeekorps die Division gehört; der Name, der Grad, das Hauptquartier des kommandirenden Generals. Ob das Regiment, die Brigade oder die Division auf den Dörfern liegt, ob sie lagern oder biwakiren. Wenn das Armeekorps postirt ist, so frage man, ob es durch zahlreiche Vorposten gedeckt ist, ob es seine Stellung sorgfältig behauptet und schließlich ob es sich verschanzt hat. Welche Armeekorps stehen rechts und links, wie weit sind sie entfernt? Wo hat der Deserteur sein Regiment, seine Brigade verlassen? Hat das Armeekorps Abtheilungen ausgesandt und erwartet es Verstärkungen? Hatte es Befehl erhalten, bald eine Bewegung auszuführen? Hat der Deserteur Vorbereitungen treffen sehen, die eine solche Bewegung im Voraus ankündigen? Welches war der Inhalt der letzten Tagsbefehle? Welcherlei Gerüchte liefen im Heere um? Ist die Verpflegung genügend? Wo befinden sich die Magazine, die Niederlagen, die Vorrathshäuser? Sind viele Kranke vorhanden?

où est le grand hôpital, où sont les ambulances.	Wo ist das Haupthospital, wo stehen die Feldlazarethe?
Quelle direction suivait la colonne? Son mouvement était-il isolé ou combiné? Jusqu'où la colonne avait-elle ordre de s'avancer? La colonne était-elle d'une seule et même espèce d'armes, ou bien mixte?	Welche Richtung hat die Marschkolonne eingeschlagen? Sollte sie allein oder mit anderen Truppenkörpern zusammen operiren? Bis wie weit sollte die Marschkolonne vorrücken? Bestand sie aus einer einzigen oder aus mehreren Waffengattungen?
Combien avez-vous de chevaux au régiment? Combien en aviez-vous au commencement de la campagne? Sont-ils en bon état? Y a-t-il beaucoup de remontes? Y a-t-il beaucoup de recrues ou de jeunes soldats?	Wie viele Pferde befinden sich beim Regiment? Wie viele hatten Sie beim Anfange des Feldzuges? Sind dieselben wohl verpflegt? Sind viele Ersatzpferde dabei? Zählt die Mannschaft viele Rekruten oder junge Soldaten?
Y a-t-il beaucoup de chévaux malades ou hors de service? Les fourrages sont-ils abondants? Les contrées occupées par l'armée suffisent-elles pour les fournir, ou bien les tire-t-on des derrières de l'armée? Arrivent-ils exactement? Fait-on des détachements pour les	Giebt es unter den Pferden viele, die krank oder dienstunfähig sind? Ist Futter in grosser Menge vorhanden? Kann die von den Truppen besetzte Gegend hinreichende Futtervorräthe liefern, oder müssen dieselben aus dem hinter den Linien liegenden Lande herbeigeschafft werden? Kommen dieselben richtig an? Werden

aller chercher? Faut-il aller loin? Où sont les magasins? Comment sont-ils gardés? Le cavalier est-il maltraité par ses chefs? Y a-t-il eu des insurrections dans les régiments? Si nous avons des avantages, y aura-t-il beaucoup de désertions? Quelles précautions prend-on pour empêcher la désertion? Les hôpitaux sont-ils bien éloignés de l'armée? A-t-on perdu beaucoup de monde dans la dernière affaire? Ces pertes ont-elles démoralisé le soldat?

Où est le grand parc d'artillerie? Y a-t-il de l'artillerie de siége? Où sont les dépôts? Où est le petit parc? Combien la division à laquelle est attachée la batterie du déserteur, a-t-elle de pièces? Quel calibre et quelles espèces de bouches à feu? Les caissons et coffrets sont-ils bien garnis? Quel est le nu-

Abtheilungen zum Futterholen ausgeschickt? Müssen dieselben weit gehen? Wo befinden sich die Vorrathsmagazine? Wie werden dieselben bewacht? Werden die Kavalleristen schlecht von ihren Oberen behandelt? Ist es in den Regimentern zum Aufruhr gekommen? Würde es viele Fahnenflüchtige beim Feinde geben, wenn wir günstige Erfolge haben sollten? Welche Vorsichtsmaßregeln werden getroffen, um dem Ausreißen zu steuern? Sind die Hospitäler weit von der Heeresaufstellung entfernt? Haben die Feinde in dem letzten Gefechte starke Verluste erlitten? Haben diese Verluste die Mannschaften entmuthigt?

Wo ist der Hauptartilleriepark? Sind Belagerungsgeschütze da? Wo sind die Niederlagen? Wo ist der kleine Geschützpark? Wie viele Geschütze zählt die Division, zu der die Batterie des Deserteurs gehört? Welches ist ihr Kaliber und was für Arten Geschütze sind da? Sind die Munitionsfahrzeuge und Laffetenkasten gut gefüllt? Welches ist die Nummer des Re-

méro du régiment, de la compagnie, de la batterie? Y a-t-il un équipage de ponts? Les chevaux d'attelage sont-ils en bon état?

Questions à adresser à des voyageurs.

Leur nom et leur passeport. D'où ils viennent et où ils vont. S'ils ont rencontré des troupes en marche, leur espèce, et à peu près leur nombre. Quant à la force de la colonne, on pourrait peut-être l'évaluer soi-même avec plus de précision, en demandant aux voyageurs le temps qu'ils jugent avoir employé à longer cette colonne. Combien ils ont entendu dire qu'il pouvait y avoir de troupes ennemies dans les lieux où ils ont passé et séjourné. Si ces troupes étaient en bon état, si elles avaient des malades, si elles attendaient des recrues.

giments, der Kompagnie und der Batterie? Ist ein Brückenzug da? Sind die Gespanne in gutem Zustande?

Fragen die man an Reisende richten kann.

Wie sie heißen, ob sie einen Paß haben? Woher sie kommen, wohin sie gehen? Ob sie Truppen auf dem Marsche begegnet sind, zu welcher Waffe diese gehören, welches ihre Stärke ist? Was die Stärke der Kolonne anbelangt, so kann der fragende Offizier diese vielleicht selbst mit mehr Genauigkeit abschätzen, wenn er die Reisenden fragt, wie viel Zeit sie, ihrer Berechnung nach, gebraucht haben, um bei der Marschkolonne vorbeizukommen. Die Anzahl der Truppen, welche, wie sie vielleicht haben sagen hören, in den Oertern lagen, durch welche sie gekommen und in denen sie sich aufgehalten haben. Ob der Gesundheitszustand bei diesen Truppen nichts zu wünschen übrig läßt; ob sie Kranke mit sich führten; ob sie die Ankunft von Rekruten erwarteten.

Si les villages qu'ils ont traversés sur leur route étaient remplis de troupes. Si les avant-postes ennemis sont bien serrés. Si, derrière la chaine la plus avancée, il y a de l'infanterie, de l'artillerie pour la soutenir et lui servir de repli; enfin, la distance, à peu près, entre ces divers soutiens et la chaine des avant-postes. Comment sont les chemins, les ponts, si l'ennemi s'occupe à les réparer: s'il s'occupe à fortifier ou s'il a déjà fortifié quelques-uns des endroits par où ils sont passés. Si les vivres ou subsistances sont rares ou chers dans les pays occupés par l'ennemi; si le pays en souffre, s'il a conservé son bétail; si l'ennemi n'en a pas ramassé. Enfin, quels sont les bruits publics que renferment les journaux de l'ennemi; quelle est .a date du dernier journal qu'on a lu, et que dit ce journal.

(Ces derniers questionnaires, depuis la page 249, sont tirés de l'ouvrage du

Ob die Dörfer, durch welche sie auf ihrem Wege gekommen sind, voll Truppen waren? Ob die feindlichen Vorposten dicht neben einander stehen? Ob hinter der weitesten vorgeschobenen Postenkette Infanterie und Artillerie steht, um letztere zu unterstützen und ihr als Zuflucht zu dienen; endlich, die ungefähre Entfernung zwischen diesen einzelnen Unterstützungsposten und der Vorpostenkette? In welchem Zustande die Wege und Brücken sind; ob der Feind sich mit ihrer Wiederherstellung beschäftigt; ob er sich damit abgiebt, einige von den Punkten, durch welche die Reisenden gekommen sind, zu vertheidigen, oder ob er sie schon vertheidigt hat? Ob die Lebensmittel oder Verpflegungsgegenstände in den vom Feinde besetzten Ländern selten oder theuer sind; ob das Land darunter leidet, ob ihm sein Vieh gelassen ist, ob der Feind kein Vieh weggenommen hat. Endlich, von welchen Gerüchten in den Zeitungen der Feinde die Rede ist; von welchem Datum die Zeitung ist, welche die Reisenden zuletzt gelesen haben,

général de Brack: *Avant-Postes de cavalerie légère.*) und was darin steht.

| Un chef d'escouade et un propriétaire. | Ein Korporalschaftsführer und ein Hauswirth. |

Êtes-vous monsieur Moll? Moi et mes hommes, nous devons loger chez vous pendant deux jours. Voici le billet de logement pour mon escouade: il faudra nous fournir le logement, le coucher, la lumière et le feu. Nous nous nourrirons nous-mêmes, et nous vous payerons tout ce que vous nous fournirez. Combien de chambres y a-t-il au rez-de-chaussée? Combien de chambres et de cabinets y a-t-il au premier et au second étage?

Où est la cave? La porte de la cave est-elle toujours fermée? N'y a-t-il pas de cadenas? Dans les chambres que nous allons habiter, il faut qu'il y ait six chaises et une table. Y a-t-il des verrous à toutes les portes et une clef dans chaque serrure? Où est la porte de la

Sind Sie Herr Moll? Ich und meine Leute sind auf zwei Tage bei Ihnen einquartiert. Hier ist der Quartierzettel für meine Korporalschaft; Sie müssen uns Wohnung, Bett, Licht und Feuer liefern. Wir verköstigen uns selbst und werden Sie für Alles, was Sie uns liefern, bezahlen. Wie viele Stuben sind im Erdgeschoß? Wie viele Stuben und Kammern sind im ersten und zweiten Stocke?

Wo ist der Keller? Ist die Kellerthür immer verschlossen? Haben Sie kein Hängeschloß daran? In den Stuben, die wir bewohnen sollen, müssen sechs Stühle und ein Tisch sein. Sind Riegel an den Thüren und Schlüssel in allen Schlössern? Wo ist die Thür

19

cour et celle du jardin ? Y a-t-il, dans la cour, un puits ou une pompe ? Où est l'escalier du premier étage ? Il faudra nous fournir, pour chaque groupe de deux hommes, un essuie-mains, un morceau de savon, une cuvette, une carafe et un verre à eau, de même que, pour chaque chambre, une glace, un flambeau avec bougie et quelques allumettes, ainsi qu'un tire-botte.

En outre, il ne serait pas mal de nous fournir une brosse à habits et ce qu'il faut pour écrire, du papier, de l'encre et des plumes. Si vous n'avez pas assez de bois de lit pour tous mes hommes, nous étendrons par terre quelques paillasses avec des matelas et des couvertures de laine ; ayez soin de nous faire donner des draps de lit propres et des oreillers, et de faire mettre des vases de nuit dans chaque chambre. Dans la cuisine, il faudra que nous puissions disposer de l'âtre, le matin pendant une heure

zum Hofe und zum Garten? Ist ein Brunnen oder eine Pumpe im Hofe? Wo ist die Treppe zum ersten Stock? Sie müssen für je zwei Mann ein Handtuch, ein Stück Seife, ein Waschbecken, eine Wasserflasche und ein Glas, sowie für jede Stube einen Spiegel, einen Leuchter mit einem Lichte und einige Schwefel- (Reib-, Zünd-, Streich-) hölzer sowie einen Stiefelknecht liefern.

Auch würde es nicht schaden, wenn Sie uns eine Kleiderbürste und Schreibmaterialien, Papier, Dinte und Federn gäben. Wenn Sie nicht genug Bettstellen für alle meine Leute haben, so wollen wir einige Strohsäcke mit Matratzen und wollenen Decken auf die Erde legen; sorgen Sie dafür, daß wir reines Bettzeug und Kopfkissen bekommen und daß sich in jeder Stube Nachtgeschirre befinden.

In der Küche müssen wir den Feuerherd des Morgens eine Stunde, gegen Mittag zwei Stunden lang und gegen

vers midi pendant deux heures, et, vers les sept heures, pendant une heure. Avez-vous les ustensiles de cuisine nécessaires, tels que marmites, casseroles, pots, broches, pincettes, pelle, soufflet, balai, cruche à eau, sceau à eau, râpes, mortier, plats, assiettes plates et creuses, couteaux, cuillers et fourchettes? Où est le bûcher?

Voici la liste des aliments et des boissons dont nous pourrons avoir besoin :

Du veau, du bœuf, du mouton, du porc, du jambon, des boudins, du lard, du poisson, des harengs, des sardines, du pain blanc et du pain bis, des pains de fantaisie, des légumes, des pommes de terre, des choux et des choux-fleurs, des haricots, des pois, des lentilles, du riz, du beurre, du fromage, des pruneaux, des raisins secs, des pommes et des poires; du vin, de la bière, du cidre, de l'eau-de-vie, du lait,

sieben Uhr auf eine Stunde benutzen können.

Haben Sie das nöthige Küchengeräth, wie Kessel, Pfannen, Töpfe, Bratspieße, Feuerzange, Schaufel, Blasebalg, Besen, Wasserkrug, Wassereimer, Reiben, einen Mörser, Schüsseln, flache Teller und Suppenteller, Messer, Löffel und Gabeln? Wo ist der Holzstall?

Folgendes ist die Liste der Lebensmittel und Getränke, die wir nöthig haben mögen:

Kalbfleisch, Rindfleisch, Hammelfleisch, Schweinefleisch, Schinken, Blutwurst, Speck, Fische, Häringe, Sardellen, Weißbrod und Schwarzbrod, Semmel, Gemüse, Kartoffeln, Kohl und Blumenkohl, Bohnen, Erbsen, Linsen, Reiß, Butter, Käse, getrocknete Pflaumen, Rosinen, Aepfel und Birnen; Wein, Bier, Aepfelwein, Branntwein (Schnaps), Milch, Thee, Kaffee und Chokolade.

thé, du café et du chocolat.

S'il y a un mercier dans le voisinage, je vous prierai de faire chercher les articles suivants: deux aunes de drap bleu foncé, une aune de toile pour doublure, trois douzaines de boutons pour pantalon, un peu de fil blanc et noir, deux douzaines d'aiguilles fortes, une demi-douzaine de chemises de laine, deux douzaines de chaussettes de laine, une douzaine de mouchoirs de coton et une demi-douzaine de caleçons.

Wenn es eine Kurzwaarenhandlung in der Nähe giebt, so möchte ich Sie bitten, mir folgende Sachen holen zu lassen: zwei Ellen dunkelblaues Tuch, eine Elle Futterleinen, drei Dutzend Hosenknöpfe, etwas weißen und schwarzen Zwirn, zwei Dutzend starke Nähnadeln, ein halbes Dutzend wollene Hemden, zwei Dutzend wollene Socken, ein Dutzend kattunene Taschentücher und ein halbes Dutzend Unterhosen.

Le corps humain.

L'artère. La chair. La jointure. Le membre. Le muscle. Le nerf. L'os.

La peau. Le poil, le cheveu. La veine.
La barbe. La bouche. Le bras. Le cerveau.
Le cœur. La colonne vertébrale. La côte.
Le côté. Le cou. Le coude.

Der menschliche Körper.

Die Pulsader. Das Fleisch. Das Gelenk. Das Glied. Der Muskel. Der Nerv. Der Knochen.
Die Haut. Das Haar. Die Ader.
Der Bart. Der Mund. Der Arm. Das Gehirn.
Das Herz. Der Rückgrat. Die Rippe.
Die Seite. Der Hals. Der Ellenbogen.

Le crâne. La cuisse. La dent. Le doigt.	Der Schädel. Der Schenkel. Der Zahn. Der Finger.
Le pouce. Le petit doigt. Le dos.	Der Daumen. Der kleine Finger. Der Rücken.
Les entrailles. L'épaule. L'estomac.	Die Eingeweide. Die Schulter. Der Magen.
Le foie. Le front. Les gencives.	Die Leber. Die Stirn. Das Zahnfleisch.
Le genou. La gorge. La hanche. La jambe. La joue. La langue. La lèvre.	Das Knie. Die Kehle. Die Hüfte. Das Bein. Die Backe. Die Zunge. Die Lippe.
La mâchoire. La main (le poing). Le menton.	Die Kinnlade. Die Hand (die Faust). Das Kinn.
Le mollet. Le nez. La nuque. L'œil (la paupière, les cils, les sourcils, la pupille). L'omoplate. L'ongle.	Die Wade. Die Nase. Der Nacken. Das Auge (das Augenlied, die Augenwimpern, die Augenbraunen, der Augapfel). Das Schulterblatt. Der Nagel.
L'oreille. Le gros orteil. Le palais.	Das Ohr. Die große Fußzehe. Der Gaumen.
Le pied. Le talon. La plante du pied.	Der Fuß. Die Ferse (die Hacke, der Hacken). Die Fußsohle.
La poitrine. Le poumon. La tempe. La tête.	Die Brust. Die Lunge. Die Schläfe. Der Kopf.
Le ventre. La vessie. Le visage.	Der Bauch (der Leib). Die Harnblase. Das Gesicht.

Les saisons, jours, mois, etc. — Jahreszeiten, Tage, Monate, u. s. w.

y a quatre saisons: Le printemps, l'été, l'automne, l'hiver.	Es giebt vier Jahreszeiten: Der Frühling, der Sommer, der Herbst, der Winter.
L'année a douze mois:	Das Jahr hat zwölf Monate

janvier, février, mars, avril, mai, juin, juillet, août, septembre, octobre, novembre, décembre.	Januar, Februar, März, April, Mai, Juni, Juli, August, September, Oktober, November, Dezember.
La semaine a sept jours: dimanche, lundi, mardi, mercredi, jeudi, vendredi, samedi.	Die Woche hat sieben Tage: Sonntag, Montag, Dienstag, Mittwoch(en), Donnerstag, Freitag, Sonnabend (Samstag).
Annuel; mensuel; hebdomadaire; journalier.	Jährlich; monatlich; wöchentlich; täglich.
L'heure; une demi-heure; un quart d'heure; trois quarts d'heure; une heure et demie; la minute; la seconde. Le point du jour. Le crépuscule du matin, du soir. Le lever du soleil; le coucher du soleil. Le matin; la matinée. Midi. L'après-midi. Le soir. La nuit; nocturne. Minuit. Aujourd'hui; hier; avant-hier; demain; après-demain. La veille; le lendemain (matin, soir).	Die Stunde; eine halbe Stunde; eine Viertelstunde; drei Viertelstunden; anderthalb Stunden; die Minute; die Sekunde. Der Tagesanbruch. Die Morgen-, Abenddämmerung. Der Sonnenaufgang; der Sonnenuntergang. Der Morgen; der Vormittag. Mittag. Der Nachmittag. Der Abend. Die Nacht; nächtlich. Mitternacht. Heute; gestern; vorgestern; morgen; übermorgen. Der Vorabend; der nächste (folgende) Tag (Morgen, Abend).

Les noms de nombre.   **Die Zahlwörter.**

Un, deux, trois, quatre, cinq, six, sept, huit, neuf, dix, onze, douze, treize, quatorze, quinze, seize, dix-sept, dix-huit, dix-neuf, vingt, vingt et un, trente, quarante,	Eins, zwei, drei, vier, fünf, sechs, sieben, acht, neun, zehn, elf, zwölf, dreizehn, vierzehn, fünfzehn sechzehn, siebzehn, achtzehn, neunzehn zwanzig, ein und zwanzig, dreißig, vierzig,

cinquante, soixante, soixante-dix, soixante-onze, quatre-vingts, quatre-vingt-huit, quatre-vingt-dix, quatre-vingt-dix-neuf, cent, cent un, mille, mille cinq, cent mille.

e premier, le second, le troisième, le quatrième, le cinquième, le sixième, le septième, le huitième, le neuvième, le dixième, le dix-neuvième, le vingtième, le vingt et unième, le trentième, le quarantième, le centième, le millième.

fünfzig, sechzig, siebzig, ein- und siebzig, achtzig, acht und achtzig, neunzig, neun und neunzig, hundert, hundert und eins, tausend, tausend und fünf, hundert tausend.

Der erste, der zweite, der dritte, der vierte, der fünfte, der sechste, der siebte, der achte, der neunte, der zehnte, der neunzehnte, der zwanzigste, der ein und zwanzigste, der dreißigste, der vierzigste, der hundertste, der tausendste.

Quelques prépositions et adverbes.

Au lieu de, à cause de, en dehors de, dans l'intérieur de, au-dessus de, au-dessous de, en deçà, au delà, en vertu de, moyennant, malgré, pendant, pour l'amour de. Le long de, malgré.
Hors de, en dehors de, chez (près de), dans l'espace de, au-devant de, vis-à-vis de, avec, après, à côté de, avec, de, vers, contrairement à…
Par, le long de, pour,

Einige Vorwörter und Nebenwörter.

Anstatt, halber, außerhalb, innerhalb, oberhalb, unterhalb, diesseits, jenseits, kraft, vermittelst, ungeachtet, während, um … willen. Längs, trotz (mit dem Genitiv).

Aus, außer, bei, binnen, entgegen, gegenüber, mit, nach, nebst, sammt, von, zu, zuwider (mit dem Dativ).

Durch, entlang, für, gegen,

contre, sans, pour, contre.	ohne, um, wider (mit dem Accusativ).
Sur (près de), sur, derrière, dans, à côté de, au-dessus de, au-dessous de, devant, entre.	An, auf, hinter, in, neben, über, unter, vor, zwischen (mit dem Dativ und dem Accusativ).
Où, ici, là, là-bas, devant, derrière, en haut, en bas, en dedans, en dehors.	Wo, hier, da, dort, vorn, hinten, oben, unten, innen, außen.
(Vers) où, en avant, au loin, en arrière, (vers) ici, (vers) là, en haut, en avant, (vers) en bas.	Wohin, fort, weg, zurück, hierher, dahin, aufwärts, vorwärts, niederwärts.
Jamais, ne … jamais, maintenant, à présent, aujourd'hui, demain, demain matin, tard, souvent, constamment, rarement, toujours.	Jemals, niemals, jetzt, nun, heute, morgen, morgen früh, spät, oft, stets, selten, immer.
Beaucoup, peu, assez, très, bien, trop, aussi, tout aussi, une fois, deux fois.	Viel, wenig, genug, sehr, recht, zu viel (zu sehr), so, ebenso, einmal, zweimal.
Oui, si, mais si, certainement.	Ja (jawohl), doch, ja doch, gewiß (sicher).
Non, ne … pas, mais non, pas du tout, nullement.	Nein, nicht, nicht doch, gar nicht, keineswegs (durchaus nicht).
Difficilement, peut-être, probablement, vraisemblablement.	Schwerlich, vielleicht, vermuthlich, wahrscheinlich.
Comment? Comment cela? Combien? pourquoi? Eh bien?	Wie? wie so? wie viel? warum? nun?

ANNEXE.

Das Infanterie-Gewehr M/71.84.

I. Der Lauf: Die Mündung. Das Korn und die Kornwarze. Die Oberringwarze. Das Achtkant.

Das Gewindetheil. Die Schlußfläche. Das Laufmundstück. Die Seele (die Seelenwände, die Seelenaxe). Der gezogene Theil: Die 4 Züge (auf eine Länge von 550 mm.); der Drall von links nach rechts (1 $^{1}/_{3}$ Umdrehung); die Felder. Das Kaliber (= 11 mm. von Feld zu Feld).

Das Patronenlager: das Lager für die metallene Patronenhülse: der Pulverraum, die Schweifung, der Geschoßraum.

Der konische Theil. Die Visireinrichtung: Das Visir (der Visirfuß): die große Klappe mit dem Oehr; der Schieber mit den Visir-

Fusil Mauser à répétition.

I. *Le canon*: La bouche. Le guidon et son embase. Le tenon d'embouchoir. Les 4 pans sur une section octogonale. La partie filetée. La tranche postérieure. Le bout du canon. L'âme (la paroi, l'axe de l'âme). La partie rayée: Les 4 rayures (sur une longueur de 550 mm.); le pas, tournant de gauche à droite (1 tour et $^{1}/_{3}$); les cloisons. Le calibre (= 11 mm. sur les cloisons). La chambre: le logement de l'étui métallique: la chambre à poudre, le raccordement, le logement de la balle.
La partie conique.
L'appareil de pointage. La hausse (le pied de hausse): La grande planche avec l'oreille; le curseur avec les gra-

marken, dem Griff, der Schleppe, der Spiralfeder, dem Haltestifte;
die Visirfeder mit Visirfederschraube; der Visirkamm; die Kimme; das Standvisir.

Die kleine Klappe: die beiden Oehre; die Klappenfeder (Spiralfeder); der Visirstift.
Das Korn (der Fuß, das eigentliche Korn).
II. Das Schloß: Die Hulse; der lange Theil mit Nuthen für Auszieher, Auswerfer und Nase des Schlößchens;
der Hülsenkopf mit dem Gewinde; die Patroneneinlage, der Löffel, das Loch für den Abzugsstollen;
das Widerlager für die Kammerscheibe;
der Kreuztheil;
die Verbindungs- und die Kreuzschraube.

Die Kammerbahn.
Die Auswerfernuthe.
Der Kasten zur Aufnahme des Löffels nebst Anschlagstück, der Abstellvorrichtung und der Abzugsgabel.
Die Aufbohrung für das Magazinrohr.

duations, le poussoir, la queue, le ressort à boudin et l'arrêtoir; le ressort de hausse avec la vis de ressort; l'arête de visée; le cran de mire; la hausse fixe.
La petite planche: les deux oreilles; le ressort (à boudin) de planche; la goupille de hausse. Le guidon (le pied, le guidon proprement dit).
II. *La culasse*: La boite de culasse; la partie allongée avec rainures pour l'extracteur, l'éjecteur et le bec du chien; la tête avec l'écrou; la partie centrale, l'auget, le trou pour le passage de la tête de gâchette; l'épaulement pour la rondelle-arrêtoir; la queue de culasse; la vis inférieure et la vis de queue de culasse.
Le guide du cylindre. La rainure d'éjecteur. La boite recevant l'auget et son butoir, le dispositif pour l'arrêt de répétition et la fourche de détente. Le trou pour le tube-magasin.

Der Ausschnitt für den Löffel. Das Lager für das Keilstück. Das Lager für das Anschlagstück. Das Lager für die Doppelfeder und Sperrklinke. Das Lager für den Stellhebel und das Lager für die Stellfeder. Das Loch für die Abzugsgabel.
Das Keilstück.
Das eigentliche Schloß: Der Schlagbolzen (die Spitze, der Teller, der Schaft mit Abflachung, der Konus, der abgesetzte Theil, das Gewindetheil); die Schlagbolzenfeder; die Kammer (der Haupttheil, die Leitschiene, der Knopf); das Schlößchen (der Haupttheil [Bohrung für den Schlagbolzen, die Nase für den Abzugsstollen, der Ansatz mit der schiefen Fläche, die Auflagefläche für den Flügel der Sicherung und die Schlößchenschraube];
die Leitschiene mit Bohrung für die Walze der Sicherung, und Bohrung für den Bund der Sicherung und die Sicherungsfeder);

die Schlagbolzenmutter (die Bohrung für den abgesetzten Theil des Schlagbolzens, das Muttergewinde für das

L'entaille pour l'auget. Le logement du coin. Le logement du butoir. Le logement de l'arrête-cartouche et son double ressort. Le logement du levier d'arrêt et celui du ressort d'arrêt. Le trou pour la fourche de détente. Le coin.
La culasse mobile:
Le percuteur (la pointe, l'embase, la tige avec son méplat, le cône, la partie amincie, le bout fileté); le ressort du percuteur; le cylindre (le corps, le renfort, le levier de manœuvre); le chien (le corps [le canal du percuteur, le bec pour la tête de gâchette; le coin avec sa rampe; les deux surfaces d'appui du drapeau de la pièce de sûreté et la vis du chien]; le renfort (le logement pour la tige de la pièce de sûreté, un logement pour la tête et le ressort de la pièce de sûreté); le bouton-écrou (le trou pour la tige amincie du percuteur, l'écrou pour sa partie filetée, l'en-

Gewinde des Schlagbolzens, die Ausfräsung für den Bund der Sicherung, und die Nase); der Kammerknopf (der Schaft und die Kugel); die Schlößchenrast; die Warze; die Kammerscheibe mit der Kammerscheibenschraube; der Verschlußkopf (die Welle mit den beiden Lagern für Auszieher und Auswerfer, die Nase und der Zapfen, die Bohrung für die Schlagbolzenspitze);

der Auszieher (der lange Theil mit der Kralle, der Fuß, der federnde Theil, die Schleppe); der Auswerfer (der Stoßtheil, der lange Theil mit Halbring, die Warze, Einfräsung und Nuthe); die Sicherung (die Walze mit Schaufel, der Bund mit Rippe, der Flügel, die Sicherungsfeder); die Sicherungsrast.

Die Abzugsvorrichtung:
Der Abzug mit Abzugsstift (Druckstück und Stange mit der Zunge); die Abzugsgabel (im Gabeltheile das Lager für die Abzugsfeder, sowie die Ausschnitte für den Stollen und den Abzug);

taille fraisée pour la tête de la pièce de sûreté, et le nez); le levier du cylindre (la tige et le pommeau); l'arrêt du chien; l'épaulement; la rondelle-arrêtoir avec la vis de la rondelle-arrêtoir; la tête mobile (la partie cylindrique avec les logements de l'extracteur et de l'éjecteur, le bouton et le collet inférieur et le canal du percuteur); l'extracteur (la partie allongée avec la griffe, le pied, la partie faisant ressort, la queue); l'éjecteur (la tête, la tige avec le demi-cercle, l'épaulement et deux rainures); l'appareil de sûreté (la tige et sa pelle, la tête et sa côte, le drapeau et le ressort); l'arrêt de sûreté.

L'appareil de détente:
La pièce de détente avec sa goupille (les bossettes et la tige à queue arrondie); la fourche (avec le logement du ressort de détente, et les entailles pour la gâchette et la dé-

der Abzugsstollen mit Abzugsstollenstift;
die Abzugsfeder.

Die Mehrladevorrichtung für 8 Patronen:
Das Patronenmagazin (das Magazinrohr mit der Verschlußkapsel, die Magazinfeder, die Federkapsel und der Deckel mit dem Stock).

Die Sperrklinke (die Kralle, die Wulst, das Oehr und die Schleppe); die Doppelfeder (das Oehr, der vordere Arm, der hintere Arm, die Wulst); die Doppelfederschraube.

Der Löffel (der Schnabel, die Rast für die Wulst der Sperrklinke, der Ansatz, der lange Theil mit der Patronenbahn und dem Rastenstift, der abgesetzte Theil mit der abgebrochenen Kammerbahn und der Führungsrinne für das Anschlagstück). Das Anschlagstück (der Anschlag, der Haupttheil mit der Führungsleiste für die Führungsrinne des Löffels).
Der Stellhebel (der Griff, die Platte, die Welle, der Stift).
Die Stellfeder (die Warze, die vordere Rast, die Druck-

tente); la gâchette avec la goupille de gâchette; le ressort de détente.
Le dispositif de répétition pour 8 cartouches:
Le magasin (le tube-magasin avec sa capsule, le ressort, le chapeau du ressort et le couvercle avec la baguette).

L'arrête-cartouche (la griffe, l'épaulement, l'oreille, la queue); le double ressort (l'oreille, la branche antérieure, la branche postérieure et son épaulement); la vis du double ressort. L'auget (le bec, l'entaille pour l'épaulement de l'arrête-cartouche, le talon, le corps avec l'évidement pour les cartouches et la goupille, le renfort avec le creux de la boîte de culasse et la rainure du butoir). Le butoir (la tête et le corps avec l'épaulement correspondant à la rainure de l'auget). Le levier d'arrêt (le poussoir, la lame, le pivot, l'ergot). Le ressort-d'arrêt (l'épaulement, le cran an-

fläche, die hintere Rast, der federnde Theil, das Oehr); die Stellfederschraube..

III. Der Schaft:
Der Kolben (die Einlassung für die Nase der Kappe, die Löcher für die beiden Kappenschrauben, das Kappenlager).

Der Kolbenhals (die Einlassung für den Kreuztheil der Hülse und für das Abzugsblech, das Loch für das Röhrchen der Kreuzschraube).

Der lange Theil (Hinter-, Mittel- und Vorderschaft) enthält die Hülseneinlassung, die Laufnuthe und die Bohrung für das Magazinrohr.

IV. Die Garnitur: Der Oberring mit seiner Warze, dem Schieber und der Oberringschraube. — Der Mittelring mit Oberriembügelschraube und Ringstiften. — Der Unterring mit Ringfeder und Ringfederschraube.

Die Verbindungsschraube. — Das Abzugsblech mit Löchern für die Verbindungs-

térieur, la bossette, le cran postérieur, le ressort proprement dit, l'oreille); la vis de ressort d'arrêt.

III. La monture: La crosse (l'encastrement pour le bec de la plaque de couche, les trous pour les deux vis de plaque de couche, la plaque de couche).
La poignée (l'encastrement de la queue de culasse, l'encastrement pour la sous-garde, le trou pour le tube de la vis de queue de culasse).
Le fût (l'arrière, le milieu, l'avant) renferme le logement de la boîte de culasse, celui du canon et le canal pour le tube-magasin.

IV. Les garnitures: L'embouchoir avec le grand tenon, la clavette et la vis d'embouchoir. — La capucine avec la vis de battant de capucine et des goupilles. — La grenadière avec le ressort de boucle et la vis de ressort. La vis inférieure. — La sous-garde avec les trous pour la

schraube und den Abzug, sowie die Muttergewinde für die Abzugsblech- und die Kreuzschraube. Die Kreuzschraube.	vis inférieure et pour la détente, ainsi que les écrous pour les vis de sous-garde et de queue de culasse. La vis de queue de culasse.
Das Röhrchen. Die Kappe. Die beiden Riembügel.	Le tube. La plaque de couche. Les deux battants de bretelle.
V. Das Zubehör: Der Gewehrriemen. Der Mündungsdeckel. Die Visirkappe. Der Schraubenzieher.	V. *Les accessoires:* La bretelle. Le couvre-bouche. Le couvre-hausse. Le tourne-vis.

Die Munition. — La munition.

Scharfe, Platz- und Exerzier-Patronen.	Les cartouches à balle, les cartouches à blanc, les cartouches d'exercice.
Die scharfe Patrone M/71 besteht aus der Patronenhülse (von Messing mit überstehendem Rande, der Zündglocke mit dem Ambos und den beiden Zündöffnungen), dem Zündhütchen (von Messing mit Zündsatz und Zinnfolie), der Pulverladung, dem Wachspfropfen mit zwei Kartonplättchen und dem Geschoß (aus Bleidraht gepreßt, 25 Gramm schwer,	La cartouche à balle se compose d'un étui (en laiton, avec bourrelet en saillie, l'alvéole à amorce, l'enclume et deux évents), de l'amorce (capsule en laiton avec la matière fulminante et sa feuille d'étain), de la charge, de la bourre en cire et de deux rondelles de carton, et de la balle.

cylindrisch geformt, mit stumpfer Spitze, hinten mit Papierumwicklung und eingefettet).

(en plomb étiré comprimé, pesant 25 gr., de forme cylindrique avec pointe aplatie, entourée, à sa partie postérieure, d'un calepin de papier et graissée).

TABLE DES MATIÈRES.

Vocabulaire de quelques termes spéciaux.

	Pages.
Commandements	1
Génie, topographie, fortification	14
Artillerie	30
Cavalerie	42
Infanterie et termes généraux	53
Le terrain	115
Armement	126
Habillement	128
Équipement	130
Grades et emplois militaires	132

Sujets militaires.

Fortification	138
Copie d'un ordre trouvé dans un village des bords de la Loire	146
Service des avant-postes	152
Manière de placer les avant-postes	169
Connaissance du terrain	170
L'art de s'orienter	175
Légende des signes conventionnels pour des plans et des cartes	178
Ordre de reconnaissance	184

Dialogues militaires.

Pendant une reconnaissance	185
Conversation avec un garde forestier	189

	Pages.
Conversation entre un officier chargé des logements et un fonctionnaire municipal	221
Conversation avec un maire de village	223
Conversation avec un chef de gare	231
Questionnaire médico-chirurgical	240
Dans un hôpital	244
Conversation avec un prisonnier de guerre malade ou blessé	251
A la barrière d'une ville ouverte complètement dégarnie de troupes	254
L'éclaireur avec le maire	255
L'officier supérieur avec le maire	258
Arrivée d'une avant-garde en face d'un village	272
A portée d'un village favorable à la cause de l'ennemi	276
Questions à adresser à un maire	280
Questions à adresser à un déserteur	283
Questions à adresser à des voyageurs	287
Un chef d'escouade et un propriétaire	289
Le corps humain	292
Les saisons, jours, mois, etc.	293
Les noms de nombre	294
Quelques prépositions et adverbes	295
Annexe (le fusil d'infanterie M/71.84)	297

FIN DE LA TABLE DES MATIÈRES.

www.ingramcontent.com/pod-product-compliance
Lightning Source LLC
Chambersburg PA
CBHW071413150426
43191CB00008B/898